Cemetery Inscriptions

Wolfeboro New Hampshire

Transcribed by
Ida Pineo * Bernard Pineo * Wilma Grant

Compiled and Edited
by
John S. Fipphen

HERITAGE BOOKS
2012

HERITAGE BOOKS
AN IMPRINT OF HERITAGE BOOKS, INC.

Books, CDs, and more—Worldwide

For our listing of thousands of titles see our website at
www.HeritageBooks.com

Published 2012 by
HERITAGE BOOKS, INC.
Publishing Division
100 Railroad Ave. #104
Westminster, Maryland 21157

Copyright © 1993 John S. Fipphen

Other Heritage Books by the author:

1798 Direct Tax New Hampshire District #13, Consisting of the Towns of Alton, Brookfield, Effingham, Middleton, New Durham, Ossipee, Tuftonboro, Wakefield, and Wolfeboro

All rights reserved. No part of this book may be reproduced or transmitted in any form or by any means, electronic or mechanical, including photocopying, recording or by any information storage and retrieval system without written permission from the author, except for the inclusion of brief quotations in a review.

International Standard Book Numbers
Paperbound: 978-1-55613-759-4
Clothbound: 978-0-7884-3434-1

TABLE OF CONTENTS

LAKEVIEW CEMETERY..................... 1

PINE HILL CEMETERY.................. 112

HERSEY CEMETERY..................... 141

WOLFEBORO CENTER CEMETERY........... 158

NORTH WOLFEBORO CEMETERY............ 173

SOUTH WOLFEBORO CEMETERY............ 182

FAMILY GRAVEYARDS................... 196

APPENDIX (MAPS)..................... 240

INDEX............................... 250

FOREWORD

More than twenty years ago, as a Bicentennial Celebration project, Ida Pineo, Bernard Pineo, and Wilma Grant undertook the task of locating all burial sites in Wolfeboro and the recording of the inscriptions on the grave stones. Many of the graveyards are small rural family burial plots that have become overgrown and obscured by the reforestation of the area. These plots have felt the ravages of time and neglect.

The intent of this work is to provide a permanent record of the information that they have recorded. The editor has rechecked many of the inscriptions and has found an extremely low incidence of error in the transcriptions; this is a tribute to their dedication to the task.

I want to thank Ida Pineo and Wilma Grant for their cooperation in the completion of this project and the many folks, too numerous to mention, who have lent their advice, enthusiasm, and support.

The folks who first settled the Wolfeboro area paid no attention at all to political boundaries and, as a result, many cemeteries of Wolfeboro-related families are just over the boundary line in Ossipee, Wakefield, Brookfield, New Durham, or Alton. Since the only access to many of these cemeteries is through Wolfeboro they are included at the end of this volume.

In the interest of saving space the following abbreviations were used:

t/s	their son	t/d	their daughter
h/w	his wife	w/o	wife or widow of
h/o	husband of	t/o/c	their only child
t/i/s	their infant son		
t/i/d	their infant daughter		

John S. Fipphen
Wolfeboro, NH
1992

LAKEVIEW CEMETERY
NORTH MAIN STREET (#71)

OLD YARD
(See plot plan p. 240)

Plot #1

Moses Clark Piper b. Stratham NH Jul 23 1798 d. Sep 24 1875
Eunice Baker h/w b. Lancaster NH Oct 9 1797 d. Sep 30 1878
John L t/s d. Apr 20 1822 ae 1y 1m 27d

Plot #2

Jonas W Piper b. Mar 11 1832 d. Oct 31 1909
Martha A (Getchell) Piper b. Oct 15 1841 d. Aug 7 1921
Wilder t/s d. Jan 3 1879 ae 7m 15d
John A t/s d. Apr 16 1876 ae 1y 2m 28d
Charles W t/s d. Feb 2 1873 ae 4y 2m 18d
Norah A t/d d. Aug 24 1864 ae 1y 1m 25d
Ivan J(onas) Piper 1881 - 1971
Winifred A(llard) 1885 - 1971
Nellie Piper w/o Charles Mansfield b. 3 Mar 1873 d. Feb 7 1906
Dorothy (Piper) d. Apr 7 1917
Charles F Riley 1861 - 1930
Edna A h/w 1865 - 1941
Baby Shannon (Riley) 1931
Our Mary (Riley) Jan 8 1942
Eleanor J Piper 1911 - 1978

Plot #3

Eunice W w/o Dr J Chapman d. Sep 14 1853 ae 82y
Dr J Chapman d. Apr 1 1860 ae 83y
Eleanor Clark widow of Richard Rust Esq and rel. of John L Piper Esq d. Jul 23 1856 ae 85y
John L Piper Esq d. Jun 27 1821 ae 50y
Mrs Jane Avery w/o Mr Joshua Avery & d/o Jonathan Piper of Stratham d. May 17 1804
Warren R Field d. Sep 20 1857 ae 26y
Louisa Warren h/w d. Feb 14 1899
Laura Ann Field d. Jan 27 1858 ae 1y 1m 19d

Plot #5

Augustine N Orne b. Jan 21 1796 d. Dec 13 1855

Eunice N Orne b. Aug 1 1800 d. Apr 27 1888
Caroline E w/o Nathaniel Horne b. Oct 23 1801 d. Oct 23 1823
Alice C Springfield b. Oct 17 1839 d. Jun 12 1918
Marie Campbell Wiggin b. Jul 21 1863 d. Apr 8 1921
Plot #6
Dea Thomas Rust b. Nov 27 1798 d. Jan 16 1890
Phoebe C Rust h/w b. Mar 21 1800 d. Sep 15 1887
Plot #7
William M Cowan 1866 - 1938
Lillian J Thompson h/w 1870 - 1932
Plot #8
Stuart s/o W A & A W Hermann b. Jun 28 1908 d. Dec 3 1908Plot #9
Idella Bickford b. Apr 7 1852 d. Jul 5 1901
Thomas C Bickford d. Oct 11 1879 ae 59y 11m 6d
Mehitable P h/w d. Oct 23 1897 ae 77y 8d
Charles E t/s d. Aug 7 1849 ae 1y 4m 7d
Plot #10
Hezelton Wiggin ae 31y
Thomas J Wiggin d. Dec 17 1878 ae 74y
Betsey h/w d. Apr 23 1834 ae 29y 6m 18d
Daniel Wiggin d. Aug 14 1811 ae 40y
Deborah h/w d. Mar 29 1863 ae 91y 3m 14d
Nancy t/d d. Dec 8 1876 ae 81y 11m 8d
Eliza C t/d d. Jun 3 1848 ae 45y
John A Wiggin b. Nov 22 1796 d. Jun 4 1834; War 1812 marker
Susan P h/w b. Mar 29 1803 d. Feb 1 1884
John W Bickford d. Mar 18 1866 ae 44y 2m 24d
Abiah S h/w d. Jul 14 1879 ae 57y 4m 9d
Nellie M t/d d. Mar 8 1870 ae 16y
  Regret not for Nellie,
  Her gentle spirit fled,
  She sweetly sleeps for Jesus
  Among the silent dead.
Annie M Eldridge b. at Dover NH 1835 graduated at Vassar College Class of '74 d. 1881
  Let her own works praise her.
Plot #11
George H s/o James M & Caroline B Wiggin d. Nov 20 1915 ae 77y 2m 23d

LAKEVIEW

Eliza C w/o Benjamin K Webster & d/o James M & Caroline B Wiggin d. Apr 26 1936 ae 86y 9m 11d
James M Wiggin d. Jan 23 1889 ae 80y 10m 23d
Caroline B h/w d. Jan 27 1876 ae 65y
Daniel Wiggin d. Jun 1 1892 ae 81y 1m 9d
Elizabeth J h/w d. Oct 5 1908 ae 94y 10m 19d
Clara E t/d d. Sep 20 1847 ae 5m 5d
Maria B t/d d. Sep 15 1841 ae 8m 9d
Suffer little children to come unto me.
Bartley H t/s d. Sep 15 1847 ae 2y 7m 19d

Plot #12
Charles Wiggin d. Feb 10 1898 ae 69y 3m
Jane N h/w d. Dec 6 1925 ae 83y 1m
John H Wiggin b. Apr 30 1837 d. Dec 24 1910
Lizzie B h/w b. Mar 8 1838 d. Feb 23 1930

Plot #13
Eld Isaac Townsend d. Aug 30 1846 ae 89y 8m 12d (Bodies removed from Pleasant Valley 1892)
Experience h/w d. Aug ___
Lydia h/w d. Oct 28 1856 ae 78y 2m 20d
She hath done what she could.
Ebenezer t/s d. Nov 11 1811 ae 12y 3m 2d

Plot #15
Clarence Baldwin Claflin PA Qtrm Corps WW I b. Jul 21 1884 d. Jun 5 1930
James Haswell Mason 1854 - 1936
Mary Gould Mason 1877 - 1956
Charles Wickersham Elmer 1881 - 1955
Mae Mason Elmer 1884 - 1958
George Willis Gould 1854 - 1903
Harriet Nowell Gould 1856 - 1928
Jesse Gould Claflin 1880 - 1928
Harriet Gould Phinney 1888 - 1952
Alice Stocking Claflin 1910 - 1966

Plot #16
John T(appan) Parker d. Sep 25 1819 ae 44y
Sally L h/w d. Oct 2 1819 ae 42y 10m

Plot #17
John H Horne 1855 - 1927
Maude V Horne 1861 - 1944
Harris Horne 1881 - 1881
Walter Horne 1883 - 1887
Forest Horne 1885 - 1944

Russell Horne 1887 - 1957
Ann B Horne 1883 - 1961
Prudence E Lord 1839 - 1917
Plot #19
George W Brown d. Apr 17 1912 ae 83y 3m
Rosa h/w d. Mar 22 1907 ae 55y 2m 6d
Plot #20
Hon Henry Rust d. Mar 17 1807 ae 80y
Mrs Ann h/w d. Jun 11 1807 ae 8_y
Jane Rust Horne d/o John & Jane Horne d. Apr 10 1830 ae 33y
Lydia d/o John & Jane Horne d. May 17 1826 ae 24y
Ann Parker w/o M S Parker Esq d. Jun 17 1786 ae 35y
Matthew S(tanley) Parker Esq d. Sep 7 1788 ae 39y
Plot #21
Sally widow of Charles Folsom & w/o Wm Henderson d. Apr 2 1880 ae 67y 11m
Charles Folsom d. Feb 3 1866 ae 53y 10m 24d
Jacob Folsom d. Oct 22 1826 ae 63y
Betsey (Smart) h/w d. Aug 23 1867 ae 97y
Nathaniel Rust d. Aug 1 1859 ae 69y
Mrs Lydia w/o Nath'l Rust d. Feb 27 1819
Frances A h/w d. May 2 1845 ae 48y
Martha Rust Simmons 1830 - 1900
Nathaniel P Rust d. Nov 23 1823 ae 2y 6m
Alfred D Rust d. Apr 1 1842 ae 2y 3m
  above 2 sons of Nath'l & Frances Rust
Mrs Susan w/o Richard Rust Esq d. Mar 21 1809
R Rust d. Oct 6 1807 ae 4y
J Rust d. Apr 26 1809 ae 7y
Richard Rust Esq d. Dec 28 1827 ae 71y
Joanna Hobbs h/w d. Nov 15 1822 ae 51y & rel of Andrew Jewett d. Nov 25 1802
Eleanor Rust w/o James Chamberlin d. Sep 10 1876 ae 84y 5m 22d
Joseph P(ierce) Rust d. Jan 31 1848 ae 46y
Plot #22
Sulema w/o Jedediah Chapman d. Apr 25 1831 ae 23y

LAKEVIEW

Plot #23
William Fullerton d. Apr 10 1857 ae 58y 10m
Abigail w/o William Fullerton d. Jul 23 1857 ae 58y 1m

Plot #24
Jessie Blanche Rowe w/o Henry B Rowe d. in Boston Jul 7 1908
Many waters cannot quench love;
Neither can floods drown it.
Alfred T Shohl 1889 - 1946
Florence C Shohl 1904 - 1972
Frederick W Holmes Jr 1873 - 1955
Frances McCord h/w 1886 -
George G Scrivener 1871 - 1952
Jennie N Scrivener 1873 - 1938

Plot #25
Edith Adelmar Durgin b. Mar 3 1903 d. Feb 2 1909
This stone erected by Aleppo Temple AAON MS of Boston MA to the members of which she endeared herself by her winning ways on their annual pilgrimage to the Weirs NH in 1907.

Plot #26
Charles G Nute b. Sep 7 1849 d. Jul 18 1908
Abbie M h/w b. May 10 1858 d. Jul 19 1946
Austin E t/s d. Dec 19 1891 ae 2m 9d

Plot #27
Alexander J McDonald 1847 - 1915
Lydia A h/w 1848 - 1919
Ernest E McDonald t/s 1872 - 1873
Mary A Campbell 1862 - 1884
infant McDonald 1873 - 1873
Michael E Shea 1863 - 1928
Sara A (McDonald) h/w
Charles E Neal 1879 - 1930
Jennie L McDonald 1874 - 1962
Eugene G Thorndyke 1903 - 1957

Plot #28
John Frederick Turrill Sep 2 1931
Charles E Davis 1864 - 1932
Cora C Dame 1863 - 1942
John C Cotton b. Dec 18 1871 d. Feb 15 1934
Minnie M Cotton b. May 12 1876 d. Jan 13 1949
George William Head MA Landsman US Navy b. Aug 28 1879 d. Nov 23 1934 Spanish War Vet

Gertrude McComb h/w b. Feb 11 1881 d. Jul 8 1956
Plot #29
Emma Jane Wiggin 1865 - 1924
Clarence I Wiggin 1857 - 1894
John L Wiggin d. Jul 30 1905 ae 80y 5m 11d
Annette A h/w d. May 7 1925 ae 88y 7d
Annie May t/d d. Aug 21 1872 ae 1m 16d
  Thou art sweetly sleeping, darling Ann,
  But we know that this is thine,
  Thou are happy, dearest, Annie,
  And we must not repine.
Plot #30
Edgar Hall Laing b. New York 1863 - 1934
  Merchant
Mary Pray Laing b. New York 1865 - 1960
Plot #31
Alice M Eldridge b. Nov 23 1863 d. Feb 25 1926
  ae 63y
Plot #32
George Miliner 1842 - 1916
Franklin L Bartlett 1885 - 1974
Della G Bartlett 1888 - 1969
Everett F Glidden 1892 - 1918
Plot #33
Stephen Horne d. Aug 18 1867 ae 66y 3m
Mary A h/w d. May 26 1856 ae 77y 5m 21d
Charles Henry t/s d. Nov 26 1852 ae 22y 2m
  Let me go for the day breaketh
Annie M Horne Feb 6 1877 ae 24y
  Our loved one sleeps to rise again
Plot #34
Simon Fogg d. Jan 3 1884 ae 73y 5m 21d
Elizabeth C h/w d. Sep 26 1862 ae 53y 11m A
  native of Wolfeboro
  Mourn me not, bereft companion,
  For I bade you dry your tear,
  When I left that world of sorrow,
  For you bright and blissful sphere.
  Children, weep not for thy mother,
  Loss of me to thee so dear.
  You ere long in heaven shall meet me,
  Where the ransomed all appear.
Mark t/s d. Jul 26 1849 ae 3y 6m
Livonia C t/d d. May 14 1879 ae 42y 14d

LAKEVIEW

Harry t/s d. Sep 3 1870 ae 29y 7m
Cyrus H t/s d. Oct 12 1876 ae 24y 4m 14d
Plot #35
Samuel Avery b. in Stratham May 9 1785 d. at
  Wolfeboro Oct 5 1858
  Trusting in Jesus
  I am the Resurrection, and the Life; he that
  believeth in me, though he were dead, you
  shall be alive. JOHN XI:25
Mary C h/w d. Mar 6 1876 ae 80y 6m 11d
Augustine D Avery t/s d. Nov 10 1903 ae 89y 25d
Sarah E h/w d. Sep 9 1915 ae 85y 5m 26d
Mary Elizabeth t/d Avery ae 11m 4d
Samuel Avery b. Mar 14 1862 d. Oct 2 1940 {also
  in Lot #54 New Yard}
Mary Chapman (Avery) h/w b. Jul 2 1865 d. Jun 9
  1937 {also in Lot #54 New Yard}
Joseph L t/s d. Dec 25 1911 ae 94y 11m 13d
Helen M h/w d. Nov 2 1922 ae 87y 6m 29d
J Clifton Avery b. Jun 1 1874 d. Dec 31 1953
Minna H Avery h/w b. Jul 20 1875 d. Jul 6 1945
Samuel Augustine Avery d. Aug 29 1861 ae 1y 5m
  24d
Dudley Libby Avery d. Jun 24 1874 ae 16y 10m 13d
Belle Avery b. Mar 27 1866 d. Oct 20 1931
Joseph William s/o Joseph L & H M Avery d. Oct
  16 1867 ae 2m 2d
Plot #36
Charles G Tibbetts 1817 - 1872
Jane E Furbush h/w 1817 - 1860
Nancy J Fox h/w 1834 - 1898
Benjamin Tibbetts 1773 - 1844
Abigail h/w 1789 - 1842
Benjamin F Tibbetts 1824 - 1846
Plot #37
Edmund Doe Spear b. Jul 13 1824 d. Sep 12 1881
Mary Muzzey Spear b. Dec 1 1816 d. Jun 6 1884
Hannah Harford Spear b. Oct 20 1862 d. Aug 24
  1864
Plot #38
John L Tuttle b. Jan 28 1809 d. Apr 20 1894
Hannah Fox h/w b. Jul 15 1809 d. Mar 21 1895
John E t/s b. Apr 1 1843 d. Aug 16 1847

Samuel F t/s b. Apr 25 1839 d. Jul 15 1850
George W t/s b. Apr 24 1850 d. Apr 25 1850
Plot #39
Sarah A Doe w/o Samuel Thompson d. Mar 10 1858
ae 41y
  Ask not thou ere to recall her,
  Back to earth's dull scenes of pain,
  For the loss thou art sustaining,
  Is her eternal gain.
J Osborn Doe d. Apr 27 1851 ae 37y
  Into thine hand I commit my spirit
  Thou hast redeemed me, O Great God of truth.
Bradstreet Doe b. in Newmarket Mar 8 1785 d. in
  Wolfeboro Apr 22 1855 ae 70y
  Tho I walk through the valley of the shadow
  of death,I will fear no evil,
  For thou art with me; thy rod and thy staff
  they comfort me.
Hannah P h/w b. in Durham Jul 9 1782 d. in
  Wolfeboro May 29 1865 ae 83y
  The path of the just is as the shining light,
  That shineth more and more unto the perfect
  day.
Edmund P t/2nd s d. Jul 2 1823 ae 13y
  To dust the body. To God the soul
Andrew Swett d. Aug 13 1891 ae 74y 9m
  He shall be recompensed at the resurrection
  of the just.
Olive J h/w d. Apr 17 1903 ae 83y 9m 3d
John Andrew Swett t/s d. Dec 17 1852 ae 11y 5m
John Andrew Swett t/s d. Aug 13 1854 ae 6m
George W Swett t/s d. in Falmouth VA Jan 15 1863
  ae 19y Post #61 GAR marker
  He willingly gave his life in his country's
  cause.
Plot #40
Charles H Johnson b. Jul 21 1850 d. May 4 1916
Sarah h/w b. Oct 17 1859 d. Apr 23 1933
Plot #41
George H Meader b. Mar 1 1840 d. Nov 27 1904
Emily M h/w b. Jul 29 1840 d. Feb 2 1910
Samuel A Meader b. Feb 8 1838 d. Dec 23 1916
Maria L h/w b. Apr 1 1842 d. Apr 11 1940
George H Meader b. Jul 19 1905 d. Nov 21 1906

LAKEVIEW

Henry F Meader b. May 9 1875 d. Oct 24 1950
Mattie M h/w b. Oct 7 1873 d. Dec 24 1955
John L Meader b. Nov 12 1804 d. Sep 4 1886
Jane Arnold h/w b. Jun 21 1805 d. Sep 19 1880

Plot #42
Thomas Johnson b. 1807 d. Aug 26 1872
Lydia (Edmonds) h/w b. Nov 19 1814 d. Jun 25 1880
Isaac E Johnson b. May 8 1848 d. Jan 29 1849
Isaac Johnson b. 1850 d. Mar 6 1908

Plot #43
Isaac Edmunds d. Nov 14 1834 ae 42y
Betsey h/w d. Nov 26 1866 ae 77y
Col Jonathan Copp d. Jun 17 1831 ae 56y
Mrs Mary h/w d. Mar 2 1826 ae 34y

Plot #44
Mary Abby d/o David & Hannah Fullerton d. Jan 28 1847 ae 15y 6m

Plot #45
David Fullerton d. Mar 23 1830 ae 43y

Plot #46
James Fullerton d. Jan 30 1833 ae 77y

Plot #47
Eliza Ann d/o Benjamin & Abigail Tibbetts d. Sep 2 1851 ae 30y 2m 21d
Jona. Blake Esq d. Feb 4 1846 ae 74y 7m
Mary h/w d. Feb 12 1840 ae 60y 9m 14d
Levi t/s d. Mar 31 1817 ae 24y
Benjamin Blake 1731 - 1824
Daniel Blake d. Nov 29 1873 ae 55y 7m 7d
 The secret of the Lord is with them that fear him.
Sarah A h/w d. Mar 2 1883 ae 65y 3m 23d
 There remains therefore a rest to the people of God.
Frank H t/s d. Jan 3 1863 ae 8y 17d
Levi W t/s d. Apr 14 1843 ae 1y 2m 28d
 A bud on earth to bloom in heaven.

Plot #48
Jane Fullerton b. Mar 30 1790 d. Jul 18 1863
John Fullerton s/o John Fullerton d. Sep 9 1840 ae 22y
Mrs Anna H w/o Mr John Fullerton d. Feb 10 1835
Mr John Fullerton d. Feb 26 1803 ae 53y

Elias S Edmunds d. Aug 19 1845
Lydia Fullerton w/o James Fullerton d. Jul 7 1837 ae 82y
William B Fullerton 1827 - 1905
Eunice M h/w 1837 - 1920

Plot #49

Moody E Wells 1876 - 1918
Frank Wells 1890 -
Rhoda B h/w 1886 -
Caroline A d/o James & Betsey Evans d. Jul 19 1842 ae 5y 8m 22d

Plot #50

Paul Brown d. Jun 22 1861 ae 69y
Mary h/w d. Aug 30 1881 ae 82y 1m 16d
Lucretia t/d d. Jan 25 1848 ae 17y 10m 12d
Paul t/s d. Aug 18 1838 ae 5y 3d

Plot #51

John Kane a member of Co G 1st Regt NHHA d. Feb 21 1865 ae 17y 1m
Capt E G Colby born in Ossipee NH Jun 25 1814 d. at Greenwood Mass Sep 23 1892
Sarah D h/w d. Mar 27 1870 ae 56y
She being dead yet speaketh
Thomas Turner t/s d. Nov 16 1842 ae 3y 7m
Sarah L t/d d. Mar 21 1864 ae 23y
She sleeps in Jesus
Nellie Colby w/o I C Thompson b. Mar 4 1849 d. Mar 2 1903

Plot #52

Stephen D Edmonds b. Sep 24 1818 d. May 9 1889
Lucy h/w b. Apr 13 1820 d. Mar 6 1899
George H Edmonds d. May 10 1869 ae 6y 1m 10d
Laura F Ellis b. Apr 27 1858
Charles A Ellis b. Mar 13 1848 d. Mar 6 1917

Plot #53

John G(ilman) Folsom b. May 18 1836 d. Jul 22 1910
Martha Folsom b. Mar 10 1831 d. May 3 1911
Frank A Folsom b. Jul 3 1861 d. Jan 23 1935
Glenna h/w d. Feb 20 1897 ae 30y 1m 8d
We'll join thee in that heavenly land,
No more to take the parting hand
James Gerrish d. Apr 24 1857 ae 64y 21d
Rhoda h/w d. Apr 16 1871 ae 78y 11m 14d

Blake Folsom d. Oct 11 1911 ae 86y 11m 17d
Lucinda P h/w d. Feb 6 1850 ae 22y 4m
Ruth D h/2nd w d. Apr 12 1906 ae 76y 4d
Arabell d/o Albert W & Susan M Wiggin d. Sep 24
 1858 ae 5m 20d (also New Yard #116)
Clarence H s/o Albert W & Susan M Wiggin d. Jul
 16 1865 ae 5m 8d
Sleep on dear babe and take thy rest.
God called thee home, he thought it best.

Plot #54
Harvey C Kalloch
Emma P h/w d. Feb 14 1922

Plot #55
Samuel Blake b. Nov 11 1830 d. Sep 10 1874
James A Blake b. Mar 12 1853 d. Jun 2 1901
Alice C Blake b. Jul 5 1858 d. Mar 9 1909
Daniel Blake b. Apr 22 1818 d. Nov 29 1873 ae
 55y 7m
Sarah A h/w d. Mar 2 1883 ae 65y 3m 23d
Their children:
 Levi W d. Apr 14 1845 ae 1y 2m 28d
 George H b. 1845
 Levi W b. 1847
 Clarissa b. 1850
 Frank H d. Jun 3 1863 ae 8y 17d

Plot #56
David Blake b. Jan 22 1800 d. Jan 31 1885
Abiah F Brewster h/w b. Jun 30 1807 d. May 21
 1849
Martha A Hayes h/w b. Apr 23 1817 d. Oct 11 1889
Hannah Lucas d. Nov 19 1878 ae 79y 10m 21d
David A Blake b. Apr 24 1860 d. Mar 26 1936

Plot #57
Joseph Edmunds d. Apr 20 1877 ae 86y 10m 20d
Mary h/w d. Jan 19 1886 ae 96y 4m 12d
Mary E w/o Samuel H Walker & d/o Joseph E
 Edmunds d. Sep 29 1852 ae 27y 7d

Plot #58
Dea John Folsom b. Apr 30 1797 d. Apr 6 1883
Hannah h/w b. Oct 14 1797 d. May 2 1895
Lydia M t/d d. Aug 6 1838 ae 11y 9m 21d
Thaniel s/o Solomon & Sarah Horn d. Nov 7 1846
 ae 26y 1m

Caroline h/w d. Aug 9 1890 ae 69y 9m
Herbert C Folsom d. Sep 27 1902 ae 30y 10m 6d
George A Folsom b. Oct 13 1862 d. Dec 12 1945
Emma F Folsom h/w b. Feb 26 1855 d. Aug 8 1932

Plot #59

Ada P Haines 1876 - 1973
Charles P Rendall d. Mar 2 1926 ae 80y 1m 2d
Ruthie E h/w d. Apr 28 1867 ae 22y
Asleep in Jesus.
Lydia A w/o Charles P Rendall d. Feb 4 1901 ae 50y 8m 24d
Ida May t/d d. Jun 22 1897 ae 18y 5m 17d
Far beyond this world of changes,
Far beyond this world of care,
We shall find our missing loved one,
In our Father's mansion fair.
Eva C t/d d. Sep 23 1886 ae 6y 8m
Safe at home
William Rendall d. Aug 27 1876 ae 78y
I know that my redeemer liveth.
Mary A h/w d. May 5 1880 ae 72y
Because He liveth, we shall live also.

Plot #60

Lieut Geo. W Horne b. Oct 1 1828 d. Feb 20 1909
   Post #61 GAR marker
Betsey A w/o Lieut G W Horne b. May 18 1829 d. Oct 3 1894

Plot #62

John W Horne d. Aug 5 1858 ae 72y 4m 15d
Susey w/o John W Horne d. Oct 13 1871 ae 80y
Asleep in Jesus, blessed sleep.
Harriet A youngest d/o Capt John & Harriet Amanda Morris, foster d/o J W & Susan Horne b. Jan 3 1844 d. Jan 26 1862
She was the light of our home.
Albion A Horne d. Nov 2 1890 ae 64y 10m 6d
Pamela R Horne b. Apr 15 1824 d. Aug 15 1894
Mary A Horne b. Apr 28 1827 d. Jun 15 1899

Plot #63

George W Lincoln d. Mar 2 1907 ae 58y 10m 14d
Jude R Lincoln d. Feb 4 1889 ae 72y 7d
Mehitable W w/o Jude R Lincoln d. Feb 26 1895 ae 84y 9m

LAKEVIEW

Austin W s/o Jude R & Mehitable W Lincoln d. Jun 7 1859 ae 16y 1m 9d

Plot #64
Enoch M Clark 1802 - 1865
Sarah P Clark h/w 1806 - 1891
Their children: Joseph W Clark 1848 - 1850
Mary Frances Clark 1837 - 1855
Charles I Clark Co C 1st Minn Vol killed at Petersburg VA Jun 18 1864
Henry M Clark d. at Butts Mt Cal Mar 5 1865 ae 25y
George A Clark May 11 1833 - Dec 9 1916 Co A 8th Minn Vol Private 1861 - 1865
Joseph Clark 1767 - 1851
Comfort Clark h/w 1773 - 1861
Harriet C Clark 1819 - 1862
J Henry Bowles Co D 1st Mass Vol 1841 - 1874

Plot #65
Samuel N Furber d. Feb 28 1914 ae 85y 6m
Priscilla A Worster w/o Samuel Furber d. Oct 3 1873 ae 39y 8m
Samuel N Furber Jr 1858 - 1936
Nellie M Furber 1857 - 1936
John Furber d. Jul 13 1835 ae 62y 6m
Hannah h/w d. Sep 4 1876 ae 87y 10m
Dr Joseph Edgerly d. May 4 1840 ae 45y 8m
Sally W h/w d. Mar 8 1890 ae 81y 4m
Abbie W Furber d. Jan 24 1886 ae 60y 6m
Martha M Furber w/o Wesley Cotton d. Oct 22 1854 ae 34y 8m

Plot #67
Charles Blake d. Jan 9 1863 ae 31y
Sarah w/o Charles Blake d. Apr 25 1866 ae 54y
Frank P Blake b. Dec 3 1857 d. Mar 9 1939
Maria L (Blake) h/w b. Aug 24 1857 d. Nov 12 1925

Plot #68
Carrie P d/o Mary M Kimball d. Mar 20 1881 ae 25y 3m
  I sought the Lord in the days of my youth,
  I prepared for heaven and an early death.
Mary M Kimball d. May 11 1888 ae 47y 1m 23d

Plot #69
Sophronia D w/o Hamilton Locke d. Jul 9 1850 ae
  44y 14d
  Her years of affliction are o'er.
  Her days and nights of distress,
  We see her in anguish no more,
  She's gone to the Heaven of rest.
Julia Orinda d/o Hamilton & Dorcas Locke d. Sep
  15 1852 ae 1y 1m 9d
  God hath bereft us of our child,
  His hand in this we've viewed.
  He is the Lord, shall we complain,
  He doth what sees him good.

Plot #70
James W Cross d. Apr 22 1870 ae 37y 10m
  Rest husband in the silent tomb.
Margaret J h/w d. May 27 1905 ae 65y 5m
Their 3 children:
George M Cross d. Apr 20 1870 ae 8y 10m
Josephine L (Cross) d. Mar 14 1870 ae 5y 9m 14d
Mabel Cross d. Mar 25 1870 ae 11m
  Our sweet little children have gone,
  To mansions above yonder sky.
  To gaze on the beautiful throne,
  Of Him who is seated on high.

Plot #71
Lewis H Fullerton s/o William B & E M Fullerton
  d. Mar 27 1869 ae 2y 5m 21d
  Of such is the kingdom of Heaven.

Plot #72
Silas Dexter s/o Silas & Hannah Colby May d. Mar
  10 1856 ae 6y 8m
Hannah Colby w/o Capt Silas Colby May b. May 29
  1822 d. Dec 27 1864
J Frank s/o Elisha & Betsey Goodwin d. Sep 14
  1869 ae 35y 3m 9d
  Sleep brother dear and take your rest,
  God called you home, He thought it best.
  'Twas hard, indeed, to part with thee,
  But Christ's strong arm supported me.
Augustine J s/o Roscoe G & Arvilla J Holmes d.
  Aug 4 1864 ae 6y 11d

Plot #73
John N Bassett d. Dec 31 1879 ae 65y 10m 29d

Lydia h/w d. Dec 20 1864 ae 50y 1y 20d
Jane h/w d. Mar 11 1884 ae 56y 11m 21d
Ellen R d/o John N & Lydia Bassett d. Apr 5 1833
Samuel Langley 1775 - 1857
Lydia M Footman h/w 1771 - 1845
 They dwelt many years at the foot of
 Copplecrown Mt. in New Durham, and are buried
 there. The spot is now again wilderness.
 This tablet dedicated in memory of his wife
 Blanche Lydia Bassett by Clayton G Moody AD
 1953
Dr. J Randlett Smith d. Jan 25 1901 ae 78y 10m 1d
Lucinda D (Smith) h/w d. Sep 27 1861 ae 35y 24d
Plot #74
Benjamin Wiggin d. Apr 7 1896 ae 79y
Lucy C h/w d. Jul 11 1882 ae 67y
George W Horne b. Jul 21 1844 d. May 4 1887
 We leave him in our Father's keeping,
 And wait with hope and patience, the
 reuniting.
Ellen M h/w b. May 5 1845 d. Mar 5 1932
Edward Herbert t/s May 24 1875 ae 2y 3m 24d
 Our loved one
Plot #75
George B Beardsley 1855 - 1925
Alonzo H Beardsley 1886 - 1933
Harold S Morse 1887 - 1972
Plot #76
Susie Frances Riggs b. Nov 18 1864 d. Aug 10 1927
Plot #77
Samuel Wiggin Esq d. Nov 15 1861 ae 85y 4m 25d
Nancy Wiggin h/w d. Aug 29 1852 ae 71y
Plot #78
Dea Joshua P Ayers d. Aug 13 1875 ae 58y 10m 9d
 He that overcometh shall inherit all things;
 and I will be his God, and he shall be my
 son.
Mary J h/w d. Nov 25 1891 ae 77y 11m 19d
 So he bringeth them unto their desired haven.
Mary Lizzie d/o Joshua P & Mary J Ayers d. May 19 1863 ae 3y 11m 9d

The golden curls still cluster round,
Their brow so white and clear,
And on her face now pale and cold,
I've shed full many a tear,
I know her feet are walking now,
The shining streets of Heaven,
I know that to that dear one's brow,
A Golden crown is given.
Jennie A w/o J E Gridley d. Mar 20 1871 ae 20y 8m
Allie s/o J E & Jennie Gridley d. Dec 14 1870 ae 10m 22d
Only a tiny floweret,
Blooming on Jesus breast.
Safe from all storms and tempests,
In the garden of the blest.
Thomas Ayers d. Sep 30 1850 ae 64y
Catharine h/w d. Dec 13 1847 ae 62y
Stephen Ayers b. Jun 26 1815 d. Jul 22 1899
Tamson Ayers b. Nov 22 1817 d. Apr 19 1900
Lydia C t/d d. May 15 1864 ae 15y 7m
John T t/s d. Jun 3 1864 ae 9y 9m
John R A s/o Stephen & Caroline E Coffin d. Dec 24 1847 ae 2y 2m 12d

Plot #79
Bradstreet Doe b. Jun 4 1808 d. May 8 1860
Irena E h/w b. Apr 17 1815 d. Aug 25 1860
Charles O Doe b. Apr 9 1841 d. Sep 20 1922
Sarah P h/w b. Dec 28 1877 d. Oct 4 1947
William E Doe b. Jul 20 1851 d. Jun 3 1884

Plot #80
John Bassett d. May 5 1867 ae 81y 9m
Ruth h/w d. Feb 1 1874 ae 85y
James A Bassett t/s d. May 13 1852 ae 27y
George W Bassett b. Mar 28 1829 d. Oct 14 1906
Roancy D Bassett b. Jan 2 1828 d. Apr 28 1911
Emma P Bassett b. Aug 22 1860 d. Feb 19 1941
James A Bassett b. Oct 19 1856 d. Jan 5 1925
Carrie E h/w b. Sep 18 1868 d. Dec 16 1929

Plot #81
Joseph W Whitten d. Feb 16 1901 ae 92y 16d
Mary E h/w d. Mar 16 1888 ae 73y 10m
Children of Joseph & Mary E:
Susan Whitten d. Oct 28 1832 ae 4m

Infant son d. Feb 1832
Mary E d. Sep 1835 ae 6m
Katie H w/o J Whitten d. Aug 24 1889 ae 28y 6m

Plot #82
Charles B Yeaton b. Oct 13 1852 d. Jun 3 1914
Dorinda T h/w b. Feb 9 1852 d. Mar 14 1913

Plot #83
George W Hersey b. Jan 1 1805 d. May 27 1888
Mary E h/w b. Sep 14 1810 d. Feb 1 1903
Sarah E Hersey b. Mar 24 1846 d. May 26 1906
James A Hersey b. Nov 22 1830 d. Feb 9 1833
Ann Eliza d. Apr 24 1862 ae 21y

Plot #84
John M Brackett d. Dec 4 1887 ae 80y 10m
Asleep in Jesus blessed sleep,
From which none ever wake to weep.
Sarah Thompson h/w b. May 23 1815 d. Aug 5 1870 ae 55y 2m 12d
Ann Eliza t/d b. Oct 14 1841 d. Oct 28 1856 ae 15y 14d
She never gave us grief until she died.
Sarah T w/o Henry H McDuffee b. Nov 20 1843 d. Jul 14 1867 ae 23y 7m 23d
A graduate of Lasell Seminary Class of 1863.
Fred s/o Charles F & E Parker b. Mar 30 1833 d. Feb 6 1858

Plot #85
Elizabeth Lane w/o Charles B Orne d. Jan 6 1856 ae 62y
Blessed are the dead which died in the Lord.
Charles B Orne d. Mar 5 1856 ae 62y

Plot #86
Daniel Pickering 1796 -1856
Sarah C h/w 1801 - 1867
Joseph William t/s 1830 -1832
Eliza Maria t/d 1833 - 1842
Joseph Farrar 1775 - 1851
Mehitable Dana Farrar h/w 1778 - 1850
George B Farrar 1806 - 1885
Susan Maria Dow h/w 1810 - 1844

Plot #87
George Fox d. Apr 22 1882 ae 75y 6m 22d
Drusilla E Hersey h/w d. Nov 29 1893 ae 82y 7m
Forrest G t/s d. Oct 1 1866 ae 19y 6m

Alice J w/o Wm H Watts d. Sep 27 1892 ae 31y
Tho' lost to sight, to memory dear.
Catharine w/o Russell Richards d. Oct 17 1897 ae 57y
Ruth w/o Asa D Fox d. Jun 20 1884 ae 29y 7m 10d
My heart no anguish know,
My throbbing head finds rest;
I have in sweet repose,
Upon my Savior's breast.
Asa D Fox d. May 23 1893 ae 54y 5m
Lettice S h/w d. Jan 24 1878 ae 40y 24d
infant dau b. Nov 19 1863 ae 0y
Oren E (Fox) t/s killed by a fall from his Engine Sep 10 1888 ae 22y 11m 24d
He has passed beyond sight to the home ever fair,
Where he lives like ourselves, in God's infinite care.
Levi D. Fox d. Jan 24 1902 ae 28y 9m 26d
Frank W Stokes 1878 - 1948
Ellen C (Fox) Stokes h/w 1881 - 1957
Herbert Hobbs 1901 - 1972
Jacqueline (Hobbs) h/w 1913 -

Plot #88

James M Locke 1809 - 1890
Sarah T Fox (Locke) h/w 1811 - 1897
John Fox d. Aug 7 1888 ae 84y 2m 18d
Elizabeth A h/w d. Mar 26 1872 ae 65y 5m 15d
Elizabeth A Fox 1844 - 1922
William C Fox b. Dec 29 1827 d. May 21 1897
Julia A Hayes h/w b. Jan 28 1830 m. Apr 24 1854 d. Feb 19 1861
Infant s/o William C & Lizzie A Fox b. Aug 10 1872 d Aug 21 1872
John W Fox 1873 - 1907
Charles B Fox 1875 - 1919
Elizabeth K Fox d/o William C & Elizabeth A Fox b. Nov 9 1882 d. Dec 10 1948
Samuel Fox Esq 1775 - 1851
Patience (Fox) h/w 1779 - 1856

Plot #89

Joseph Spencer 1828 - 1903

Sarah (Spencer) 1844 - 1919
  Children: Electra, Frank, Annie, Charlie,
  Julia, Lulu, Ettie
Plot #90
John E Fox b. May 30 1845 d. Oct 3 1923
Abbie F Woodman (Fox) h/w b. Jul 15 1852 d. Jun 15 1915
Their children:
George N Fox b. Apr 19 1878 d. Mar 21 1881
Alice Everett Fox b. Jul 4 1876 d. Jul 28 1959
Sarah M Fox b. Feb 10 1880 d. Oct 21 1969
Lillian J E Fox b. Jul 13 1893 d. Mar 30 1963
William H Neil 1874 - 1937
Minnie Grace h/w 1863 - 1936
Plot #91
Samuel Nudd d. Feb 6 1874 ae 86y 4m 2d
Nancy h/w d. Mar 26 1867 ae 72y 1m 16d
Plot #92
Rev. W K Lucas d. Jan 7 1898 ae 83y 7m
Anne h/w d. Jun 7 1873 ae 51y 4m
  Blessed are the pure in heart for they shall see God.
Sarah h/w d. Feb 16 1894 ae 80y
  Precious in the sight of the Lord, is the death of his saints.
Plot #93
Everett Stetson Albee 1853 - 1951
Jessie Marion Albee h/w 1866 - 1945
Plot #94
Stephen E Danforth b. May 26 1854 d. Mar 9 1912
Olive h/w b. Apr 4 1871 d. Dec 25 1947
Plot #95
Enoch Haley 1807 - 1894
Cynthia Haley h/w 1810 - 1903
John W Parker 1840 - 1923
Abbie H Parker h/w 1847 - 1935
Ralph S Parker 1872 - 1954
Carolyn Y(oung) Parker h/w 1871 - 1954
Plot #96
Andrew Wiggin d. Jun 13 1853 ae 93y 7m
James Marden d. Sep 10 1845 ae 66y
Sally (Marden) h/w d. Mar 17 1844 ae 65y

Plot #97
G Leon (Johnson) s/o Freeman L & Carrie M
Johnson d. Sep 5 1882 ae 2y 5d
Plot #98
J Leavitt Kent b. Jun 6 1831 d. Jun 21 1878
Mary E h/w b. Oct 16 1836 d. Feb 3 1917
Clarence Edwin t/s d. Jun 23 1936
Mark R Dockum 1798 - 1843
Betsey S h/w 1796 - 1877
Samuel Dockum t/s 1827 - 1849
John Henry t/s 1834 - 1854
Plot #99
Phebe A w/o D C Channell b. Sep 24 1833 d. Feb 8 1886
Cora E d/o D C & Phebe A Channell b. Feb 16 1857 d. Aug 30 1925
Fred Percy s/o Daniel C & Phebe A Channell d. Jan 23 1864 ae 3y 1m
Bertha Lucinda Channell d/o Daniel C & Phebe A Channell d. Nov 15 1867 ae 1y 6m 25d
Plot #100
Josiah Garland d. Apr 12 1885 ae 65y 5m 21d
I shall be satisfied when I wake with thy likeness.
Rowena h/w d. Oct 3 1863 ae 46y 6m 27d
For if we believe that Jesus died and rose again even so which sleep in Jesus will God bring with him.
Nellie M t/d d. Jul 10 1867 ae 20y 9m 15d
Jesus said unto her, I am the resurrection, And the life; he that believeth in me though he were dead, yet shall he live.
Joseph P t/s d. Mar 15 1860 ae 15y 1m 17d
Thus saith the Lord! refrain thy voice from weeping, and thine eyes from tears; For thy children shall come again from the land of the enemy and come to their own border.
Joseph Paul s/o Alvah & Priscilla L Garland ae 1y 6m 19d
Of such is the kingdom of heaven.
Plot #101
Jonathan Gale d. Mar 26 1861 ae 74y 10m 12d
Nancy h/w d. Jul 11 1862 ae 67y 7m

LAKEVIEW

Mahala J t/d d. Feb 24 1855 ae 31y 6m 23d
  Mournful and sad thy weeping friends,
  Have bid thee their last farewell;
  But God in mercy comforts and
  They sleep in heaven with thee to dwell.
David Gale d. May 22 1843 ae 24y 7m
  Dust to its narrow house beneath,
  Sent to its place on high,
  They that have seen thy look in death,
  No more may fear to die.
Harriet E Shaw d. Sep 17 1847 ae 13y
John O s/o Thos. T & Rachel W. Marden b. Oct 22 1806 d Aug 15 1815
Nancy S d/o Harfield & Lydia White d. Oct 17 1840 ae 17y 8m
  Dearest sister thou hast left us,
  Here thy loss we deeply feel,
  But 'tis God that hath bereft us,
  He can all our sorrow heal.
Mehitable d/o Harfield & Lydia White d. Dec 4 1835 ae 15y 7m
  Thou art gone to the grave but we will not deplore thee,
  Tho' faded from earth in lifes opening day;
  From all sorrows and cares _____
  Thy Savior in mercy hath called thee away.
Lydia D
Jeremiah Hart d. Feb 1836 ae 64y
Mary Hart h/w d. Jul 22 1845 ae 80y
Albert Shaw d Mar 21 1834
Charles C Rogers d. Jan 13 1830 ae 31y
Lydia w/o Harfield White d. Feb 3 1828 ae 37y 9m
  So Jesus slept; God's dying son
  Passed through the grave, and blest the bed,
  Rest here, blest saint, 'til from his throne
  The morning break, and pierce the shadow.

Plot #102

Daniel & Vesta children of A J & H J Wadlia
Elbridge Gerry Co G 1st NH HA GAR Post #61 marker
Ebenezer G Gerry d. Jan 18 1858 ae 46y 11m 23d
  Lover and friend hast thou put far from me,
  And mine acquaintance into darkness.

Hannah Jane h/w d. Mar 26 1855 ae 44y 3m 5d
   Asleep in Jesus, O how sweet,
   To be for such a slumber meet,
   With holy confidence to sing,
   That death hath had his venomed sting.
John B Hanson d. Oct 25 1860 ae 22y 6m

Plot #103

Charley H s/o Charles O & Eva A Wallace d. Sep 7 1887 ae 5y 4m 10d
Florence Wallace 1859 - 1947

Plot #104

Henry F Dore b. Aug 23 1855 d. Apr 19 1925
Sarah A h/w b. Mar 29 1861 d. Apr 25 1925
Florence M t/d b. Aug 26 1894 d. Feb 6 1957
John E t/s b. Nov 18 1878 d. Jun 21 1879
Henry L t/s b. Aug 27 1882 d Jun 25 1884
   Safe in the arms of Jesus
Mamie A Dore b. Oct 19 1888 d. Oct 19 1888
Harry C Dore t/s b. Oct 19 1888 d. Jan 19 1889
Clifton S Dore t/s b. Nov 7 1897 d. Jun 30 1898

Plot #105

George T Jenness 1843 - 1904
Robert H Jenness d. Apr 21 1888 ae 74y
Catharine h/w d. Dec 8 1882 ae 66y 7m 25d
   I have found the shore of everlasting rest.
   We will meet again.
Thomas L Marden d. Jun 16 1830 ae 45y 6m
Rachel W h/w d. Dec 4 1871 ae 84y 3m 11d

Plot #106

Henry D Frohock b. Sep 5 1847 d. Mar 10 1889
Betsey A Rollins h/w b. Nov 2 1847 d. Nov 12 1911
Arthur t/s b. Dec 11 1874 d. Sep 6 1903
Lulu M t/d b. Jan 9 1879 d. Sep 17 1879

Plot #107

Nancy S w/o I B Shaw d. Sep 28 1853 ae 36y
Mrs Rebecca G Melcher d. Aug 16 1853 ae 79y

Plot #108

William Guppy d. Aug 20 1828 ae 58y
Comfort (Guppy) d. Feb 24 1829 ae 9y 7m d/o Wm & S G Guppy
Frances (Guppy) d. Aug 12 1830 ae 18y 2m d/o Wm & S G Guppy

LAKEVIEW

Samuel Meserve d. Apr 12 1863 ae 61y 3m 26d
Maria A h/w d. Oct 26 1883 ae 83y 4m 6d
 Rest! mother, rest in quiet sleep,
 While friends in sorrow o'er thee weep.
Charles W Meserve b. Oct 17 1833 d. Dec 28 1894
 Good bye, dear brother, till we meet in
 Heaven
George W Meserve d. Apr 28 1900 ae 70y 3m
Sarah B h/w Jan 12 1914 ae 81y
 Thou I walk through the valley of the shadow
 of death, I will fear no evil; For thou art
 with me. Psalm 23:4

Plot #109

Franklin B s/o Samuel & Maria Meserve d. Oct 2 1852 ae 11y 10m
 Franklin dear, Thou art upon thy Savior's
 breast.
Augusta M d/o Samuel & Maria A Meserve d. Jun 13 1852 ae 24y 4m
 Meet and remember me were her dying words,
 Farewell, my child.
 God gave, He took, He will return.
 He doth all things well.
Albert W Meserve d. Mar 26 1937 ae 68y
John Kelley formerly of Gilmanton d. Jul 15 1851 ae 59y
 Jesus said: I am the resurrection and the
 life. John 11:25
Harriet Byron d/o William Guppy & Comfort Meserve b. Jan 19 1802 d. Dec 1877

Plot #110

Wilson Jenness b. Aug 29 1848 d. Oct 29 1928
Fannie J h/w b. May 25 1845 d. Sep 2 1909
Addison G Allard b. Dec 21 1861 d. May 16 1941
Lettie E h/w b. Sep 7 1873 d. Mar 15 1953
Elsie Lulu t/d b. Jan 23 1901 d. Jan 7 1910
Aura I t/s b. Jul 31 1898 d. Oct 12 1927

Plot #111

Sarah Blaisdell d/o Dr. Cyrus & Clarissa Blaisdell b. Sep 11 1839 d. Apr 15 1842
Cyrus Blaisdell d. Aug 29 1850 ae 39y 9m

Plot #112

Moses Morse d. Nov 30 1841 ae 47y
Abigail Morse h/w d. Feb 19 1831 ae 34y

Plot #113

Elisha Goodwin d. Aug 7 1881 ae 87y 8m
 I put my trust in God
Betsey h/w d. Jul 12 1877 ae 80y 9m 9d
 Sleep on my dear. I am coming there.
 Over there, just over there.
James W t/s d. Sep 12 1828 ae 3y
John R t/s d. Mar 10 1832 ae 7y
Sarah L t/d d. Aug 5 1839 ae 22y
Maria t/d d. Sep 18 1846 ae 17y
 Rest thee daughter, rest in heaven,
 All thy suffering now are o'er;
 Angelic joys to thee are given,
 Grief shall never harm thee more.
John Wesley t/s d. Jul 15 1857 ae 25y 6m

Plot #114

Charles H Guptill b. Jan 13 1838 d. Dec 5 1890
Susan J h/w b. Jul 11 1842 d. Sep 17 1898
Martha Ann d/o Abram & Susan Guptill d. Sep 25 1852 ae 18y 7m 16d
Harriet F d/o Abram & Susan Guptill d. Sep 10 1842 ae 10m 6d
 The God who lent her, (for she was not yours),
 In wisdom claims the boon his goodness gave.

Plot #115

Silas Durgin b. Mar 11 1820 d. Mar 18 1867
Martha R Rogers h/w d. Mar 18 1850 ae 26y 8m
 So shall our memory be as pearls set in a casket.
Ellen J Leighton t/d 1844 - 1920
Nathaniel R t/s d. Sep 20 1849 ae 8m 20d
Caroline F Gale w/o Silas Durgin b. Oct 7 1832 d. Aug 7 1907
David Gale Durgin s/o Silas & Caroline F Durgin b. Jan 3 1858 d. May 19 1897

Plot #116

Andrew Wiggin d. Dec 27 1810 ae 41y
Annie Barker h/w d. May 27 1806 ae 37y
Mary Ann (Wiggin) d/o Moses Wiggin d. Nov 6 1839 ae 45y
Mr Moses Wiggin d. May 14 1830 ae 60y 5m
Mrs Molly h/w d. Dec 23 1822

LAKEVIEW

Plot #117
Allan D Carlile 1860 - 1914
Margaret E Weyer 1864 - 1948
John S Carlile 1886 - 1952
Margaret Carlile Clarke 1897 - 1963

Plot #118
Charles T Adams 1850 - 1915

Plot #119
Thaddeus M (Barker) s/o E D & B Barker d. Jul 3 1867 ae 18y
By Jesus' love released from pain,
Sleep softly, child thy sorrow o'er,
Thy earthly loss he heavenly gain,
And Angels keep thee evermore.

Plot #120
William P Edgerly Esq d. Feb 6 1870 ae 82y 4m
Nancy h/w d. Jan 26 1889 ae 104y 5m 28d
Eldora S d/o William P & Sylvia M Edgerly d. Nov 2 1853 ae 4y 10m
William P s/o William P Edgerly Esq d. Dec 20 1850 ae 29y
Betsey d/o William P & Nancy Edgerly d. Mar 10 1817 ae 6y

Plot #122
Lewis L Marshall 1859 -1911
Julia A Johnson h/w 1867 - 1919
Elwin S French 1847 - 1924
Polly Johnson h/w 1853 - 1912
William I Piper 1861 - 1944
Celia F Johnson h/w 1864 - 1923
Ada B Johnson (no dates)
Bertha L Morison (no dates)

Plot #123
William B Furber d. May 3 1867 ae 58y
Mary J h/w and 2nd w/o Hon John M Brackett d. Oct 13 1883 ae 72y 6m 2d
A good wife, a kind mother, and a faithful friend.
Carrie P t/d d. Jan 1 1864 ae 16y 11m 26d
Charles E t/s d. Apr 12 1853 ae 4y 4m
Sally w/o Joseph Furber d. Feb 13 1841 ae 60y

Plot #126
John E Berry b. in Salem Nov 13 1830 d. Jun 17 1913

Olive M Chesley h/w b. in Wolfeboro Aug 11 1848
  d. Dec 5 1883
Chester Lowe 1899 - 1973
Wilfreda K Lowe 1903 - 1987
Barbara K O'Hora b. May 16 1914 d. Jul 15 1966
Donald R O'Hora New Hampshire S Sgt US Army WW
  II BSM b. Oct 26 1913 d. Sep 11 1966
Plot #127
Wilbra Hamlin Swett b. Oct 17 1860 d. Nov 22
  1936
Ella Stearns h/w b. Feb 24 1862 d. Apr 13 1956
Patricia K Day 1941 - 1976 w/o Richard W Day
Plot #128
Benjamin B Newell b. Feb 12 1843 d. Nov 2 1896
  Vet 1861 -1865 marker
Emily (Newell) h/w b. Jan 4 1855 d. Jan 6 1939
James C Douglas b. Nov 12 1816 d. Mar 11 1902
Emily (Douglas) h/w b. Jun 19 1818 d. Feb 16
  1917
Plot #129
John Newell d. Jul 26 1859 ae 53y 8m 26d
  And the spirit and the bride say come.
Hannah B h/w d. Jun 22 1854 ae 42y 10m
  Weep not for me my friends so dear,
  My spirit is not resting here.
Susan B t/d d. Jun 23 1854 ae 21y
Harriet d/o J & H Newell d. Jan 18 1854 ae 17y
  4m
Edward Burley s/o Benjamin & Maggie Newell b.
  Jul 25 1870 d. Oct 10 1871
Plot #130
Israel Bailey Manning b. Dec 18 1832 d. Nov 18
  1910
Annah Stanton Newell h/w b. May 3 1838 d. May 12
  1911
George K Manning b. Jun 9 1830 d. Jan 12 1900
Plot #131
Silas Durgin b. Mar 8 1788 d. Jun 18 1867
  God's finger touched him and he sleeps.
Dorcas h/w b. Aug 18 1795 d. Jan 3 1881
Amon P Folsom b. Feb 13 1818 d. Feb 2 1876
John T Parker d. Sep 25 1819 ae 45y 20d
Sally L h/w d. Oct 2 1819 ae 42y 10m

Plot #132
Moses Cross d. Jan 10 1883 ae 81y 11m
Plot #133
Harry L Hilliard 1879 - 1948
Laura J Hilliard 1883 - 1960
Ruby G Hilliard 1908 -
Hattie P Rice d. Aug 20 1914
Plot #134
Annie M Cate 1852 - 1872
Fred E Cate 1864 - 1865
Daniel P Cate 1823 - 1913
Caroline M Cate 1832 - 1912
Nathan W Cate 1854 - 1917
William A Bixby 1858 - 1927
Sarah Cate h/w 1866 - 1924
William Ervin Cate 1869 - 1937
Florence G Spring h/w 1876 - 1954
Plot #136
Susanna Piper d. Jun 5 1836 ae 11y
David Piper d. Dec 24 1844 ae 87y
Mary E h/w d. Apr 31 1839 ae 89y
Plot #137
Jethro R Furber d. Aug 2 1887 ae 76y 4m
Susan Ellison h/w d. Mar 13 1905 ae 87y 5m
Martin W their only son d. Jun 7 1874 ae 23y
  ANGELS hovered o'er his head,
  And their hands made soft his bed.
Rosa t/d & w/o Elbridge Furber b. Nov 11 1844 d. Aug 18 1924
Plot #138
William Furbur Esq d. Sep 19 1852 ae 66y 2m
Abigail h/w d. Sep 12 1871 ae 87y 10m
John Furbur b. Oct 13 1820 d. Sep 11 1823 ae 2y 10m 28d
  Ere sin could blight or sorrow fade,
  Death came with friendly care,
  The opening bud to heaven convey'd,
  And bade it blossom there.
Plot #139
Agnes D w/o Curtis S Edgerly b. Oct 24 1883 d. Feb 23 1923
George C s/o Curtis & Agnes Edgerly b. Oct 12 1911 d. Dec 6 1912

Charlie s/o C S & B C Edgerly b. Jan 14 1884 d.
 Jan 1 1885
Ella L w/o Curtis S Edgerly d. Mar 19 1904 ae
 34y 5m 14d
Curtis S s/o Charles B & Livonia Edgerly b. May
 29 1853 d. Apr 10 1922

Plot #140

Samuel M Hersey 1831 - 1907
Catherine M Trundy h/w 1837 - 1914
Susan E Copp h/w d. Dec 31 1872 ae 36y
Mary A Furbur d.(no date)ae 19y 9m 24d
Frank H Libby 1855 - 1923
Cora M h/w 1858 - 1932
George W Furber d. Sep 23 1874 ae 60y 7m
Angeline H Furber d. Apr 26 1903 ae 87y 2m 1d
Ralph S Hersey s/o S N & C M Hersey b. Jul 17
 1882 d. Jun 25 1902
Omah s/o Samuel N & Susan E Hersey d. Jun 20
 1873 ae 22d

Plot #141

Orville F Porter 1879 - 1959
Nannie M Horn h/w 1873 - 1961
Howard H Porter t/s 1908 - 1943
Judith Porter 1943 - 1972

Plot #142

Sally Piper d. Jul 16 1869 ae 83y
Mary w/o Wm Clark d. Jun 29 1873 ae 72y 9m

Plot #144

Harry C McFadden 1877 - 1932
Josephine B McFadden 1880 - 1911
Baby McFadden 1921 - 1921

Plot #145

Jeremiah F Hall MD b. Dec 2 1816 d. Mar 1 1888
Annette A Livy h/w b. Jul 9 1819 d. Nov 21 1865
Frances E Laighton h/w b. Dec 26 1832 d. Oct 29
 1910
Mary Annette (Hall) d/o J F & A A Hall b. Feb 28
 1853 d. Sep 15 1855
David T Livy MD b. Oct 27 1790 d. Oct 27 1834
Lucinda Parsons h/w b. Nov 27 1798 d. Aug 30
 1877
Julia A t/d d. Sep 19 1820 ae 1y 6m
Julia A Livy b. Mar 17 1825 d. Sep 13 1826

LAKEVIEW

Edwin P Livy b. Jul 22 1827 d. in Calcutta Aug 1845
David Henry Livy b. Jun 3 1832 d. Dec 26 1840

Plot #146
Dr. Rufus H King b. 1819 d. 1902
Lizzie Wedgewood h/w 1833 - 1920
Wm R King MD b. 1867 d. 1905
Effie W King d. Nov 6 1860 ae 8m 3d
Ina C King d. Sep 2 1866 ae 8m 2d
Wm R King Jr d. Jul 30 1886 ae 1y 4d
Eliza Wedgewood d. May 4 1884 ae 78y 5m

Plot #147
Mark Lucas 1795 - 1865 War 1812 marker
Betsey (Fogg) Lucas h/w d. 1862

Plot #148
George Horne b. Mar 9 1824 d. Jul 15 1906
Martha E Deane h/w b. Oct 12 1841 d. Oct 18 1921
Charles L Horne b. Nov 6 1828 d. May 2 1908
Seddie F Cotton w/o J H Jackson 1852 - 1892
Della S Jackson d/o J H & S F Jackson 1870 - 1894

Plot #149
Ichabod Colby d. Jul 5 1840 ae 79y
Ruth h/w d. Sep 22 1847 ae 86y
Dr Moses Colby d. Sep 23 1849 ae 64y
Hannah h/w d. Aug 22 1835 ae 41y
Hannah t/d d. Feb 19 1836 ae 9m
Emily Colby w/o Geo. Horne d. in Newark Dec 8 1862 ae 39y
He giveth his beloved sleep.

Plot #150
Benj. K Webster d. Jul 27 1910 ae 71y Co K 11th NH Vols GAR Post #61 marker
Emily h/w d. Oct 7 1875 ae 35y
Dudley L Libby d. Dec 29 1856 ae 53y
Sarah A h/w d. Mar 23 1889 ae 83y
Arabella A t/d d. Apr 4 1863 ae 25y
Ann Mary t/d d. Mar 29 1829 ae 3m 3d
Ann Mary t/d d. Mar 11 1852 ae 20y

Plot #151
Josiah L Libby d. Jun 7 1833 ae 36y
Christ is my life.
Mary h/w d. Oct 30 1870 ae 74y

> Meet me in heaven.

Otis Evans d. Jun 3 1890 ae 69y
> I shall be satisfied when I awake with thy
> likeness.

Shuah M Libby h/w d. Jan 29 1906 ae 86y
> Faithful to her trust even unto death.

Emily S t/d d. Mar 18 1849 ae 1y 21d

Plot #152

Samuel Nowell d. Apr 18 1833 ae 89y Rev War Soldier and son of the Boston Tea Party
Sarah h/w d. Jul 7 1826 ae 73y
Samuel Nowell d. Jul 5 1857 ae 83y
> Hark the perfect man, and behold the upright!
> for the end of that man is peace.

Lydia h/w d. Oct 13 1848 ae 73y
> Blessed are the dead which die in the Lord.

Charles Nowell b. Jul 20 1812 d. May 3 1864 ae 51y
Eleanor J h/w d. Oct 1 1849 ae 32y
Mary Greenleaf h/w d. Feb 22 1906 ae 82y
Nellie Nowell b. Jan 21 1847 d. Nov 12 1879.

Plot #153

Jonathan M Varney d. Dec 17 1888 ae 81y 4m 1d
Sarah h/w d. Feb 28 1860 ae 51y
Laura A t/d d. Sep 8 1847 ae 2y 1m 26d
Joseph D t/s d. Sep 3 1842 ae 2y 27d
Dorothy E h/2nd w d. Dec 25 1909 ae 90y 10m 16d
Ezra H Keniston 1804 - 1887
Jemina Thurston h/w 1803 - 1895
Caleb T Keniston 1832 - 1887 GAR Post #61 marker
Helen J h/w d. Mar 29 1859 ae 22y 4m 27d
> Death thou hast conquered me,
> And by thy power, I am slain;
> Yet Christ shall conquer thee,
> And I shall rise again.

Adelaide Colbath h/w (no dates)
Henry s/o Caleb & Adelaide Keniston
Nellie d/o Caleb & Adelaide Keniston
Baby (Keniston)
Arthur V Keniston b. Mar 11 1859 d. Jul 25 1940

Plot #154

Flora M w/o I N Simmons b. Mar 17 1876 d. Dec 1 1912

LAKEVIEW

Plot #155
Samuel Leavitt d. Dec 12 1837
Polly h/w d. Nov 20 1858 ae 86y

Plot #156
Geo. H Nowell d. Mar 29 1882 ae 84y 7m 8d
Clarissa B h/w d. Apr 29 1862 ae 58y
There is rest for the weary.
George D Nowell d. Jul 6 1902 ae 61y 6m
Nellie F h/w d. Oct 16 1881 ae 36y 1m
He giveth his loved ones sleep.

Plot #158
Mark W Abbott 1852 - 1910
Idelah E Hersey h/w 1852 - 1926

Plot #159
Laura A w/o C A Parsons d. Oct 30 1878 ae 25y
Perley A t/s d. Jan 7 1879 ae 5m
*Happy are they who hearest the signal of
their release,
In the hills of the Holy City the chimes of
eternal peace.*
Lizzie w/o Alonzo Thompson d. Feb 6 1903 ae 76y 9m 17d
*Sweet is the sleep our mother takes,
Till in Christ Jesus she awakes.*
Isaac S Lovering 1814 - 1897
Ruth E Lovering 1820 - 1898

Plot #160
Zachariah Batchelder b. in Beverly Mass Feb 4 1796 d. in Wolfeboro NH May 11 1869 ae 73y 3m 7d
*The righteous shall be in everlasting rememberance
He was a man who meekly bore
A measured wealth of classic lore;
A lawyer, strong in modest might,
To wage the battle for the right;
Nor stood the name above his door,
A sign of suffering to the poor;
So, to his Lord, a long life lease,
He rendered up in perfect peace.*

Plot #161
Alta May Bailey 1878 - 1956
Frederick E Meader DMD 1872 - 1944
Sarah M Whitton h/w 1875 - 1927

Robert F W Meader t/s 1908 -
Plot #162
Samuel J Piper 1818 - 1895
Harriet Swett h/w 1815 - 1903
M. Antoinette their only dau. d. Oct 18 1872 ae 26y 7m 8d
Plot #163
Hon Alphonzo H Rust d. Oct 10 1889 ae 69y 8m 20d
Betsey R h/w d. Jan 30 1885 ae 65y 3m 28d
John A Rust b. Sep 12 1844 d. Jun 19 1871 ae 26y 6m 7d
Hark, I hear a voice angelic,
Coming from the spirit land,
Saying, Parents cease repining.
I have found a better land,
Where bright angels dwell forever,
Happy in their Savior's love;
And thou soon will come and meet us,
In this happy land above.
Clarence A Rust b. Sep 15 1853 d. Dec 8 1871 ae 18y 2m 23d
John L Hanson d. Nov 21 1865 ae 54y
Adieu, dearest husband, thy sufferings are o'er,
Affection and sorrow can reach thee no more,
Adieu, till we meet in the mansions above,
United forever in friendship and love.
Eliza W h/w b. Mar 4 1811 d. Apr 13 1897
E May Hanson b. Feb 10 1861 d. Oct 11 1943
Angie A Furber b. Nov 24 1828 d. Jun 1 1873 ae 44y 6m 7d
Rest, dear Sister, rest,
We will not weep for thee.
For thou art with the blest,
where thy spirit longed to be.
Plot #164
Lydia Susan d/o Samuel Meader d. Sep 17 1846 ae 21y 8m 5d
Samuel Meder Esq. d. Mar 13 1847 ae 68y 11m
Eleanor h/1w d. Sep 6 1819 ae 36y 6m 4d
Lydia h/2w d. May 1 1831 ae 42y 21d
David C t/s d. Mar 14 1816 ae __
Mother and child together sleep,
Till God shall call them from the deep.

LAKEVIEW 33

Charles D Meader d. Jul 27 1890 ae 74y 3m
Ann W h/w d. Apr 4 1885 ae 62y 1m 20d
  Rock of Ages cleft for me,
  Let me hide myself in Thee.
Howard B Sabin
Helen H (Meader) Sabin h/w b. Jun 25 1911 d. Jun 1 1982
Ebenezer Meder d. Jul 28 1826 ae 78y
Susannah h/w d. Feb 15 1803 ae 53y
Sally w/o Ebenezer Meder d. Apr 25 1844 ae 81y
Elizabeth d/o Ebenezer & Susannah Meder d. Jun 6 1830 ae 54y

Plot #165
Joseph Varney d. Sep 9 1852 ae 81y
Hannah h/w d. Nov 30 1853 ae 57y
Isabella D t/d d. Oct 10 1810 ae 21y
Susan t/d d. Nov 30 1824 ae 21y
Augustus C t/s d. Nov 26 1821 ae 11m
Joseph E t/s d. May 13 1826 ae 8m
Richard D t/s d. Feb 21 1819 ae 4y
Charles Wheeler s/o David C & Mary B Breed d. Feb 17 1812 ae 5m
Huldah H d/o Paul H & Sarah Varney d. Dec 21 1826 ae 12y
Huldah B w/o Lindley M Hoag d. Jun 17 1843 ae 42y
Jonas C M Varney d. Nov 13 1825 ae 27y
Daniel Bassett d. May 27 1861 ae 88y
Abigail h/1w d. Nov 8 1838 ae 54y 2m 20d
Susanna J h/2w d. Sep 5 1849 ae 66y 3m
John Bassett d. Mar 14 1811 ae 71y
Ruth h/w d. Sep 1821 ae 81y

Plot #166
Amos W Bennett 1876 - 1943
Eleanor R Bennett 1884 - 1975

Plot #167
William Rogers (Feb 8) 1757 - (Apr 28) 1810
Mary Rogers 1758 - 1795
Mary (Connor) Rogers 1768 - (Apr 1) 1844
Alpheus Swett d. Sep 10 1884 ae 86y 15d
Susan h/w d. Mar 27 1896 ae 91y 9m 7d
John R t/s d. May 5 1922 ae 18y 10m 10d

Emma d/o John R & Mary E Swett d. Sep 6 1886 ae 21y 10m 11d
Mary E w/o John R Swett d. Sep 5 1881 ae 40y
Nellie d/o John R & Mary E Swett d. Feb 2 1882 ae 15y 5m 18d
It is well

Plot #168
Angelica Muccioli w/o Joseph Pollini b. Dec 7 1888 d. Feb 21 1920
Adelina Fusi 1905 - 1918
John Tamburini 1887 - 1918

Plot #169
Oscar F Whitton b. Apr 10 1836 d. Dec 7 1914
Clara Blake h/w b. May 5 1850 d. Oct 29 1897
Children:
  Margaret Whitton b. Aug 8 1878 d. Aug 17 1878
  Ruth Whitton b. May 3 1883 d. Nov 13 1884
  Oscar Whitton b. Mar 18 1886 d. Mar 20 1886
David E Whitton b. May 26 1839 d. Oct 28 1908
Nettie A Whitton h/w b. Sep 27 1840 d. Dec 11 1875
Edwin T t/s b. Nov 16 1873 d. Apr 24 1896
Arthur Wallace Coyle b. May 18 1898 d. Aug 5 1960 New Hampshire Sgt 7 Co MTC WW I
Dorothy Whitton Coyle h/w b. Oct 28 1897 d. Jul 23 1962

Plot #170
William B Hodge b. Jun 13 1838 d. Jun 16 1901
Sarah M Hodge b. Mar 26 1844 d. Nov 12 1921
Victor W Hodge b. Oct 1 1883 d. May 25 1939
Ada Bernice Hodge b. Jul 16 1887 d. Feb 19 1977

Plot #171
Nathaniel Rogers 1786 - 1848
Martha Rust Rogers h/w 1796 - 1832
E Jane Piper Rogers h/w 1804 - 1848
His children:
  William H Rogers 1819 - 1843
  Caroline S Rogers 1829 - 1848
David C Rogers 1827 - 1890
Sarah E Clark Rogers h/w 1827 - 1886
Charles H Rogers t/s 1851 - 1879
Ellen F Rogers t/d 1853 - 1854
Nathaniel Rogers t/s 1856 - 1865

Charles s/o Alpheus & Susan Swett d. Aug 5 1831 ae 13m
John Rogers s/o David & Eunice Rogers d. Nov 12 1835 ae 18y
Nathaniel Rogers 1874 - 1945
Margaret W(allace) Rogers h/w 1873 - 1968
Samuel J s/o Hi & Nancy Thompson d. Jan 1 1851 ae 7y 7m

Plot #172
Jesse E Snow b. Aug 25 1882 d. Apr 16 1936

Plot #173
Fred C Dore b. Feb 11 1886 d. Mar 27 1946
Ida May Drew Dore b. Jan 4 1892 d. Dec 31 1976

Plot #174
Gilman Folsom d. Oct 23 1860 ae 73y 19d
Mary C h/w d. Mar 27 1854 ae 64y 8m 20d
Elizabeth t/d d. Jan 4 1832 ae 4y
John Folsom b. Jan 14 1843 d. Feb 15 1921
Nielsine h/w b. in Denmark Oct 27 1825 d. Jun 3 1901

Plot #175
William B Rendall b. Nov 7 1839 d. Apr 1 1920
Post #61 GAR marker
Mary S Rendall b. Nov 22 1847 d. Mar 30 1921
Mabel W Rendall b. Sep 9 1873 d. Apr 12 1897

Plot #176
Thaniel B Horn b. Sep 11 1845 d. Jan 6 1927
Nancy M (Wiggin) h/1st w b. Jan 8 1850 d. Aug 15 1873
Mary J(ane Hyde) h/2nd w b. Aug 24 1855 d. Nov 22 1949
Florence May d/o Blake & Nancy M Horn d. Jan 26 1871 ae 2m
One sweet flower has drooped and faded.

Plot #177
Amasa Piper d. May 31 1862 ae 53y
Blessed are the peace makers for they shall be called the children of God.

Plot #178
Marjorie E King w/o James W Moulton 1890 - 1918
George Keniston d. Oct 6 1884 ae 78y 7m
Eliza A h/w d. Dec 15 1888 ae 76y
John L P t/s d. Sep 21 1863 ae 24y 4m 12d
Dorothy Y Piper d. Nov 29 1862 ae 49y

*Blessed are the dead which died in the Lord,
That they may rest from their labors;
And their words do follow them.*

Plot #180
Infant d/o C B & Roxie Sceggel

Plot #181
William H Thompson b. May 18 1848 d. Sep 11 1905
Sarah Tabor d/o Samuel Thompson b. Jan 20 1832 d. Jun 28 1907

Plot #182
Clara G w/o Nathaniel R Thompson d. Mar 30 1855 ae 24y 11m
George s/o Jason & M Chamberlin d. Sep 12 1801 ae 12y
Infant s/o Harold B & Myrtle F Hall d. Jul 27 1922
Charles Ayers d. Mar 18 1847 ae 37y
Maria w/o Mark J Cowell d. Aug 17 1874 ae 60y 9m 5d

Plot #184
Ella J Stevens b. Aug 20 1853 d. Apr 5 1926
Percy L Kimball b. Jan 21 1878 d. Jul 8 1941
Helen M Stevens h/w b. Jan 10 1881 d. May 17 1944
Eli C Swett b. Nov 2 1826 d. Jun 8 1907
Sarah M h/w b. Dec 16 1832 d. Jan 25 1919
Infant d/o Fred & Etta S Melcher d. Dec 2 1891
Winnie Maria d/o Eli C & Sarah M Swett d. Feb 3 1857 ae 1y 5m 6d

Plot #185
Samuel Thompson d. Jul 27 1887 ae 80y 23d
Phebe C h/w Mar 6 1855 ae 44y 6m 3d
Isaac C Thompson b. Oct 6 1837 d. Oct 28 1904

Plot #186
Cornelius Courtney d. Oct 17 1924

Plot #187
William E Lewis d. Oct 2 1891 ae 27y 6d

Plot #188
Jeremiah Conner d. Sep 11 1858 ae 73y 11m 22d
The weary is at rest.
Abigail relict of Jeremiah Connor d. May 16 1862 ae 68y 5m 4d
She hath done what she could.
Albert t/s d. Aug 8 1872 ae 56y

LAKEVIEW

Thy brother shall rise again.
Emma W Connor d. Jun 4 1890 ae 75y 6m 19d
Plot #189
Theodore Andrew Crane b. Jun 1 1887 d. May 25 1967
Vena Frost Crane h/w b. May 26 1885 d. Jun 29 1966
Herbert W Frost d. Jan 2 1931 ae 76y 8m 18d
Love hath no need of words
Annie E Frost h/w d. Feb 19 1931 ae 77y 4m 16d
When she had passed it seemed like the ceasing of exquisite music.
Dudley t/s d. Nov 24 1888 ae 5d
Miriam Adelaide Frost b. Aug 29 1890 d. Jun 4 1965
Dudley C Frost d. Sep 9 1884 ae 35y 10m 7d
Gone from our home, but not from our thoughts.
Athine h/w d. Jul 16 1879 ae 27y 10m 16d
John C Frost b. Aug 23 1823 d. Jul 16 1896
Lucinda A Frost h/w b. Oct 20 1825 d. Sep 8 1909
Lydia E t/d d. Jun 2 1852 ae 4m 18d
Dudley E Chamberlain d. Mar 30 1878 ae 41y 10m 15d
Curtis J Frost b. Apr 19 1864 d. Nov 6 1896
Not lost but gone before
Mary E w/o Curtis J Frost & w/o Charles A Jones b. Aug 7 1860 d. Dec 7 1908
Winifred D s/o Curtis J & Mary E Frost d. Dec 8 1888 ae 1y 9m 18d
This lovely boy so young, so fair,
Called hence by early doom,
Just came to show how sweet a flower,
In Paradise would bloom.
Plot #190
James Edward Gridley b. Jan 21 1849 d. Nov 21 1912
Julia Vesta h/w d. May 14 1879 ae 32y 8m
Porter S Gridley d. Aug 20 1872 ae 50y 2m
Mary Jane h/w d. Mar 9 1910 ae 34y 3m 14d
George P Gridley 1852 - 1930
Hattie h/w (no dates)
Lillie dau 1877 - 1887

Plot #191
Ernest H Hearn 1873 - 1925
Plot #192
Joseph W Bosher 1868 - 1929
Hannah A Bosher 1868 - 1958
Plot #193
Lilian E Beacham 1868 - 1950
George A Beacham 1865 - 1929
Howard C Avery b. Oct 28 1904 d. Feb 6 1968
Elvira Z Avery b. Nov 25 1907 -
Plot #194
Asa Moody d. Apr 28 1870 ae 68y 9m
Farewell til we meet again
Lois relict of Asa Moody d. Jun 18 1883 ae 83y
We meet again
Plot #195
Bradley A Keyes d. Feb 9 1917 ae 65y 5m
Infant of Otis & Nancy S Keys d. Oct 28 1859
Charles A Keys d. Sep 17 1887 ae 34y 8m 17d
Emma J d/o Otis & Salome S Keys d. Sep 8 1869 ae 23y 3m
Salome S w/o Otis Keys d. Oct 4 1855 ae 42y 10m 26d
I am going to my Savior
Plot #196
William Lyons d. Jul 6 1863 ae 70y
Rebecca h/w d. Dec 30 1865 ae 78y
Ruth N t/d d. Jun 6 1884 ae 69y 3m
Plot #197
John Bickford 1797 - 1860
Elizabeth h/w 1794 - 1874
Plot #198
Hezekiah B Stewart 1838 - 1913
Adaline E Jenness 1844 - 1871
Charles H Bickford 1834 - 1870
Jeminah A w/o Charles Bickford and Hezekiah B Stewart 1839 - 1917
Plot #199
Lillian w/o Henry Shaw d. Jun 1 1888 ae 25y
Lizzie W d/o Henry & Lillian Shaw d. Oct 30 1893 ae 11y 11m 5d
Ellen M d/o Benjamin & Mary J Wentworth d. Jan 28 1865 ae 15y 6m 10d

Plot #200
Joseph M Wiggin b. Oct 22 1840 d Apr 30 1892
Jennie M h/w b. Oct 7 1845 d. Aug 23 1876
Their children: Nathaniel and Elenor
Plot #201
Laura B only d/o William & Emeline Fullerton d. Nov 23 1873 ae 25y 2m 23d
Emeline w/o Harrison H Fullerton d. Feb 2 1898 ae 86y 10m 18d
William H Fullerton d. Aug 28 1865 ae 41y 7m 27d
Chester (no dates)
David W Fullerton d. Dec 27 1891 ae 40y 1m 7d
Plot #202
William H Cate 1838 - 1909
Edith D Cate 1842 - 1904
Edith E Cate 3m
Plot #203
Joshua B Haines 1829 - 1893
Hannah Fernald (Haines) h/w 1829 - 1890
Margie A t/d b. Jul 9 1858 d. Oct 11 1869
Herbert E Haines 1856 - 1941
Anna Stella h/w 1855 - 1904
Plot #204
Capt. Joseph R Davis d. Apr 8 1858 ae 65y 4m 27d
Betsey P h/w d. Jun 27 1882 ae 88y 6m 14d
B. t/d d. Mar -- & days
Eliza Ann w/o Greenleaf Drew & only d/o Joseph R & B P Davis d. Alton Feb 11 1843 ae 23y 9m
Death thou hast conquered me,
And by thy dart I'm slain;
But Christ hath conquered thee,
And shall rise again.
Yes, I shall rise again,
In that bright world above,
With all my kindred friends,
To dwell with Christ in love.
Capt Richard R Davis d. Feb 22 1885 ae 62y 5m 19d
Susan h/w d. Aug 19 1899 ae 78y 7m 11d
Greenleaf D Davis d. Sep 12 1888 ae 45y 6m 25d
  Post #61 GAR marker
Hannah A h/w d. May 17 1874 ae 28y 10m 6d
Plot #205
Moses E Brown b. Aug 30 1836 d. Sep 6 1912

Nettie M h/w Nov 2 1848 -
Plot #207
Arthur R Hanson d. Feb 23 1917 ae 58y 6m
Nathaniel J Burke d. Jan 29 1892 ae 61y 10m 19d
 Asleep in Jesus
Mary M Burke h/w b. Sep 16 1837 d. Aug 19 1920
Agnes M Whittier b. Jul 10 1876 d. Jan 9 1917
 I have gone to my Savior,
 In whom I have trusted.
Thomas Whittier b. Oct 6 1871 d. Feb 3 1936
Ada F Ricker b. Feb 7 1877 d. Feb 21 1877
 Safe in the arms of Jesus
Thomas P Ricker b. Mar 27 1831 d. Oct 21 1886
 Civil War Vet marker Post #61 GAR marker
 Thy will be done
Maria H h/w b. Jun 9 1844 d. Jul 23 1924
 He giveth his beloved sleep
Plot #208
Oscar Horne b. Aug 12 1836 d. Dec 31 1899
Cynthia A Horne h/w b. Sep 25 1833 d. May 13 1926
Sarah Elizabeth Colomy w/o John Hubbard Plumer b. May 16 1837 d. May 20 1918
William Ricker d Jul 12 1863 ae 72y 6m 26d
Lucy Whitten h/w d. Jul 14 1899 ae 92y 7m 14d
Plot Babies
Jean Linda Fallstich 1957-1957
Baby Rankin 1956-1956
Mary Bookstaver Oct 1953
Baby boy Jackman 1967-1967
The Mertens twins 1968-1968
Raymond Chitwood 1966-1966
Geraldine Ann Noble 1965-1965
Angela Rose English 1963-1963
Gregg William Marson 1962-1962
Baby girl Ouellette 1961-1961
Twin Southard babies 1959-1959
Carla Florence Langlas 1934
Baby Steadman 1960-1960
Baby boy Bean 1968-1968
Baby girl unknown 1968-1968
Christopher D Persch 1970-1970
Jay Scott Lord Jan 1973

NEW YARD
(See plot plan p. 241)

Plot #1 & #2
Harry J Bresnahan 1865 - 1916
Emma M Keay (Bresnahan) h/w 1876 - 1955
Maurice A Drummey 1865 - 1936
Josephine (Drummey) h/w 1874 - 1972
James Bresnahan 1841 - 1903
Annie P (Bresnahan) h/w 1848 - 1887
Hattie B Bresnahan (no dates)
Freddie Bresnahan (no dates)
Mildred L Bresnahan (no dates)
George Bresnahan 1868 - 1949
Flora A (Bresnahan) h/w 1871 - 1940
Fred E Davis 1867 - 1938
Mabel E h/w 1871 - 1946
Emma B Gray 1890 - 1958
Anne G Bunker 1894
Maurice F Davis 1910 - 1973

Plot #3
Samuel D Fox b. Apr 3 1832 d. Nov 15 1909
Betsey A Blaisdell h/w b. Apr 25 1838 d. Nov 25 1913
Annie I Fox b. Mar 27 1867 d. Mar 31 1869
Gracie A Fox b. Nov 24 1870 d. Apr 16 1871
Willie D Fox b. Jan 31 1876 d. Aug 23 1876
Pierce A Horne b. Sep 24 1863 d. Feb 27 1933
Bertha L Fox (Horne) h/w b. Sep 4 1870 d. Sep 27 1947
Alice A Fox t/d b. Apr 4 1896 d. Aug 26 1896
Ruth Horne b. Aug 17 1911 d. Oct 17 1914

Plot #4
James H Hayes b. Jul 10 1823 d. Sep 10 1894

Plot #5
Arthur H Copp (not buried here)
Josephine E Abbott (Copp) h/w 1873 - 1928
Paul Edgar Copp t/s 1897 - 1908
Gertrude A Davis 1869 - 1953
Alice A Young w/o Charles E Abbott d. Apr 13 1896 ae 46y 7m 14d
Happy are they who hear the signal of their release,

*In the bells of the Holy City the chimes of
eternal peace*
Florence E Bernice d/o Charles E & Alice Abbott
  d. Jun 11 1886 ae 6y 7m 18d
Plot #6
Capt Alvah S Libbey 1830 - 1895
Abbie E h/w 1829 - 1898
Fred S Libbey 1865 - 1945
Sarah Deering h/w 1868 - 1912
Elizabeth L Libbey 1894 - 1927
Charles E Rendall 1850 - 1910
Sarah E h/w 1852 - 1893
Plot #7
Adele F Furber b. Sep 16 1867 d. Aug 11 1938
Charlotte R(endall) Furber b. May 22 1879 d. Dec
  19 1969
Henry B Furber b. Jan 25 1874 d. Aug 13 1911
Infant dau Furber Jul 14 1910
Mildred Furber b. Mar 16 1872 d. Jun 21 1886
Lillian A Furber b. Apr 11 1876 d. Jun 10 1886
Susanna B Furber b. Sep 10 1841 d. Apr 3 1919
H Wallis Furber b. Mar 11 1838 d. Mar 6 1898
Plot #8
Alvin Gilman d. Jun 23 1890 ae 54y 3m 2d Co H
  5th NH Vol GAR Post #61 marker
Plot #9
Francis B Cooke 1827 - 1888
Sarah A Cooke h/w 1831 - 1924
Mary M Cooke 1852 - 1915
Frank E Cooke 1862 - 1910
Plot #10
Andrew I Bickford 1848 - 1888
Amanda J Bickford 1857 - 1931
Nellie E Bickford 1878 - 1878
Ada J Bickford 1876 - 1899
Plot #11
C Herman Corson 1880 - 19-- Spanish War Vet
Ella E Corson h/w 1880 - 1953
Minnie M Schlagel 1885 - 19--
Thomas H Schlagel 1886 - 1948
Mary Bell (Corson) d/o William & Hannah Corson
  d. May 7 1869 ae 3y 1m
  *God bless - in early death,
  And takes the infant in himself.*

LAKEVIEW

Fannie E (Corson) d/o William & Hannah Corson d. Apr 20 1871 ae 2y 5m
*Sleep on, sweet babe, and take thy rest,
God called thee home, He thought it best.*
Samuel F (Corson) s/o William & Hannah Corson d. Sep 15 1850 ae 2y 6m 3d
*The flower that blooms the brightest,
Is doomed the first to fade.*
Hannah (Corson) w/o William Corson b. Aug 13 1837 d. Aug 1 1891

Plot #12
Emma J Tibbetts w/o John F Kimball d. Apr 16 1886 ae 25y 17d
*A precious one from us has gone,
A voice so loved is stilled,
A place is vacant in our home,
Which never can be filled.*
Ezra Tibbetts b. Sep 6 1821 d. Mar 5 1895 Co H 5th NH Vol Post #61 GAR marker
Deborah h/w b. Feb 9 1827 d. Mar 27 1902
John W Colbath b. Jan 1 1844 d. Apr 14 1882
William McMorine b. Apr 9 1844 d. Feb 28 1897
Rachel A h/w b. Mar 28 1854 d. Jan 11 1899

Plot #13
Horace P Tibbetts b. Mar 29 1890 d. Dec 26 1915
Edward L b. Feb 12 1874
Leander E Tibbetts b. Jun 21 1851 d. Mar 3 1906
Harriett A Tibbetts b. Apr 22 1853 d. Dec 12 1921

Plot #13A
Crescenta U Torrente 1896 - 1960
Julia M Waugh 1905 - 1962
Vina M Bourdon 1890 - 1962
Walter J Bourdon 1887 - 1961

Plot #14
John Britton 1825 - 1906
Margaret MaCauley Britton 1839 - 1923
Robert H Britton 1873 - 1920
George R Britton 1876 - 1947
Bertha Kennedy Britton 1879 - 1939
William J Britton 1872 - 1943
Esther C Whitton h/w 1877 - 1971

Plot #15
Henry D Piper 1874 - 1934

Gertrude M Stickney h/w 1875 - 1957
Infant son 1906

Plot #16

Rose G Chase 1856 - 1929
  Bereft alone, Savior comfort me.
Marion C dau of A F & R G Chase 1888 - 1905
  *Lord Jesus grant us all a home in heaven
  with thee.*
Mary L Simmons 1862 - 1933

Plot #17

S. Edgar Thompson b. May 13 1852 d. Oct 16 1906
Emma F Stillings h/w b. Sep 23 1855 d. Nov 29
  1929
Gertrude t/d b. Jan 11 1876 d. Jun 5 1888
  Asleep in Jesus
Lester E Thompson b. May 11 1878 d. Jun 20 1931
Harold E Jr b. May 4 1936 d. Jun 29 1981
Mildred L Thompson b. Jun 9 1910
Harold E Thompson b. Jan 31 1899

Plot #18

Francis Thompson b. Jun 19 1821 d. Dec 9 1889
Roxana F Kenney h/w b. Jul 13 1832 d. Jun 23
  1894
T/i/s d. Jan 11 1851
Sarah Isabell t/d d. Aug 19 1861 ae 2y
  *Gone from the hearts that loved her,
  Gone far away to dwell,
  Upon Heaven with the angels,
  Is our darling little baby.*
Walter B Robinson 1873 - 1936

Plot #19

Isabella D Hadlock b. Apr 2 1850 d. Sep 30 1930
Abbie L Varney b. May 9 1853 d. Jan 22 1928
Moses Varney b. Sep 10 1810 d. Jul 16 1886
Elmira H h/w b. Oct 16 1825 d. Nov 20 1899
William H t/s d. Sep 3 1849 ae 10m 20d
Emma L Scripture b. May 5 1856 d. Sep 20 1939

Plot #20

Daniel A Horne 1835 - 1896
Barbara E Horne 1839 - 1899
Albert D Horne 1872 - 1873
William D Horne 1867 - 1940
Ella M Horne 1864 - 1956
Martha J Horne 1876 - 1941

Charles B Sias 1873 - 1935
Marion B Horne h/w 1874 - 1944
Plot #21
James Horne 1802 - 1881
Eunice h/w 1797 - 1887
Levi Horne 1828 - 1914
Lavonia P Horne h/w 1846 - 1926
Maude R t/d 1878 - 1922
Porter Kimball 1858 - 1937
Alberta Horne (no dates)
Plot #22
Henry Lucas d. Jul 22 1888 ae 52y
Bertha I Piper h/w d. Sep 6 1884 ae 33y
Blanche C t/d d. Feb 27 1879 ae 8m
John C Blanchard 1908 - 1972
Marjorie L Blanchard 1907-
Marion M Libbey 1907 -
Mabel L Libbey 1879 - 1965
Walter L Libbey 1881 - 1957
Plot #23
Rollin G Jones 1880 - 1954
Mabel Randall Jones h/w 1878 - 1904
Plot #24
Alvan T Hatch 1867 - 1945
Mabel Fullerton h/w 1874 - 1956
James Fullerton 1791 - 1869
Sophia h/w 1794 - 1849
Susan F Fullerton 1835 - 1922
Charles E Fullerton 1824 - 1850
William L 1869 - 1934
Andrew J Fullerton 1818 - 1856
Mary C h/w 1818 - 1902
Eliza M t/d 1852 - 1854
Lydia M Fullerton 1831 - 1889
Plot #25
J J Goodwin 1846 - 1914
J M Goodwin 1854 - 1939
Martha t/d d. Oct 1 1890 ae 4m 17d
James Marden d. Dec 4 1883 ae 72y
  In such an hour as ye think not the Son of
  Man cometh
Martha Orne h/w d. Jul 20 1891 ae 72y 3m
Willis J 1894 - 1978
Mildred H h/w 1899 -

Plot #26
Jacob A Thurley d. Jun 2 1888 ae 57y
Emily d. Feb 15 1881 ae 52y
J Harry Paquette b. Dec 25 1862 d. Jun 12 1926
Ora Emma b. Jun 2 1862 d. Oct 15 1925
George W Peaslee b. May 5 1835 d. Aug 21 1926
Abbie A h/w b. Dec 15 1838 d. Jan 13 1919
Leon E Dickson b. Feb 22 1885 d. Sep 17 1959
Ethel M Paquette h/w b. Dec 3 1889 d. Feb 28 1936
Joseph A Paquette b. Mar 15 1871 d. Jan 29 1929
Minnie O h/w b. May 24 1869 d. Mar 23 1939

Plot #27
Stephen Durgin b. Jan 31 1823 d. May 16 1889
Clara h/w b. Dec 19 1819 d. Sep 2 1891

Plot #28
Charles F Piper 1849 - 1904
Ida E Durgin h/w 1854 - 1922
Carroll D Piper t/s 1880 - 1948
Clara B Davis h/w 1889 - 1951

Plot #29
Samuel W Fay 1828 - 1895
Susan G Fay 1831 - 1903
Grace t/d 1852 - 1891
Mamie d/o S W & S G Fay d. Aug 28 1860 ae 5y 5m
  She sleeps in Jesus.
Arthur Luke t/s b. Nov 1 1865 d. Jan 26 1945
Anne M Drew h/w b. Mar 28 1869 d. Sep 21 1947
Frederick A Hatch b. Nov 22 1844 d. Jan 25 1906
Delia T Fay h/w b. Apr 12 1857 d. Aug 28 1880

Plot #30
Elder Benjamin Dickson 1805 - 1883
Rhoda Hobbs h/w 1810 - 1896
Cyrus K Brock d. Feb 16 1871 ae 45y
Mary A h/w d. Oct 14 1854 ae 24y 6m 14d
Freddie H ae 5m
E Everett Dickson d. Dec 25 1895 ae 45y 6m 10d
Ada F Dickson h/w b. Feb 10 1852 d. Jan 21 1929
C W Gilman b. Oct 21 1838 d. Sep 12 1912
Julia A h/w b. Jun 15 1838 d. Feb 14 1907

Plot #31
John Gilman Cate b. Feb 12 1827 d. Nov 23 1918
Anne Augusta Clark b. Aug 10 1835 d. Jun 3 1903

LAKEVIEW

Sarah Frances t/d b. May 23 1858 d. Oct 10 1858
L. Maude Cate b. Jul 26 1863 d. Jan 31 1958
Frederick Sawyer b. Jan 7 1855 d. Feb 14 1929
Nellie Cate h/w b. Oct 12 1860 d. Sep 8 1942

Plot #32
Thomas Lees Co B 2nd N H Vol 1843 - 1896
Jane A h/w 1845 - 1903
Joseph Hepworth 1810 - 1861
Lucy h/w 1815 - 1887
Albert W Hancock MD b. May 15 1877 d. Jun 18 1915
Lucy Lee 1887 - 1974

Plot #33
James E Dore b. Mar 4 1830 d. Mar 4 1874
Sarah A Horne h/w b. Dec 24 1836 d. Dec 2 1905
Jonathan T Dore b. Mar 31 1862 d. Apr 8 1925
Annie B h/w b. Mar 25 1876

Plot #34
Mary A Getchell b. Aug 30 1873 d. Apr 25 1927
Charles Getchell b. Apr 1 1845 d. Jun 7 1904
Sarah E Getchell h/w b. Jun 23 1850 d. Aug 9 1924
Hiram O Tuttle b. May 29 1836 d. Mar 30 1909
Julia A h/w b. Sep 14 1844 d. Feb 8 1917

Plot #35
Roscoe M Flanders 1843 - 1907
Phebe M h/w 1844 - 1880
Ellen A h/w 1845 - 1935
Etta R Flanders 1872 - 1875
Mark B Blaisdell 1875 - 1962
Luella Whitton h/w 1881 - 1954

Plot #36
Charles B Sylvester 1863 - 1916
Grace F Sylvester 1873 - 1929
Lucy A t/d 1898 - 1901
Charles W Sylvester 1903 - 1977
Lee G Johnston 1914 -
Mildred L Johnston 1918 - 1979
Sadie G Cotton 1895 -
Clark C Cotton 1895 -

Plot #36a
Lizzie P Thombs 1884 -
Ray C Thombs 1883 - 1950

Plot #37
Charles L Edgerly 1842 - 1926
Ruth M Caverly h/w 1842 - 1911
Annie M t/d 1869 - 1942

Plot #37a
Walter L Hale Feb 13 1878 - Aug 26 1960 Pvt Co
A6 Regt Mass Inf Spanish American War
Adah E Hale h/w b. Jul 8 1881 d. Apr 21 1942
C Dudley Clatur Apr 2 1909 - Jan 20 1963
Doris H Clatur h/w b Jul 7 1904 d. Apr 2 1961
Lt. Clayton E Hale b. Jan 31 1919 d. Sep 10 1942
2nd Lieut 25 AAF fighter Sq WW II

Plot #38
Newman A Hayford b. Nov 4 1858 d. Aug 14 1932
Abbie L Hayes h/w b. May 10 1855
Della May t/d b. May 10 1889 d. Dec 31 1890
Eva M Hayford
Edith M Hayford w/o Sumner H Reynolds b. May 8 1895 d. Aug 21 1920
Infant s/o S H & E M Reynolds Jul 9 1920

Plot #39
Charles E Tibbetts 1846 - 1926
Mary J Hayes h/w 1845 - 1871
Clara A Hayes h/w 1852 - 1888
Emma H Potter h/w 1854 - 1916
Stella May Tibbetts 1871 - 1941
Mary Jane Tibbetts 1875 - 1952
James R Andrews 1873 - 1932
Edna H Tibbetts 1878 - 1949

Plot #40
Eva L d/o Charles A & C Bell Kidder d. Mar 18 1888 ae 3y 6m 19d
Mabel Irene Rankin b. Jun 6 1891 d. Jan 3 1971
Mass Y1 US Navy WW I

Plot #41
Anthony W Edgerly 1819 - 1852
Hannah G h/w 1821 - 1884
Sylvester A Edgerly 1850 - 1935
Ella L h/w 1854 - 1903
Harry L Miles 1874 - 1930
Ethel B h/w 1874 - 1924

Plot #42
Harold G Carpenter b. Apr 5 1883 d. May 10 1884
George A Carpenter b. May 27 1857 d. Nov 18 1934

LAKEVIEW

Emma G h/w b. Mar 16 1854 d. Aug 18 1944
Ralph G Carpenter b. Sep 29 1885 d. Feb 2 1963
Rita A Carpenter b. Dec 23 1886 d. Jul 30 1963
Lavonia G b. Apr 20 1829 d. Mar 14 1911

Plot #43
Abel Haley 1808 - 1860
Edith Dodge 1799 - 1850
Lucinda C Piper 1809 - 1891
Levi T Haley 1838 - 1913
Mary L Evans 1844 - 1911
Abel Haley 1880 - 1952
Jennie Mae h/w 1882 - 1963
Nancy S Livingson d/o Abel & Edith Haley 1834 - 1871
Lydia C Wiggin 1836 - 1917
Sarah E Goodhue 1845 - 1917

Plot #44
Greenleaf B Clark 1845 - 1929
Victorine M Jaclard h/w New York City 1844 - 1880
Ida F Morse h/w Groveland Mass 1847 - 1905

Plot #45
Maj James R Newell b. Dec 5 1839 d. Mar 1 1880
Fannie M Beacham Newell b. Apr 26 1844 d. Mar 10 1915
Roberta Maud t/o/c b. Feb 20 1873 d. Jun 3 1881

Plot #46
Joseph W Goodwin 1838 - 1915
Ellen Furber h/w 1846 - 1921
Nellie 1872 - 1872
Martin F Goodwin 1875 - 1962
Clare S Richards 1881 - 1959
Joseph W Goodwin Jr 1872 - 1964
Elizabeth Jones h/w 1875 - 1966

Plot #47
Moses T Cate 1817 - 1899 1st Lieut 18th NH Vols
    Post #61 GAR marker
Mary A Morrison h/w 1818 - 1907
Edward F Cate b. Dec 23 1853 d. Mar 5 1917
Florence Brown h/w 1859 - 1936
Dr Arthur T Cate b. May 31 1860 d. Aug 10 1931

Plot #48
Ellen A d/o Gilman D Cooper d. Dec 28 1852 ae 7y 6m 19d

John Russel s/o Gilman D & Sarah D Cooper d. Sep
  26 1842 ae 1y
George M Rollins (no dates)
Belle Rollins (no dates)

Plot #49
Mercy H Varney 1827 - 1906
Augustus J Varney 1825 - 1908
Penn Varney 1859 - 1949
Emma L Varney 1863 - 1951
Kenneth P Varney b. Nov 6 1898 d. May 20 1965
Constance L Atwater h/w b. Dec 3 1897
Donald P Varney t/s b. Jul 14 1929 d. Nov 28
  1956

Plot #50
Moses Libbey 1824 - 1920
Vesta Wiggin Libbey 1827 - 1911
Asa Herbert Libbey 1848 - 1871
Eva Rachel Libbey 1856 - 1889
Henry Forrest Libbey 1850 - 1933
Hattie Elizabeth Libbey 1848 - 1940
Emma Libbey 1896 - 1941
Ralph Burton Libbey 1892 - 1942
Peter Warren Libbey 1943 - 1943
George Albert Libbey 1858 - 1944
Arthur Allen Libbey 1875 - 1944
Florence A Libbey 1879 - 1947
Isabel C Libbey 1907 - 1955
Gordon H N Libbey 1908 - 1973
Arthur Allen Libbey Jr. 1902 - 1975

Plot #51 & #52
William Henry Jones b. Nov 5 1829 d. Oct 11 1889
Martha Jane Smith h/w b. Jan 16 1837 d. Jun 19
  1911
Henry Jones b. Jun 18 1865 d. Sep 4 1923
Mattie Jones Thompson b. Oct 15 1860 d. Oct 16
  1928
Almon W Eaton b. Sep 7 1869 d. Dec 24 1948
Clara J h/w b. May 27 1868 d. Sep 6 1948

Plot #53
Abial C Eaton b. May 23 1842 d. Jun 10 1886 Post
  #61 GAR marker
Alvin S Cotton b. Dec 6 1829 d. Jan 25 1866
Sally A Eaton b. Jan 7 1834 d. May 9 1906
Alice B Cotton b. Oct 15 1861 d. May 6 1885

Plot #54
Helen B Jackson 1859 -1899 Colorado Springs
Nathan F Banfield 1860 - 1926 Austin Minn
Anne F Davenport 1857 - 1931 Taunton Mass
Everett Colby Banfield b. Sep 19 1828 d. Nov 12 1887
Anne Schofield Fiske h/w b. Dec 25 1834 d. Mar 30 1915
Richard Banfield b. Nov 15 1855 d. Sep 13 1920
Edith C Banfield 1870 - 1903 Colorado Springs
Mary C(hapman) Avery 1865 - 1937 (also in Old Yard plot #35)
Samuel Avery 1862 - 1940 (also in Old Yard plot #35)

Plot #55
Charles A Morrison 1856 - 1933
Sarah E h/w d. Jun 20 1891 ae 35y
Nathan Morrison d. Nov 20 1852 ae 38y
Dea Joshua Richardson 1831 - 1911
Alice h/w 1829 - 1908

Plot #56
Edwin L Piper 1854 - 1918
Bertha T 1869 -
Lulu V Piper b. Feb 15 1893 d. Jul 27 1896
Arthur L Piper 1902 - 1909
Ruth S Piper 1908 - 1909
Willie D Piper b. Aug 24 1882 d. Apr 29 1893
Arthur H Green b. Jan 6 1863 d. Apr 8 1944
Sadie E Piper h/w b. Oct 18 1856 d. Nov 18 1942
Allie Piper b. Jul 13 1874 d. May 28 1881
Albert E Green b. Feb 4 1872 d. Jun 12 1893
David T Piper b. Jun 5 1811 d. Dec 27 1864
Maria h/w b. Jul 4 1820 d. Dec 6 1899

Plot #57
Nathaniel Mason 1806 - 1888
Martha Mason 1812 - 1899
Charles H Hersey 1832 - 1910
Mary Oliva Hersey 1834 - 1912

Plot #58
Pearl E d/o William F & Lizzie A Parker b. Nov 15 1891 d. Dec 5 1891
Daniel F Copp d. Oct 12 1906 ae 77y 4m 19d
   Post #61 GAR marker
   A loving father

Jane E h/w d. Jan 21 1899 ae 64y 9m 10d
  An angel wife and mother and loved by all who
  knew her.
Natt R Copp b. Jan 22 1865 d. Nov 22 1915
  We will meet again

Plot #59
Eugene L Peaslee 1857 -
Etta h/w 1858 - 1935
Walter Leon Peaslee t/s 1888 - 1891
Infant daughter

Plot #60
Herbert E Sargent 1867 - 1946
Marion Ricker h/w 1879 - 1975
William s/o H E & M R Sargent 1904 - 1906
Nancy infant d/o C A & R M Peterson 1926
Eugene A Ricker 1874 - 1964

Plot #60a
Norman A Hale b. Sep 16 1921 d. May 17 1980
Hollis A Sanderson b. Jul 4 1903 d. Apr 16 1985
Bernice H Sanderson h/w b. Jan 27 1902 d. Jul 23 1989
E Benjamin Rice b. Sep 14 1900 d. Aug 28 1987
Grace H Rice h/w b. Sep 2 1909 d. Jun 19 1984

Plot #61
James N Palmer b. Aug 23 1823 d. Jul 10 1907
Joan Palmer b. in Shapleigh ME Aug 17 1836 d. Mar 16 1919
Charles
Isaac M Burke b. Dec 25 1860 d. Feb 23 1916

Plot #61a
Preston G Tuckerman NH Lt US Army WW II b. Nov 8 1908 d. Aug 17 1943

Plot #62
Charles H Gilman infant s/o Charles L & Georgie Gilman d. Nov 27 1893 ae 21d
Fannie C t/d d. Aug 10 1873 ae 2y 10m
Charles Gilman d. Mar 4 1865 ae 50y
Caroline h/w d. Aug 16 1859 ae 47y
Horatio t/s d. Oct 25 1848 ae 2m 27d
Laura E w/o Charles Gilman d. Mar 3 1903 ae 56y 10m 25d
Fannie C d/o Charles & Laura E Gilman d. Aug 3 1874 ae 2y 10m

Edith Francis d/o Frank K & Anna A Trasher d.
Jul 9 1889 ae 6m 2d
Plot #63
Everett D Wiggin 1863 - 1917
Elizabeth Libby Gale h/w 1870 - 1931
Frederick F Bookholz 1892 - 1979
Ethel U Wiggin h/w 1894 - 1944
Hester Wait Bookholz 1902 - 1981
Charles A Libby 1840 - 1917
Evelyn E h/w 1845 - 1923
George W Copp 1854 - 1933
Clara Wiggin Copp 1856 - 1954
Plot #64
Zacheus E s/o Solomon F & Lizzie H Cropley d.
Nov 26 1898 ae 13y 1m
*Friends will never cease to mourn this dear
one Who lies sleeping here. In the morning
of life when all seemed brightest, he fell
into that dreamless sleep that kisses down
his eyelids still.*
William M Severance b. Feb 10 1926 d. Sep 16
1989 Cpl US Army Air Corp WW II
Beverly C b. Sep 16 1928
Plot #65
George Franklin Morgan, father
Annie Eliza Morgan, mother
Lilia Mabel Morgan, daughter
Grace May Morgan, daughter
Harry Edwin Morgan, son
Plot #66
Ruth A Parker Thompson b. Aug 19 1832 d. Mar 18 1897
Rettie B Thompson d/o Moses & Ruth A J Thompson
b. Jul 13 1861 d. Sep 28 1866 ae 4y 2m 15d
Infant d/o Moses & Ruth A J Thompson b. Mar 17
1871 d. Apr 25 1871 ae 1m 8d
*We loved this tender little one,
And could have wished her stay,
But let our Father's will be done,
She shines in endless day.*
Fred R Graves b. Nov 12 1859 d. Jan 27 1900
Nellie Thompson Graves b. Dec 13 1867 d. Jul 13
1954
Charles C Thompson b. May 12 1859 d. Jan 5 1932

Alice h/w b. Feb 12 1856 d. Jan 12 1940
Ellen M Thompson 1844 - 1907
Blanche G d/o Roland & Ellen Thompson b. Aug 4 1880 d. Oct 31 1886 ae 6y 2m 27d

Plot #67
Samuel A Hayes s/o John E & Alice B Hayes d. Sep 4 1870 ae 28y 6m 6d
Eunice E h/w 1838 - 1909
Harriett E w/o G Frank Brewster d. Feb 22 1889 ae 46y 9m
Fred Brewster 1876 - 1955

Plot #68
Harris W Morgan 1827 - 1889
Jane C Morgan h/w 1817 - 1909
William J Matteson 1858 - 1916
Cleora D Morgan h/w 1855 - 1940
Edith J Matteson t/d. 1879 - 1917
Joseph Lewando b. Dec 3 1850 d. Nov 19 1918
Nellie J h/w b. Mar 3 1854 d. Jul 16 1923
Dolph Lewando 1882 - 1965
Isabell Watt Lewando 1894 - 1968
J E Morgan b. Feb 5 1860 d. Aug 1 1936

Plot #69
Richard H Horne 1800 - 1889
Lydia C Horne 1808 - 1899
Stephen P Horne 1843 - 1880
Carrie Horne Mulligan 1839 - 1920
Albert H Horne 1831 - 1888
Selena H Horne 1835 - 1903
Henry S Horne 1857 - 1883

Plot #70
Mary Banfield Varney 1890 - 1973
Fred W Varney b. Jul 18 1885 d. Jul 29 1945 Maine Sgt Quartermaster Corps WW I
Ira Banfield 1820 - 1913
Mary Ann Tolman 1821 - 1871
Minnie Banfield Varney 1862 - 1908
Stanley M Banfield 1890 - 1966
Rose Banfield 1892 - 1978
Laura Banfield 1875 - 1972
Helen M Heslor 1869 - 1957
Herbert L Banfield 1869 - 1952

Plot #71

George H Hurd b. Feb 9 1826 d. Oct 1 1862 at New Orleans
  An advocate of justice and honor, he early espoused his country's cause, and died at his post of duty.
Patience N Plummer h/w b. Sep 15 1824 d. Feb 15 1855
  A noble helpmate and mother
Jonathan W Sleeper b. Nov 1 1845 d. May 17 1889
  One who responded to his countrys call.
His companions: Johanna F Hurd b, Sep 1 1843 d. Mar 1 1873
Elizabeth A Beattie b. Aug 1 1855 d. May 6 1888
I/s & d of Jonathan & Johanna

Plot #72

Samuel Sewall Parker 1807 - 1848
Jane Thompson Cate h/w 1806 - 1887
Elisabeth Jane Parker 1835 - 1838
Hannah Jane Parker 1838 -1838
Charles F Parker 1828 - 1912
Elizabeth Parker 1830 - 1905
Fred Parker 1856 -1858
Kate E Parker 1852 - 1935

Plot #73

Rollin Jones b. Jul 9 1855 d. Aug 5 1929
Annie Sprague Jones h/w b. Jul 15 1859 d. Jul 31 1923

Plot #74

Joseph Thayer Meader 1849 - 1936
Jennie Gould Meader 1857 - 1943
Edith Jane Meader 1890 - 1958
Stanley Gould Meader 1888 - 1957
Gordon A Meader 1896 - 1974 2nd Lt U S Army WW I

Plot #75 & #76

Frank P Hobbs b. Sep 6 1855 d. Dec 23 1937
Emily S h/w b. Feb 9 1857 d. Dec 9 1916

Plot #77 & #78

Joseph Varney b. Aug 20 1829 d. Feb 8 1902
Emma J h/w b. Jun 19 1881 d. Mar 2 1915
Arthur Varney Symonds b. Dec 22 1882 d. May 17 1947
C F Symonds 1833 - 1911
Mary Jane h/w 1826 - 1888

WOLFEBORO CEMETERIES

Mary E d/o C F & M J Symonds 1853 - 1854
Carl J Symonds s/o G E Symonds 1887 - 1936
George E Symonds 1854 - 1908
Lizzie V h/w 1852 - 1951
Plot #79
Benjamin Morrison b. Sep 15 1826 d. Oct 21 1902
Fanny W Foss h/w b. Sep 23 1826 d. Sep 30 1899
Edwin F Chamberlain b. May 29 1864 d. Mar 30 1913
Fanny G Morrison h/w b. Dec 11 1867 d. Jan 17 1945
James M Burke 1848 - 1935 WW I marker
Edith M Foss b. Feb 10 1880 d. May 19 1964
Fred S Foss b. Feb 13 1860 d. Feb 13 1938
Plot #80
Samuel W Tetherly 1826 - 1900
Almira B h/w 1832 - 1899
Willis E Tetherly 1858 - 1941
Lucy H h/w 1863 - 1938
Wesley H t/s 1887 - 1887
Plot #82
John H Libby 1860 - 1928
Fannie A Kenny h/w 1858 - 1931
Hazel E Libby 1883 - 1894
Daniel Libby 1828 - 1901
Martha A Hayes h/w 1838 - 1902
Samuel H Libby 1884 - 1929
Anna Gertrude Libby h/w 1884 - 1961
Harry E Libby 1876 - 1957
Ethel M h/w 1877 - 1957
Emma J dau 1856 - 1938
Plot #83
L R Hobbs b. May 8 1843 d. Mar 27 1913
G E L b. May 17 1845 d. Jan 23 1918
K A C b. Mar 27 1878 d. Apr 15 1921
L (Larkin) D Hobbs b. Dec 15 1863 d. Aug 31 1937
A(llie) M Hobbs b. Sep 3 1869 d. Jan 10 1942
Z(ada) F(urber) Hobbs b. Jan 20 1879 d. Sep 12 1963
D(el) U Hobbs b. Apr 3 1874 d. Jan 15 1929
Plot #84
Frank P Brock b. Oct 7 1889 d. Sep 29 1918
Helen Hale h/w b. Sep 17 1892 d. Jan 8 1934
Minnie E Brock b. Sep 9 1862 d. Jan 9 1929

LAKEVIEW

Clarence O Brock b. Jun 1 1863 d. Jun 7 1944
Mabelle F Brock b. Mar 29 1888 d. Mar 23 1967

Plot #84a

Alice E Phillips 1889 - 1954
Frederick C Warren NH US Navy WW I b. Aug 8 1900 d. Aug 12 1955
Herschel J Bushman 1873 - 1966
Amanda D Bushman 1877 - 1969
Robert J Bushman 1907 -
Faye L 1919 - 1971
Steven Albert Wentworth 1955

Plot #86

Fred H Jenness b. Mar 4 1853 d. Feb 4 1923
The Lord is not unmindful of his servant.
Idella M Jenness b. Jul 24 1854 d. Aug 15 1951

Plot #87

Albert C Hatch b. Apr 17 1867 d. Feb 1 1902
Georgia A h/w b. Jul 31 1869 d. Feb 7 1946
T Albert Stitt b. Jan 23 1867 d. Mar 28 1939
Florence E Stitt b. Mar 20 1931 d. Mar 7 1933
Lottie E Stitt 1894 - 1975
Raymond F Casey b. Sep 23 1886 d. Dec 25 1961 NH
  Sgt Btry D 4th Field Arty WW I
Alice Luxford Casey 1897 - 1957
Mary Alice Beemer 1924 - 1980

Plot #88

Samuel Stinchfield 1844 - 1896
Alice A Stinchfield 1850 - 1932
Clarence Stinchfield 1889 - 1960
Lena A Stinchfield 1891 - 1966
George M Stinchfield 1874 - 1892
Herbert E Davis 1886 - 1936
Hattie Davis 1871 - 1946
Nellie H Davis 1891 - 1976
Mildred Davis 1895 - 1922
Earl H Davis 1897 - 1967

Plot #89

Joseph A Piper b. Jul 14 1849 d. Mar 22 1898
Annette L h/w b. Oct 11 1844 d. Oct 14 1919
Baby Piper Jul 16 1887
John H Piper d. Jan 31 1891 ae 78y
Sarah J h/w d. Dec 22 1900 ae 78y

Plot #90 & 91

Forrest Wiggin Peavey b. Jun 20 1860 d. Jun 14 1909
Edith Hayes Peavey b. Jul 19 1861 d. Jun 17 1941
Bernice F Peavey b. Mar 17 1888 d. Feb 13 1986
Harold Forrest Peavey b. Dec 9 1890 d. Oct 14 1979
Georgianna Hurlin Peavey b. Mar 17 1893 d. Jan 10 1991
Molly P Peavey Ford b. Aug 17 1917 d. Mar 22 1971
John L Peavey b. Jul 15 1835 d. Jun 29 1910
Mary Francis Peavey h/w b. May 25 1833 d. Sep 28 1909
Florence Augusta Peavey b. Dec 12 1856 d. Dec 21 1863
Herman Lyford Peavey b. Feb 12 1866 d. Mar 18 1944
Harry Bertram Peavey b. Mar 7 1876 d. Mar 24 1955
Estelle May Peavey b. Jul 17 1864 d. Sep 10 1936

Plot #92 & #93

George F Horn 1844 - 1895
Caroline A h/w 1845 - 1904
Harry R Horn 1869 - 1897
James J Rendall 1819 - 1889
Mary C h/w 1821 - 1890
Martha Ann t/d. 1842 - 1847

Plot #94

John Huggins b. May 19 1753 d. Jun 1 1838
Anna h/w b. Jun 3 1757 d. Sep 3 1800
Samuel Huggins b. Sep 23 1788 d. Jul 21 1880
Sally L h/w b. May 8 1795 d. Dec 11 1871
John Huggins b. Jul 22 1823 d. Aug 25 1825
Almon W Huggins b. Jan 16 1837 d. May 6 1837
Everett N Huggins b. Jan 16 1837 d. Aug 10 1846
Mehitable b. Apr 17 1786 d. Aug 1 1821
James H Martin b. Aug 17 1841 d. Feb 4 1928
Mary R h/w b. Dec 20 1839 d. Jan 17 1929

Plot #95

George H Leighton b. Oct 9 1845 d. Oct 13 1900
Ann Louise h/w b. Jul 20 1848 d. Sep 22 1895
  The Lord is my shepherd, I shall not want.

Plot #96
Henry S Mason 1864 - 1922
Alice D h/w 1869 - 1959
Mary A Mason 1839 - 1916
George H Mason 1870 - 1906
Rosa M McFadden 1879 - 1938
Plot #97
Sewall W Abbott 1859 - 1934
Elma King 1858 - 1929
Plot #98
John H Beacham b. May 14 1842 d. Feb 27 1913
Fronie P h/w b. Jan 19 1846 d. Jan 26 1931
John L Beacham b. Nov 18 1867 d. Dec 29 1941
Frank H Young b. Sep 29 1853 d. Oct 24 1934
Myra B h/w b. Jun 4 1872 d. Mar 9 1947
Plot #99
Charles W Hoyt b. Feb 1 1842 d. Jun 22 1931
Mary A h/w b. Nov 16 1845 d. Dec 12 1930
Charles W Hoyt t/s b. Nov 21 1871 d. Mar 25 1872
Helen A Goodwin t/d b. Apr 27 1875 d. Mar 25 1939
Frank E Hoyt t/s 1869 - 1954
Crystal Goodwin Brown their granddaughter
William Brown h/h
Plot #100
Albert G Chase 1828 - 1893
Mary F Wentworth h/w 1839 - 1933
Plot #101
Charles H Richardson b. Sep 21 1821 d. Dec 19 1904
Hannah P Beacham h/w b. Mar 16 1833 d. May 8 1908
Plot #102
J Frank Goodwin b. Aug 2 1873 d. Apr 25 1949
Helen C Webster h/w b. Jan 24 1880 d. Jul 30 1978
J Frank Goodwin III b. Mar 21 1944
Jeanne D Goodwin b. Apr 7 1909 d. Nov 7 1976
J Frank Goodwin Jr b. Dec 30 1911 d. Oct 15 1990
Ruth Halkett h/w b. Dec 2 1910 d. Oct 6 1991
Plot #103
William Rogers b. Mar 11 1870 d. Jul 22 1905
Loretta Miller h/w b. Dec 3 1865 d. Nov 15 1944

Hattie Miller w/o Orlo W Allen b. Jul 17 1866 d.
 Mar 28 1939
John Rogers 1837 -1904
Catherine Brown h/w 1839 - 1918
Harry Rogers 1866 - 1869
George Rogers 1858 - 1875
Harvey Rogers 1873 - 1900
Plot #104
Harrison W Moore b. Mar 22 1840 d. Jan 3 1903
Ellen L Moore h/w b. Sep 11 1857 d. Oct 31 1925
Evangeline U Moore b. Apr 9 1893 d. Feb 16 1966
Noyes U Moore b. Feb 1 1897 d. Sep 19 1970
Luane M Moore b. Apr 21 1961 d. Nov 15 1961
Alden N Moore b. Dec 19 1951 d. Feb 7 1952
Willard Moore
Betsey Ann Moore h/w
Plot #105
John W Harrison b. Oct 2 1864 d. Mar 4 1902
Emily G Harrison b. Oct 29 1867 d. Oct 17 1948
Milford Harrison s/o John W & Emily G Harrison
 b. Dec 8 1889 d. Apr 8 1895 ae 5y 4m
Lizzie Kennie b. Dec 13 1842 d. Sep 1 1902
Howard L Chase b. Nov 15 1891 d. May 1 1964
Marguerite H Chase b. Sep 19 1891 d. May 21 1963
Plot #106
W Howard Willey 1877 - 1955
Sadie F McIntire h/w 1872 - 1940
Gladys Belle t/d 1898 - 1945
Plot #107
Avon F Rundlett b. Jul 31 1881
Lulu E Lowd h/w b. Apr 18 1882 d. Jan 5 1919
Avon L Rundlett b. Mar 19 1904 d. Aug 23 1904
Charles D Lowd b. Nov 24 1853 d. Dec 19 1914
Bell M Foss h/w b. Jul 3 1857 d. Nov 18 1931
Walter E Glidden b. Jan 17 1883 d. Apr 15 1910
Plot #109
Ernest Everett Frisbee b. Jul 24 1880 d. Jun 10
 1904
Gilbert S Flanders b. Apr 7 1876 d. Oct 23 1970
Carrie E h/w b. Mar 19 1879 d. Jan 22 1934
Ida E Hepworth b. Jul 28 1860 d. Jul 24 1908
Edwin Hepworth 1855 - 1925
Plot #110
Charles A Holden b. Dec 27 1834 d. May 16 1901

LAKEVIEW

Mary E h/w b. Aug 28 1837 d. Jul 31 1917
Wilma A Holden b. Aug 25 1862 d. Jan 26 1918
Flora May Roberts b. Jun 24 1873 d. Dec 20 1951
Nellie Holden 1881 - 1937
Edward MacMulkin b. Dec 11 1886 d. Jan 29 1955
Ethel Horne MacMulkin b. Aug 18 1895 d. Aug 26 1960

Plot #111
George W Blake 1864 - 1900
Carrie J h/w 1862 - 1907
Eugene Wentworth 1867 - 1911
Lillian V Wentworth 1875 - 1945
Elson D Roberts 1870 - 1932
Addie M h/w 1870 - 1947

Plot #112
George N Perkins 1832 - 1898
Sarah E h/w 1835 -
Frank P Perkins 1864 - 1897
Abbie F h/w 1859 - 1893
Grace Mable Butts 1880 - 1958

Plot #113
Mary A Dearborn 1862 - 1929
George A Smart 1904 -
Mary H(aley) 1912 -

Plot #114 & #127
Matthew Stanley Parker 1812 - 1876
Clarissa Blake Parker 1814 - 1836
Elizabeth Perkins Parker 1809 - 1891
Andrew Erwin Parker 1846 - 1922
Henry Rust Parker 1778 - 1848
Hannah Rust Parker 1784 - 1870
Eliza C Parker 1809 - 1826

Plot #115
Mary E Leavitt 1844 - 1899
John W Leavitt 1862 - 1934
Aries P Berry 1839 - 1911
Ann Church Berry 1869 - 1955
Frank Jones Berry 1893 - 1957
Frank C Berry b. Dec 5 1917 d. Oct 29 1971 NH
  2nd Lt US Army WW II
Aileen C Berry 1893 - 1962

Plot #116
Albert W Wiggin b. Aug 1 1830 d. Sep 13 1912
  Post #61 GAR marker

Susan M h/w b. Mar 16 1833 d. May 24 1896
Arabell Wiggin b. Apr 4 1858 d. Sep 24 1858
   (also in Old Yard Plot #53)
Clarence H Wiggin b. Feb 8 1865 d. Jul 16 1865

Plot #117
Joseph E Fox 1845 - 1914
Meda Brown h/w 1853 - 1916
John W Brown b. Nov 6 1822 d. Dec 18 1904
Rachel P h/w b. Oct 7 1816 d. Mar 23 1897

Plot #118 & #119
Nina B Clark w/o L D Cotton 1883 - 1926
Mayhew C Clark 1853 - 1941
Eliza R Furber h/w 1856 - 1941
Nettie P w/o E L Furber 1860 -1893
Annie E w/o E L Furber 1852 - 1937
Robert B s/o Rev T C & A E Jerome 1884 - 1910
Alice M d/o E L Furber 1888 - 1903
Catharine Swan 1854 - 1934

Plot #120
Charles I Ayers b. Mar 27 1852 d. Feb 11 1925
Mary E Moulton h/w b. Mar 9 1853 d. Apr 6 1915
Mary Ellen t/d b. Jan 14 1882 d. Sep 4 1963

Plot #121
John C Eaton b. May 1 1847 d. Dec 12 1926
Lois H Martin h/w b. Jan 6 1846 d. Apr 27 1925
Martin H Eaton b. Dec 20 1878 d. Sep 11 1961
Florence L Elkins h/w b. Jan 6 1881 d. Jan 29 1965

Plot #122
Obed S Young 1859 - 1937
Fannie S h/w 1870 - 1938
Sumner D Young 1903 - 1946
Esther B Young h/w 1906 - 1946
Oliver Dowlin 1837 - 1914
Mary A h/w 1835 - 1913

Plot #123
Franklin O Tobey 1845 - 1904
Dr Fred Tobey 1878 - 1927
Margaret S Tobey 1876 - 1939
William T O'Brien 1904 -
Louis Tobey 1906 - 1974

Plot #124
Darius W Ham 1833 -1920
Susan A Ham 1837 - 1926

LAKEVIEW 63

Lulu S Ham 1870 - 1889
Frank L Ham 1862 - 1935
Mary E Ham 1861 - 1930
Ralph L 1891 - 1902
Waldo C Ham 1886 - 1972
Bertha Y 1882 - 1948
Plot #125
Frederick A Wiggin b. Jul 11 1858 d. Jul 26 1940
Ethel P Wiggin h/w b. Sep 21 1877 d. Aug 20 1971
Mabel B Wiggin 1861 - 1905
William H Wiggin b. Mar 14 1891 d. Apr 25 1943
Elizabeth A Wiggin h/w b. Feb 4 1888 d. Nov 22 1944
Plot #126
Winthrop D Hersey b. Feb 4 1830 d. May 6 1908
Georgiana Hersey b. May 4 1835 d. Sep 5 1903
George R Wilson b. Sep 13 1859 d. Dec 14 1918
M Annie Wilson b. Apr 19 1857 d. May 27 1943
Charles D Hersey b. Jan 15 1859 d. Dec 30 1934
Fred Edgar Hersey b. Sep 23 1862 d. Jan 31 1921
Nettie M Hersey b. Oct 28 1864 d. Mar 8 1950
Annie L Chubbuck b. May 25 1884 d. May 20 1955
Plot #128
N Harvey Scott 1851 - 1946
N Phillip Scott b. Oct 31 1880 d. Jan 14 1881
Dr Joseph Newell 1882 - 1975
Margaret E Scott 1884 - 1970
Ruth B Scott 1886 - 1967
Louisa F Scott 1888 - 1962
H Elizabeth Scott 1857 - 1952
Plot #129
Jacob G Smith b. May 5 1821 d. Oct 19 1905
Lydia F Blaisdell h/w b. Jul 7 1826 d. Feb 13 1913
Lizzie M d/o A E & E Smith d. Dec 10 1889 ae 12y
Plot #130
Walter W Coppen 1870 - 1925
Mary A h/w 1873 - 1933
William F S Coppen 1899 - 1980
Myrtle Sanger Coppen h/w 1897- 1976
Benjamin F Sawyer 1835 - 1900
Louisa h/w of 1840 - 1924
Eugene A Sawyer 1878 - 1934

WOLFEBORO CEMETERIES

Arthur H Sawyer 1877 - 1961
Clara Maude Young h/w 1884 - 1968
Plot #131
George E Crosby 1871 - 1941
Josephine M h/w 1871 - 1948
John N Glidden d. Mar 24 1906 ae 38y 4m 27d
Mary Thompson Haines b. Dec 22 1856 d. Aug 13 1935
John Glidden 1868 -1906
Myrtle Stillings 1874 - 1943
Fred Glidden 1896 - 1955
Angie Glidden Traver 1898 - 1965
Fred W Traver 1900 - 1966
Plot #132
Alfred Brown b. Nov 8 1827 d. Jul 10 1907
Susan E Lord h/w b. Jul 16 1838 d. Apr 16 1871
Susan E Brackett h/w b. Apr 30 1840 d. May 30 1923
Florence Brackett Brown b. Jan 14 1878 d. May 15 1948
Alice Brown Hersey b. Jun 26 1874 d. Nov 6 1954

GOODHUE ADDITION #1
(See plot plan pp. 242-243)

Plot #1
Samuel H Morgan 1851 - 1915
Lizzie A Morgan h/w 1853 - 1929
William H t/s 1878 - 1937
J Wilbur Tilton 1866 - 1922
Nellie M h/w 1877 - 1955
Vernon A Morgan 1888 - 1957
Charlotte J Morgan 1886 - 1961
Plot #2
Nathaniel F Avery 1839 - 1917
Lydia A Bassett h/w 1846 - 1880
Bessie T Davis h/w 1851 - 1919
Maurice H Avery 1893 - 1916
Nathaniel Avery 1799 - 1871
Annie Nute h/w 1808 - 1889
Alonzo F Avery 1867 - 1942
Lillian A Avery h/w 1872 - 1946

LAKEVIEW

Plot #3
David M Thurston b. Jun 11 1848 d. Feb 19 1917
Rose A Thurston b. Dec 26 1858 d. Jan 4 1923
Arthur D Thurston b. Jun 4 1880 d. Apr 17 1953
Susan E Thurston b. Jan 7 1881 d. Feb 23 1961
Marjorie Thurston Richardson 1906 - 1954
Robert D Thurston Cpl US Army Korea b. Jun 29 1915 d. Jul 21 1976
Willard V Sands 1886 - 1953

Plot #4
Harry E Graham b. Dec 24 1882 d. Dec 19 1956
Laurence D Graham NH S Sgt 950 CIC Regt WW II b. Nov 14 1911 d. Feb 1 1971
Grace G Graham b. Jul 26 1906 d. Aug 24 1960
James V Bauer II NH S1 USNR WW II b. Jan 10 1927 d. May 11 1965
Henry W Ryer b. Oct 14 1865 d. Aug 8 1920
Bertha D Corson h/w b. Mar 19 1871 d. Sep 24 1953

Plot #5
Asa W Boston 1886 - 1960
Annie M Allen h/w 1901 - 1922
Henry W Boston 1918 - 1983
Edward F Shave Sr US Navy Ret 1936 - 1984
Donald B Caldon Pvt USMC WW II 1924 - 1984

Plot #6
Leslie W Sanborn 1858 - 1933
Abbie M Fullerton h/w 1864 - 1946

Plot #7
Everett D Plant Sr. NH S2 USNRF WW I b. Aug 17 1893 d. Nov 10 1968
Phyllis M Plant 1891 - 1921
Marjorie A Plant 1926 - 1939
Everett D Plant Jr. 1914 - 1915

Plot #8
Willis C Grover 1869 - 1952
Jennie B h/w 1874 - 1917
Edwin W Grover 1866 - 1917
Rena H h/w 1891 - 1986
Vina M Avery 1864 - 1920

Plot #9
Tillman Douglas b. Feb 12 1868 d. Mar 3 1920
Bert Douglas b. Sep 8 1893 d. Feb 27 1956
Odessa Douglas h/w b. Feb 18 1897 d. Jan 29 1964

Plot #10
Ernest W Drew 1885 - 1962
Lena S Towle h/w 1890 - 1934
Rita R Drew 1911 - 1911
Fred E Drew 1922 - 1923
Ruth L Drew 1925 - 1925
Carrie O Drew 1859 - 1936
Donald E Keniston 1938 - 1943
Edna L Keniston 1909 - 1974

Plot #11
M Pierce Thompson b. Apr 11 1852 d. Oct 15 1929
Josephine A h/w b. Aug 2 1856 d. May 11 1926
Lorenzo D Thompson b. Jun 9 1856 d. Feb 22 1929
Willis H Clough b. Mar 5 1884 d. Apr 22 1968
Ruby L h/w b. May 27 1888 d. Apr 7 1932

Plot #12
Eli A Fall 1869 - 1960
Cora V h/w 1867 - 1917
Lura M h/w 1876 - 1980
Alonzo A Moody 1850 - 1901
Viola J h/w 1853 - 1931
Chester M Abbott 1880 - 1967
Evelyn N h/w 1885 - 1971

Plot #13
J Will Chick 1870 - 1948
Minnie E Chick 1881 - 1957
Arthur C Keenan 1893 - 1966
Frances A Keenan h/w 1902 - 1979
Arthur C Jr s/o A C & H B Keenan 1917 - 1918

Plot #14
Charles W Hicks b. Sep 24 1846 d. Mar 12 1919
Katie H h/w b. Aug 1 1854 d. Aug 24 1925
John D Perkins b. Dec 18 1822 d. Apr 29 1896
Harriet A Perkins b. Jan 13 1830 d. Aug 5 1889
Walter Willey 1886 - 1956
Addie F Willey 1874 - 1954

Plot #15
A Warren Canney b. Apr 19 1859 d. Aug 6 1926
J Emma Canney b. Sep 23 1859 d. Jan 31 1926

Plot #16
Harold D Clow 1895 - 1966
Lalia S Clow 1869 - 1960
J Lyman Clow 1863 - 1940
Jennie L Mosher 1869 - 1917

LAKEVIEW

Adelaide Mosher 1841 - 1925
Grover H Kimball 1884 - 1944
Delia C Mosher h/w 1876 - 1963
Plot #17
Sherman H Cotton b. Jun 24 1898 d. Oct 12 1919
Samuel C Cotton b. Nov 24 1861 d. Apr 13 1921
Emma S Nute Dore h/w b. Aug 21 1871 d. Dec 29 1955
Eliot H Cotton b. Jul 18 1908 d. Oct 25 1973
Marjorie E Cotton b. Aug 27 1912 d. Jan 19 1983
Plot #18
Fred W Osgood b. Feb 18 1859 d. Feb 21 1919
Laura A h/w b. Nov 18 1867 d. Jan 30 1946
Helen L b. Mar 14 1902 d. Apr 27 1903
Bernice L Osgood 1906 -
Lewis P Goodhue b. Oct 27 1864 d. Jun 20 1947
Howard E Osgood b. Dec 8 1891 d. Aug 23 1950
Mildred L French h/w b. Sep 3 1896 d. Jan 4 1972
Mary Melissa Osgood t/d b. Dec 5 1922 d. Aug 6 1971
Baby Helen 1937
Plot #19
Frederick M Wicks 1888 - 1955
Nina O Getchell h/w 1890 - 1980
Everett S Getchell s/o Walter & Mary Getchell 1887 - 1919
Arthur R Perkins 1882 - 1957
Myra E Getchell h/w 1886 - 1934
Ruth A Perkins 1907 - 1973
Mary B Getchell 1869 - 1964
Marjorie F Wicks w/o George A Oakes 1913 - 1986
Plot #20
Stanley R Glidden 1890 - 1934
Addie A Goldsmith h/w 1889 - 1938
Harlan L Glidden 1923 - 1975
Stanley C Glidden 1938 - 1938
Patricia A Glidden 1944 - 1946
Plot #21
Levi W Ladd 1843 - 1931   Post #61 GAR marker
Maranda S Ladd h/w 1843 - 1922
Alice R Goodrich 1891 - 1971
Fred J Sargent 1884 -
Etta M Sargent 1868 - 1948
Charles H Hodgdon 1870 - 1945

Lizzie E Hodgdon 1870 - 1960
Plot #22
W Sears Nickerson 1880 - 1966
Donna M Nickerson 1893 - 1973
Charles H Corliss 1850 - 1929
Margaret A Corliss 1860 - 1943
Harry P Corliss 1886 - 1918
Plot #23
Frank D Sawyer 1851 - 1930
Luther E Sawyer 1878 -
May O Sawyer 1856 - 1934
Mathilda D Osburn 1872 - 1940
John G Sanborn 1882 - 1924
Clara M Sanborn 1882 - 1930
Lydia E Sawyer 1879 - 1951
Plot #24
Allie B Garland 1873 - 1887
Augusta E Garland 1853 - 1922
Myrtle B Garland 1881 - 1969
Clive M Roberts 1893 - 1977
Plot #25
Lewis E Herbert b. Oct 16 1902 d. Mar 24 1981
Alice M Herbert h/w b. Aug 30 1899 d. Oct 31 1974
Anna E Cormier 1916 - 1970
Alice Pettrie b. May 14 1862 d. Nov 13 1928
Olive J Clough d. Oct 18 1923 ae 71y 3m 11d
Plot #26
Robert G Hale II b. Sep 19 1947 d. Mar 22 1982
George E Hale
Charlotte A Hale
George E Thompson b. Sep 22 1874 d. Jul 23 1937
Charlotte A Pierce h/w b. Sep 29 1879 d. Jun 12 1978
Ralph Ackley Jr Lt US Navy b. Jan 1 1946 d. May 25 1989
Robert G Hale S Sgt US Army Air Corp WW II b. Jul 25 1923 d. Feb 16 1990
Plot #27
Harry C Doe b. Aug 3 1895 - 1964
Mildred A Mader/w b. May 27 1898
Andrew F Doe 1886 - 1960
Mary H Doe h/w 1888 - 1920

LAKEVIEW

Esther A Doe h/w 1900 - 1944
James R Lemmon 1st Lt US AF Korea 1929 - 1984
Plot #28
Frank H Scott b. Feb 18 1875
Helen C Reynolds b. May 11 1879 d. Apr 1 1922
Charles Hollis b. Jun 18 1850
Mary L Reynolds h/w b. Aug 26 1861 d. Jan 6 1926
Plot #29
Harry F Kenney 1890 - 1950
E Hugo Johnson 1894 - 1954
Jennie E Johnson 1884 - 1961
Anna O Johnson 1901 -
Everett J Bickford 1907 - 1969
Elise M Bickford h/w b. Feb 12 1890 d. Sep 20 1966
Myrtle M Rollins 1887 - 1962
William R Rollins 1882 - 1952
Plot #30
Benjamin F Burleigh 1853 - 1923
Clara F Hayes h/w 1853 - 1927
Mary E Burleigh 1850 - 1945
Theodora Hayes Whitten 1898 - 1969
Chester Jeremiah Pratt 1897 - 1979
Lisette Doretta Pratt h/w 1897 - 1979
Edward Rice Whitten 1863 - 1942
Theresa Robinson h/w 1868 - 1958
Steven Evans Whitten 1957 - 1957
William L Skinner NY T Sgt 1 Alt TNG Unit AAF WW II b. May 2 1915 d. May 29 1957
Plot #31
James Gormley b. Oct 31 1852 d. May 3 1934
Plot #32
Clarence M Elliott b. May 31 1878 d. Dec 17 1920
Elizabeth A Elliott h/w b. Aug 26 1881 d. Dec 22 1952
Russell J Elliott b. Sep 23 1905 d. Dec 11 1964
Plot #33
Fred Porter Haggard DD b. Dec 15 1862 d. Oct 12 1945
Fannie Snow Haggard b. Jul 4 1865 d. Mar 3 1922
Roy Snow Haggard b. May 19 1887 d. Nov 2 1967
Plot #34
Archie A Horne 1884 - 1928

Maurice Horne b. Jun 28 1917 d. Feb 14 1930 2nd
  Class Scout Troop 1
Kathryn Jean Horne Penn 2nd Lt Army Nurse Corp
  WW II b. Feb 4 1919 d. Jan 30 1972
Eleanor D Horne 1907 - 1978
Ethel B Horne 1891 - 1991
Plot #35
Thomas H Hatch 1884 - 1935
Adelma G Tinker h/w 1886 - 1974
Frank E Cook 1865 - 1923
Ida C Cook 1871 - 1942
Plot #36
Henry Rust 1785 - 1856
Nancy Rust 1784 - 1858
George Rust 1810 - 1890
Drusilla B Rust 1812 - 1864
Hattie A Rust 1835 - 1864
John Henry Rust 1835 - 1899
Phebe A Rust 1835 - 1907
Henry Wilson Chase 1859 - 1888
Carrie Chase 1860 - 1939
Harry C Chase 1883 - 1884
Etta Rust Wadleigh 1862 - 1942
Plot #37
Horace Rust 1867 - 1941
Edith E Rust 1878 - 1963
Lottie L Rust 1897 - 1965
Infant dau. 1910 - 1910
Plot #38
Albert O Berry 1876 - 1936
Edith M Whitehouse h/w 1891 - 1923
Plot #40
Edith Weavers 1867 - 1953
Charlotte Hoagland d. Feb 2 1923
Mary Augusta Hoagland 1838 - 1930
Carleton B Hoagland 1888 - 1963
Plot #41
Forest E Adjutant 1883 - 1956
Ethel J. Frisbee h/w 1888 - 1976
Lewis N Frisbee 1856 - 1942
Addie A Morrison h/w 1862 - 1934
Buster
Plot #42
Charles J Ames 1854 - 1924

Hattie M h/w 1848 - 1915
Grace P Ames t/d 1882 - 1905
Henry F Shepard 1880 - 1947
Annie M h/w 1875 - 1942
Lyle C Shepard 1902 - 1967
Marie P h/w 1900 - 1980
Plot #43
Carl L Morgan 1897 - 1971
Bertha G Morgan 1898 - 1982
Daniel E Morgan b. Jul 25 1849 d. May 31 1926
Claretta Cate h/w b. Jan 16 1858 d. Dec 12 1924
Ray Leon t/s b. Jul 7 1885 d. Nov 25 1885
Roscoe Cate Morgan t/s b. Aug 13 1878 d. Aug 21 1949
Ethelina J Gordon h/w b. Sep 11 1870 d. Jan 16 1961
Neal G Morgan b. Jun 24 1907 d. Jul 10 1991
Leona Bickford h/w b. Jan 21 1916
Plot #44
Edwin H Mattison b. Aug 21 1877 d. Sep 1 1960
Gertrude Horne h/w b. Jun 5 1884 d. Jul 5 1941
Smith H Paine b. Sep 27 1869 d. Oct 12 1940
Grace Morgan h/w b. Feb 27 1876 d. Nov 28 1957
Roger William Mattison Phm1 US Navy b. May 16 1917 d. Oct 19 1989
Florence A Paine b. Oct 24 1903 d. Jan 14 1989
Wilma M Paine b. Feb 22 1901 d. Nov 5 1985
Plot #45
Charles Hugh Tully b. Apr 25 1880 d. Mar 27 1954
Charles H Pratt 1870 - 1946
Eva E h/w 1878 - 1957
Orren Ray Tarr 1885 - 1954
Mabel Cate h/w 1887 - 1961
William Cleon Krook h/h 1886 - 1966
George I Cate 1862 - 1917
Helen Cate h/w 1862 - 1939
James W Cate s/o George & Helen 1892 - 1892
James M Cate s/o George & Helen 1893 - 1902
John J Ayers 1880 - 1935
Helena A Ayers h/w 1882 - 1948
Barbara Ayers b. & d. Jul 12 1950
Joseph Ayers b. & d. Jul 3 1957
Plot #47
Porter E Gridley 1879 - 1955

Mabel M h/w 1878 - 1926
Celia W Gridley b. Dec 30 1874 d. Jan 23 1965
Wayne M s/o E P & L M Gridley 1936
Plot #48
Frank Arsneault b. Aug 5 1890 d. Dec 16 1926
Evelyn S Tucker h/w b. Oct 22 1898 d. Dec 2 1946
Norman O Wright b. Feb 28 1906 d. May 5 1958
Norman Keyte Brooks 1891 - 1957
Madeleine Luce Brooks 1894 - 1975
Arthur L Ridlon b. Sep 8 1894 d. Oct 18 1969
Lena G h/w b. Sep 4 1882 d. Oct 25 1972
Carl H Shannon h/o Delia M Ridlon Shannon b. Mar 31 1910 d. May 6 1972
Filburte E Ridlon b. Dec 24 1919 d. Sep 21 1955
Delia M Ridlon h/w b. Feb 17 1921
Plot #49
Myron G F Roberts 1873 - 1959
Frances W Roberts 1875 - 1928
Carl E Danforth 1930 - 1930
Plot #50
Andrew Jackson Bickford b. Sep 10 1877 d. Sep 21 1949
Marcia Maud Bickford h/w b. Aug 1 1880 d. May 10 1933
Maurice R Bickford Pfc US Army WW II 1915 - 1980
Helen L Bickford b. Jul 21 1913 d. Jun 11 1965
Frank W Trott b. Jun 22 1904 d. Jul 12 1965
Plot #51
Harrison Stidham b. Apr 6 1869 d. Jul 9 1927
Clara Kerr Stidham b. Jun 14 1870 d. Oct 8 1936
Plot #52
Henry L Clow MD 1887 - 1961
Anna Elizabeth Clow 1885 - 1975
Henry L Jr. 1912 - 1927
Elizabeth S 1915 - 1927
  They were lovely and pleasant in their lives and in their deaths they were not divided
  II Samuel 1:23
Elmore D Shipley US Army WW I 1896 - 1981
Plot #53
Raymond F Pollini US Army WW II 1924 - 1979
Primo Pollini b. Aug 28 1882 d. Dec 9 1951
Theresa h/w b. Sep 28 1885 d. Jul 18 1927
Sophie G h/w b. Nov 9 1884 d. Sep 26 1957

Samuel E Pollini b. Sep 30 1906 d. Sep 17 1953
  NH Tec5 1131 Engr Combat WW II
Bertha M h/w b. Jun 7 1904 d. Dec 1 1976
Samuel E Pollini Jr b. Jul 14 1940 d. Feb 7 1988

Plot #54

Iris Mae Bean ae 3y 11m 28d
  Safe in the arms of Jesus
Arthur G Bean 1889 - 1967
Doris M h/w 1902 - 1986
George G Edwards 1871 - 1930

Plot #54.5

Pearl A Stead 1891 - 1930
Amanda N 1857 -
John H Marena 1853 - 1931

Plot #55

Hazel J Craigue b. Dec 25 1931 d. Jan 7 1932
Edwin R Craigue US Army WW I 1892 - 1980

Plot #55.5

Albert Kenney 1872 - 1929
Susie A Kenney h/w 1873 - 1935

Plot #56

Ralph King Bearce b. Apr 29 1875 d. Jul 9 1935
Ellen Bradford Bearce b. Feb 11 1876 d. Jun 19 1972
William Bradford Bearce t/s b. Sep 25 1905 d. Nov 24 1909
Philip Sidney Smith b. Jul 28 1877 d. May 10 1949
Lenore Willis b. Oct 25 1877 d. Apr 1 1974

Plot #57

Arthur W Miliner 1889 - 1942
Florence E Miliner 1887 - 1961
Homer Miliner 1922 - 1926
Merle L Glidden 1909 - 1951
D Louise Glidden 1907 - 1978
Joyce P Miliner 1925 -
Avon W Miliner 1917 - 1973

Plot #58

Wilfred E Adjutant b. Jan 1 1910 d. Dec 30 1947
Willard B Haines b. Dec 17 1908 d. Jul 7 1976
Joseph L Galvin b. May 13 1873 d. Feb 16 1969
Mamie F Galvin h/w b. May 4 1883 d. May 3 1974
Lydon G Adjutant b. Sep 7 1911 d. Jul 22 1929
Ethel M Adjutant b. Sep 15 1882 d. Apr 19 1958

Plot #59
Oscar G Clark 1872 - 1953
Mabel A h/w 1880 - 1930
Frank N Colbath 1862 - 1938
Baby girl Reed 1942 - 1942
Plot #59.5
Frank Pendleton Stearns 1871 - 1957
Martha Tisdale Stearns 1876 - 1965
Josephine T Stearns 1898 - 1929
William S Tisdale 1849 - 1935
Hettie C 1850 - 1946
Plot #60.5
John A Sargent 1887 - 1932
Winifred M Sargent 1883 - 1955
Elizabeth A Moulton 1885 - 1957
William Lord 1939 - 1959
  He is not dead, he is just away
Charley L Lord NH CBM US Navy WW II b. Feb 6 1907 d. Sep 1 1956
Vincent A Stevens 1917 - 1991
Plot #61
George H Haines 1879 - 1962
Caroline L h/w 1874 - 1948
Mae F wife of George H Haines 1881 - 1950
Wilmer C Barrett b. Aug 3 1874 d. Apr 7 1952
Marie A MacDonald h/w b. Apr 9 1874 d. Jul 10 1960
Plot #62
James R Douglass NH PFC 535 QM Salv Rep Co WW II b. Oct 17 1911 d. Oct 1 1961
Florence P Douglass 1889 - 1970
Edwin N Douglass 1887 - 1969
Willard R Peavey 1863 - 1934
Ida B Whitehouse h/w 1865 - 1953
Barabara J Douglass 1924 - 1978
Bruce C Douglas Pfc US Army WW II 1922 - 1984
Plot #63
Antonio Fusi b. Jul 30 1875 d. Aug 31 1930
Catharine Tamburini h/w b. Aug 9 1881 d. Apr 14 1935
Bruna Fusi dau. b. Jun 12 1915 d. Jan 30 1980
Louise Fusi Clark b. May 22 1912 d. Nov 30 1980
Loring T Clark 1915 -

LAKEVIEW

Plot #64
George W Kent 1884 - 1968
Lena A h/w 1890 - 1966
Phyllis B Kent 1914 - 1930
Donald R Kent 1909 -
Helen E Kent h/w 1902 - 1965
Edson C Kennett 1911 - 1969
Marion Kent Kennett 1916 - 1982

Plot #65
Charles S Bassett b. Feb 24 1850 d. Oct 1 1935
Annie I Hersey h/w b. Oct 30 1863 d. Jul 23 1838
Clayton G Moody b. Oct 25 1883 d. Oct 13 1967
Blanche L Bassett h/w b. Aug 25 1883 d. Aug 29 1952

Plot #66
Virgil P Hersey 1871 - 1934
Annie M Foss h/w 1868 - 1934
Irving William Hersey 1902 - 1982
Edna Henderson Hersey 1902 - 1983

Plot #67
Nathaniel Goodhue 1877 - 1932
Mildred York h/w
Ronald H Schroers 1939 - 1976
Louis A Nebesky 1915 - 1985
Natalie G Nebesky 1917 -

Plot #68
William B Herbert 1878 - 1959
Margaret Grant h/w 1874 - 1933
Lucille Herbert Haley 1909 - 1956
Otto A Wolfe d. Mar 16 1953
Elizabeth Buford h/w d. Jul 21 1954
William T Andrews b. Feb 28 1877 d. Jun 3 1956

Plot #69
Roy W Foster 1896 - 1979
Florence E h/w 1905 - 1977
Charles H Foster 1860 - 1934
Annie L h/w 1862 - 1943

Plot #70
Jesse Hamilton Gould 1905 - 1957
Dorothy West Gould 1904 - 1979
Harriett t/d 1935 - 1935
Richard A Antonucci 1970 - 1970

Plot #71
Charles M Eaton 1870 - 1936

Agnes A Moonie h/w 1870 - 1942
Plot #72
Leslie George Yuill 1885 - 1973
Lottie E Yuill 1889 - 1964
David I Whittle 1947 - 1967
Plot #73
Ford J Smith b. Jan 3 1891 d. Jun 3 1964
Marion White Smith b. Aug 10 1890 d. Oct 13 1967
Irma Smith Glidden b. Sep 8 1913 d. Oct 27 1936
Everett M Barnes Jr Mass Pfc 626 Td Bn WW II b. Nov 6 1917 d. Jul 9 1972
Virginia Smith Barnes 1917 - 1991
Plot #74
Luigi Paolucci NH Pvt 4 Trk Co 60 Ammo Tn WW I b. Jun 26 1896 d. Sep 25 1962
Caterina Angelini h/w 1894 - 1975
Urbano Paolucci 1922 - 1936
Plot #75
William Craigue NH Pvt 103 Inf 26 Div Jul 9 1936
Alice B Barnes b. Dec 24 1910 d. Oct 24 1988
Plot #76
William H Barry 1876 - 1938
Sarah H h/w 1881 - 1954
William H Barry Jr t/s 1919 - 1919
Plot #77
Howard Brown Swett Sk2 US Navy 1897 - 1979
Arthur Herbert Hodgdon 1879 - 1940
Addie May Hodgdon h/w 1878 - 1963
Plot #78
Frank A Knights b. Jan 3 1885 d. Jun 15 1947
Edith E Kimball h/w b. Feb 11 1886 d. May 24 1942
Ernest S Jones 1908 - 1974
Lucy K Jones 1908 - 1960
Stanton E Jones b. May 1 1937 d. Jul 7 1985
Plot #79
George W White 1914 - 1953
Joseph Warren White Jr Pfc US Marine Corps WW II 1912 - 1979
Ella R Towne 1874 - 1956
J Warren White 1893 - 1962
Rena Bowering h/w 1893 - 1954
Plot #80
Levi L Ayers 1891 - 1961

Ruth E Ayers 1910 - 1988 h/w also w/o William
   Robblee
William Robblee 1923 - 1987
Clarence W Barnes 1858 - 1938
Bertha M Barnes 1884 - 1952
Arthur F Lambert OS US Navy 1893 - 1977/8
Gertrude E Lambert 1902 - 1969
Dorothy M Lambert 1911 - 1992
Plot #81
Millie E McGinnis mother 1872 - 1938
Albin V Goranson NH Cmm US Navy WW I b. Apr 2 1897 d. Mar 24 1952
Everett Cram Jr 1947 - 1952
Plot #82
George W Berry 1871 - 1953
Althea Thompson h/w 1873 - 1937
Kenneth Berry 1902 - 1964
Katherine MacFarlane h/w 1897 - 1975
George W Berry 1914 - 1970
Virginia Parshley h/w 1910 - 1982
Thaddeus Berry 1908 - 1986
Phyllis Foster h/w 1910 - 1986
Plot #83
George F Lane 1883 - 1940
Arline J h/w 1891 - 1948
Bessie H Kendal 1909 - 1968
James Joseph Levell Conn. S1 US Navy WW II b. Aug 1916 d. Jul 10 1972
Norman R Aberle 1925 - 1972
Madelon M h/w 1927 - 1980
Plot #84
Charles E Stevens b. Oct 1 1878 d. Dec 28 1956
Margaret H b. Jul 5 1878 d. Dec 22 1960
Henry A(llen) Stevens b. Nov 25 1906
Jean I b. May 17 1907 d. Jul 14 1972
Plot #85
Chase H Durgin 1877 - 1939
Frances Durgin Bagge 1881 - 1961
Norman A Durgin son 1906 - 1948
Luella M Medara 1899 -
Joseph A Medara 1894 - 1964
E Ellen Durgin 1899 - 1964
Gordon E Durgin 1901 - 1969

Plot #86
James Murray 1890 - 1954
Parry T Hersey 1880 - 1938
Edna Hersey Lougee 1880 - 1942
Plot #87
Llewellyn Haynes Wentworth b. Feb 18 1877 d. May 30 1937 Lt US Navy Ret.
Inez Brewster h/w b. Aug 13 1874 d. Jul 17 1952
George F Brewster b. Jul 13 1890 d. Apr 15 1985
Louise Sutter b. Jan 13 1888 d. Oct 12 1964
Plot #88
Walter R Hood 1891 - 1956
Marcella S Hood 1893 - 1939
Plot #89
Nathaniel Blair Brewster 1897 - 1941
Irene Machum h/w 1893 - 1984
Nancy Brewster Shea 1928 - 1966
Plot #90
Fred S Morgan 1874 - 1948
Maud E Elliott 1882 - 1940
Kenneth S Morgan Sr 1912 - 1971
Dorothy Waldron h/w 1916 -
Kenneth S Morgan 1935 - 1949
Plot #91
Richard R Libby 1910 -
Dorothy T Shannon h/w 1909 -
John P Lyman 1900 - 1949
Hazel G Libby h/w 1908 - 1980
Plot #92
Clarence M Beach 1902 - 1940
Hazel L 1902 - 1985
Arthur B Libbey 1874 - 1948
Cora A Libbey 1869 - 1945
Harold B Libbey 1903 - 1974
Plot #93
John E Knox 1893 - 1940
Evelyn L Hersey h/w 1892 - 1972
Nellie M Black 1867 - 1947
Cecil A Black 1881 - 1951
Gordon R Black 1909 - 1955
Ethel M Mitchell h/w 1909 -
Plot #94
Jeanne (Lyon) 1915 - 1941

LAKEVIEW

Plot #95
Dr Burt W Parshley b. May 15 1875 d. Oct 23 1941
Stephen M Parshley NH Major US Army WW II b. Aug 16 1906 d. Nov 3 1965
Lillian J Parshley h/w b. Mar 12 1908

Plot #96
Sherman Brummitt 1866 - 1942
Harriett F Brewster h/w 1868 - 1958
Nathaniel T Brummitt b. Aug 13 1891 d. Sep 13 1891
Mary B Brummitt b. Oct 22 1893 d. Aug 2 1917
Norton Brummitt b. Feb 26 1897 d. Feb 18 1919
Stanley Brummitt b. May 9 1890 d. Dec 6 1946

Plot #97
Wayne L Parkhurst b. Mar 14 1903 d. Jan 25 1963
L Dorothea Brummitt h/w b. Jan 10 1902
Roy G Parkhurst b. Sep 7 1909
Frances B Brummitt h/w b. Feb 24 1908

Plot #98
Fred Barrington Sutherland MD 1868 - 1939
Anne W Sutherland 1873 - 1966

Plot #99
Millicent Louise Swaffield 1882 - 1939
Elizabeth Louise Nichols 1858 - 1947
Rev Walter J Swaffield DD 1857 - 1950
Miriam Nichols Swaffield 1916 - 1983
Rev W Douglas Swaffield DD 1884 - 1966
Helen Hartwell h/w 1885 - 1957
Ethel Day w/o Harold Swaffield 1885 - 1951
Rev. Frank M Swaffield DD 1887 - 1979
Ethel A Swaffield h/w 1886 - 1968
Paul N Swaffield b. May 5 1894 d. Apr 19 1964

Plot #100
Loring Cook b. May 31 1867 d. May 29 1942
Lucy A Cook h/w b. Feb 4 1871 d. Jan 7 1944
Arthur G Farrin b. Feb 9 1908 d. Jun 5 1985
Lucy C Farrin h/w b. Dec 31 1907 d. Nov 1 1985

Plot #101
Annie E McHugh 1869 - 1944
Paul J Burleigh 1948 - 1948
John D McHugh 1871 - 1955
John R McHugh 1899 - 1962
Frank P McBride 1900 - 1958

Helen I McHugh h/w 1903 - 1990
Frank A Burleigh b. Nov 30 1907 d. May 28 1968
   NH Pvt Field Art. WW II
Corinne M McHugh h/w
Harold Leo McHugh 1902 - 1973
Plot #102
Richard William Detcher b. Aug 5 1895 d. Mar 1
   1974 Lt US Inf WW I
Marion E Blood h/w b. Apr 26 1896 d. Dec 19 1967
Norman Hertell t/s b. Jul 9 1928 d. Oct 19 1931
Ernest F Fletcher 1902 -
Ruth C Fletcher 1900 - 1983
Evelyn R Abbott 1914 - 1989
E Linley Abbott 1907 -
Plot #103
Harold G Hersey 1907 - 1975
Laura M Drew h/w 1908 - 1945
Helen B 1913 -
Plot #104
Nettie L Fisher b. Feb 20 1887 d. Jul 28 1945
Maude A F Belknap b. Nov 9 1877 d. Oct 28 1959
Lillian B Hoyt b. Nov 7 1897 d. Feb 28 1980
Dorothy M Hoyt b. Nov 18 1900 d. Apr 13 1984
Plot #105
Charles K Parker b. Oct 24 1951 d. Oct 3 1973
Guy L Foss Mommc US Navy WW II 1916 - 1975
John J Parker Sr b. Apr 10 1907 d. Mar 2 1990
Francis G Parker b. Mar 13 1909 d. Feb 14 1989
Plot #106
Fred E Rendall 1881 - 1958
Alice L h/w 1876 - 1965
Agnes M Cate 1863 - 1943
Andrew C Lord 1905 - 1945
Bertha M Lord h/w 1935 - 1992
Charles H Young 1854 - 1945
Etta M Hatstat h/w 1858 - 1950
Plot #107
Frank K Drew 1874 - 1950
Eva M h/w 1887 - 1959
Pierre J Grenier 1884 - 1965
Amanda Blanchette son espouse 1891 - 1955
Claudia E Grenier b. Jul 10 1924 d. Feb 15 1980
   Love always

LAKEVIEW 81

Alonzo J Grenier NH Pvt 338 Harbor Craft WW II
 b. Feb 5 1915 d. Aug 4 1944
Harold O Jones 1888 - 1962
Mary E Cox 1888 - 1973
Ralph C Mitchell 1871 - 1944
Mary E h/w 1889 - 1973
Edmund Pendexter 1885 - 1966
Homer Willie Davis b. May 17 1889 d. Sep 11 1947
Leslie A Knowlton 1870 - 1949
Helen M Brennan 1878 - 1949
Plot #108
Helen L Gaskill Mass Sgt Women's Army Corp WW II
 b. Apr 16 1911 d. Apr 15 1958
Norman F Rankin 1906 - 1987
E Mae Rankin 1909 - 1976
Plot #109
Louis F Hallowell b. Jul 11 1918 d Sep 27 1986
E Virginia b. Jun 28 1921
Baby Hallowell Nov 23 1943
Brian 1949
Clarence G Berry b. Feb 24 1900 d. Jul 18 1971
Grace E h/w b. May 20 1899 d. Oct 18 1944
Lois Berry
Hosea G Berry 1873 - 1959
Plot #110
Thomas Stanley Marshall 1896 - 1966
Alyce Gilman Marshall 1903 - 1942
Plot #111
John H Strainge 1876 - 1941
Grace W Strainge 1872 - 1945
Nellie M Sargent b. Aug 28 1861 d. Mar 29 1948
James W Connelly 1876 - 1943
Ann h/w 1881 -
Lawrence D Eldridge 1908 -1969
Dana Eldridge 1882 - 1968
Susie A Eldridge 1879 - 1972
Plot #112
Edith Thomas w/o Benjamin Ferguson 1895 - 1943
George M Heath at rest in Sandwich NH 1873 -
 1929
Amy F Kane h/w 1868 - 1954
Curtis Heath t/s 1909 - 1946

Herbert M Beacham Mass Wagoner 104 Inf 26 Div
   WWI b. Aug 23 1898 d. Mar 13 1951
Carroll Shannon b. Aug 1 1929 d. Dec 21 1986
Madeline Shannon 1926 -
Baby boy Shannon 1947 - 1947
Joseph Valley 1891 - 1969
Alice Roberge h/w 1885 - 1956

Plot #113

Thomas Hopkinson 1879 - 1947
Sarah Hopkinson 1895 - 1958
Andrew J Melanson b. Nov 14 1873 d. Aug 10 1952
Blanche L Ames h/w b. Mar 9 1883 d. Dec 21 1976
Frank Connor 1866 - 1945
Alice M Connor 1878 - 1953
Lawrence N Lampron 1908 -
Esther M Lampron 1908 -
Severin J Lampron b. Jan 30 1863 d. Mar 21 1956
Mary R Jutras h/w b. Jul 9 1870 d. Jun 28 1952
Bella Lampron w/o Joseph Babineau b. Nov 20 1906
   d. Jan 16 1933
Edmond Lampron 1898 - 1970
Clerinda Lampron 1902 - 1974

Plot #114

Theodore F Berry 1871 - 1947
Rosie Valley son Espouse 1885 - 1970
Wildred T Berry b. Jun 9 1918 d. Feb 10 1975
Ruth T Berry b. Dec 23 1916 d. May 1986
Alphonse J Berry 1912 - 1976
Claire E 1924 -
Theodore J Champagne b. Jul 27 1887 d. Dec 26
   1947
Albena M Valley son espouse b. Sep 22 1895 d.
   Dec 13 1991
Albert J Champagne US Army WW II b. Dec 31 1924
   d. Aug 4 1980
Alfred J Champaigne b. Mar 24 1917 d. Oct 14
   1983
Regina Michaud 1898 - 1976
David Michaud 1948
Alfred H 1892 - 1977

Plot #115

Cora Craigue Knowles b. Mar 27 1936 d. Jan 5
   1957
Infant son Glenn d. Jan 5 1957

Daniel B Craigue Jr NH Pvt 175 Inf 19 Inf Div WW
  II b. May 31 1924 d. Jun 21 1944
Daniel Bowen Craigue b. Jun 5 1894 d. Jul 3 1966
Freda Dorr Craigue b. Aug 5 1898 d. Apr 17 1976
Grace Emery Craigue b. May 1 1924 d. Oct 1 1988

Plot #116
Ralph W Tuttle MD 1881 - 1954
Anna Belle w/o Ralph W Tuttle 1883 - 1945

Plot #117
Harold H Hart 1882 - 1951
May Moore Hart 1882 - 1947
Margaret A Hart b. Apr 30 1910 d. Apr 4 1983
Lucius S Hart b. Feb 21 1909 d. Nov 12 1985

Plot #118
Jacob H Cotton 1862 - 1946
Sarah F Cotton 1872 - 1953
Geraldine Pierce b. Sep 11 1906 d. May 20 1972

Plot #119
Harold Pierce Kimball NH Sgt US Army WW II b.
  Jul 17 1909 d. Dec 9 1963
Dorothy M Kimball dau. 1904 -
Doris A Kimball dau 1904 - 1946
Ina A Kimball 1884 - 1954
Charles H Kimball 1881 - 1962

Plot #120
Josephine Pinkham Keith, wife b. Oct 27 1909 d.
  Jun 16 1974
Charles F Pinkham 1881 - 1945
Ella J Edgerly h/w 1884 - 1953
Carrie F Pinkham mother 1854 - 1947

Plot #121
Fred A Stackpole 1889 - 1980
Rebie S Doe h/w 1889 - 1971
Elizabeth A Potter 1896 - 1991

Plot #122
Walter W Skinner 1871 - 1945
Cora I Thomas h/w 1873 - 1953
Herbert I Skinner 1899 - 1972
Marion Eldridge h/w 1905 - 1989

Plot #123
Robert Alonzo Friend b. Feb 20 1906 d. Mar 8
  1964
Elizabeth Turner h/w Apr 15 1912 -

Plot #125
Carroll F Bickford Jr. s/o C F & B I Bickford
   b. Apr 26 1936 d. Jul 27 1944
Carroll F Bickford 1904 - 1964
Blanche I Bickford

Plot #126
Arthur P Porter 1884 - 1944
John A Will 1900 - 1960
Effie L Porter h/w 1909 - 1966

Plot #127
William H Arnold 1882 - 1945
Sarah L Arnold 1892 - 1972
Joseph B Ballentine 1889 - 1944
Winifred Ballentine 1900 - 1987
Robert Henry son 1924 - 1944 in action in Wuisse
   France
Allan D Ballentine 1860 - 1953

Plot #128
Walter H Bentley b. May 24 1878 d. Jan 30 1945
Harriet M Bentley b. Jul 10 1886 d. Mar 18 1973
Bradford M Bentley b. Dec 8 1913 d. Jul 20 1982
Philip E Morrill 1892 - 1955
Helen W Morrill 1891 - 1989

Plot #129
Clayton M Wallace 1897 - 1981
Ethel S Wallace h/w 1895 -
Hugh Hill Wallace 1864 - 1952
Grace Wheat Morey h/w 1870 - 1957
Frances Jane Wallace Morey 1867 - 1955
Elizabeth A Wallace 1870 - 1947
Leaman E Cunningham US Army WW I 1894 - 1978
Kathleen Wallace Cunningham b. Apr 18 1899 d.
   Sep 6 1982

Plot #130
Guy A Pike b. Jan 13 1894 d. May 3 1946
Edna B Pike b. Aug 26 1897 d. Jul 5 1975

Plot #131
William H Bradford 1903 - 1982
Exilda Patnoude 1908 -
Katherine Bradford 1858 - 1946
Ottillie Bradford 1898 - 1980
Anne S Patnoude 1888 - 1960

Plot #132
Harold L Fournier b. Jun 25 1912 d. Oct 4 1980

LAKEVIEW 85

Louise C(hick) Fournier b. Feb 20 1913
Ralph A Fournier b. Sep 18 1909 d. May 21 1973
Lillian Fournier b. May 22 1880 d. Jul 20 1972
Blanche Fournier Holmes b. Sep 24 1899
Clayton W Holmes b. Sep 21 1898 d. Oct 2 1990
Marion J Chick b. Mar 23 1912
Earl A Chick b. Feb 8 1902 d. Oct 25 1961
Charles E Chick b. May 12 1879 d. Jul 19 1969
Elizabeth J Britton h/w b. Jun 13 1886 d. May 1 1959

Plot #133
Isabel A Gile 1912 - 1947
Ernest W Gile 1898 - 1949

Plot #134
Thomas W Charles NH 103 Inf 26 Div WW I b. Feb 15 1891 d. Oct 31 1946
Eva B Charles b. Nov 26 1897 d. Aug 31 1959
Bernard W Charles b. May 24 1919 d. Feb 3 1963
Robin L Eastman b. Jun 8 1957 d. Jun 16 1957
Robert L Eastman b. Jun 8 1957 d. Jun 8 1957
Lyle A Colby 1911 - 1960
Arline E Colby h/w 1917 -
Ernest H Dumbrack NH Pvt QM Corps WW I b. Apr 4 1895 d. Jul 19 1947

Plot #135
Mildred S Coppins b. Feb 9 1907 d. Apr 22 1955
Samuel Colt b. Jun 4 1877 d. Dec 12 1955
Alice D Colt b. Sep 18 1876 d. Oct 8 1955
Matthew Lahti 1890 - 1955
Dorothea Lahti Spaulding 1902 - 1960

Plot #136
Clifford H Stockbridge 1899 - 1968
Mabel C Stockbridge 1891 - 1976
William Wentworth b. May 29 1922
Margaret M Wentworth b. Mar 26 1925
Albert C Wentworth b. Nov 25 1962

Plot #137
George F Dunham 1876 - 1951
Ella B Dunham 1875 - 1969
Jessie E Merriman 1880 - 1956
J Edwin S Dunham 1898 -
Muriel E 1901 - 1972
Lewis H Russell 1886 - 1970
Hazel H 1913 -

Herman G Hawkes 1882 - 1958
Lillian M Hawkes 1889 - 1980
Plot #138
Charles E Griffin b. Apr 14 1893 d. Sep 16 1951
Clara A Griffin h/w b. Nov 18 1900 d. Apr 16 1989
Julia P Rowse 1886 - 1951
Ada B Berry 1878 - 1955
Ruth H Berry 1899 - 1976
Albert O Berry 1903 - 1989
William F Baker 1874 - 1954
Ida K h/w 1877 - 1975
Fred Parks Hallowell b. Sep 29 1892 d. Jul 12 1952
Lena M Hallowell b. Jan 20 1892 d. Jul 23 1960
Plot #139
Frank Stanley Tower b. Jun 2 1890 d. Mar 27 1946
Mary P Tower b. Oct 26 1891 d. Sep 17 1947
Plot #139a
Fred A Ordway b. Derry NH Feb 14 1887 d. Newton MA Oct 8 1955
Mary N Blakeslee Emerson h/w b. Brattleboro VT Apr 18 1885 d. Apr 29 1976
Leonard B Emerson b. Alton NH Nov 12 1910
Marguerite G Hayes h/w b. Detroit MI Sep 23 1916 d. Jul 7 1981
Inez E Hayes b. Dearborn MI Apr 4 1896 d. Jun 9 1971
David L Hayes b. Ansonia CT Apr 27 1893 d. Jan 9 1978
Jack F Hayes b. Detroit MI Sep 27 1918 d. Jan 8 1979
Eunice L Hottel Dearborn MI b. Apr 17 1909 d. Jun 20 1986
Plot #140
Earl Palmer Shaw b. Aug 1 1891 d. Aug 1 1948
Alice Shaw Vogel b. Feb 9 1886 d. Nov 16 1968
Fred U Landman b. Apr 4 1866 d. Oct 5 1948
   A life of cultural service
Grace E Blood h/w b. Jul 1 1870 d. Dec 30 1958
Plot #141
Leroy P Mansfield b. Jul 17 1897 d. Apr 21 1950

LAKEVIEW

Gertrude M Clough h/w b. Nov 21 1905 d. Feb 18 1970
Lawrence A Newhall NH EM3 US Navy WW II b. Jun 17 1928 d. Dec 20 1973
Maurice F McBride TSGT US Army WW II 1915 - 1975
Olive J Clough h/w b. Apr 24 1909 d. Mar 26 1964
Margaret A McBride b. Mar 13 1940 d. Aug 24 1949
Robert Alan Newhall b. Jan 22 1953 d. Oct 28 1981

Plot #142
Norman W Turner PHM2 US Navy 1907 - 1976
Margaret M Harvey b. Nov 15 1889 d. Apr 25 1952
Leigh I Harvey VT Major JAGD WW I b. Oct 25 1886 d. Nov 13 1950
Agnes Reid Higgins 1904 - 1980
  Blessed are the pure in heart
  For they shall see God
John Henry Higgins 1900 - 1961 WW I vet.
  The Peace of God which passeth all understanding
Dorothy Margaret Reid sister of Agnes Reid Higgins 1900 - 1983
  Blessed are they that mourn for they shall be comforted.

Plot #143
Allen H Albee b. Jan 31 1901 d. May 22 1976
Lillian L Albee h/w b. May 15 1902 d. Apr 11 1958

Plot #144
Donald Emile Savard 1911 - 1971
Vivian May Savard 1912 - 1982
Baby Sanderson 1967
Albert Sayward Lane b. Oct 8 1873 d. Sep 16 1959
Julia A Frances Doyle h/w b. Oct 23 1886 d. May 9 1957

Plot #145
Philip F Nelson b. Apr 24 1903 d. Jun 8 1980
Beatrice Nelson b. Jun 24 1910 d. May 4 1969

Plot #146
Lawrence D Walker 1898 - 1973
Nathaniel W Goodhue 1908 - 1974
Richard F Nelson 1931 - 1990

Plot #147
Peter A Rico 1891 - 1968
Helen R Glidden h/w 1907 - 1946
Frank A Rico NH S Sgt US Air Force WW II b. Mar 22 1926 d. Jun 19 1953
I/d/o JC & CJ Rico Mar 14 1957

Plot #148
Benjamin T Earle 1905 - 1948

Plot #149
Julius Floto 1866 - 1951
Hanna M Forton h/w 1872 - 1948
Mari H Floto t/d 1901 - 1948

Plot #150
Chester W Turner b. Sep 29 1907 d. Mar 22 1975
Harry C Turner b. Jul 24 1878 d. Jul 29 1963
Bertha L Wright h/w b. Jan 19 1878 d. Jan 14 1964

Plot #151
Mildred Hardie Jewell 1916 -
John W Hardie 1891 - 1974
Irene B Stagg h/w 1891 - 1961
Jane Morris Hardie 1921 - 1957
James E Bovard MD b. Mar 10 1911 d. Jan 2 1984
Dorothy M Bovard b. Sep 6 1909 d. Aug 31 1985

Plot #152
Henry F Hurlburt III b. Jul 31 1908 d. Jan 27 1968
Blanche C Hurlburt b. Mar 1 1903 d. Aug 16 1973
B B Hurlburt b. Feb 17 1885 d. Jul 7 1962
H F Hurlburt Jr. b. Jan 24 1880 d. Jun 4 1948

Plot #153
William Howard Manning b. Mar 16 1871 d. Feb 20 1950
Louise M Manning b. May 6 1878 d. Jan 9 1934
Louise H Manning b. Aug 3 1899 d. Jan 13 1921
Gladys H Manning dau b. Nov 5 1900 d. Feb 27 1914
Horace D Manning b. Jan 30 1903
Hazel L Manning b. Oct 16 1901
David H Manning son b. Aug 5 1934 d. Jan 5 1940
Shirley Manning Turner dau. b. Jul 13 1908

Plot #154
A Dewitt Sanders b. Jul 28 1882 d. Feb 15 1950
Ethel Hurst Gee h/w b. Mar 1 1886 d. Dec 23 1985

LAKEVIEW

Harold H Bodge b. Aug 13 1880 d. Aug 3 1972
Mabelle W Bodge h/w b. Sep 27 1883 d. May 26
  1956
James MacFarlane b. Oct 2 1864 d. Mar 4 1950
Emma K Crapser h/w b. Nov 21 1868 d. Sep 7 1951
James C MacFarlane b. Aug 18 1899 d. Sep 9 1964
Robert H MacFarlane b. Oct 13 1906 d. Feb 11
  1969

Plot #155
Earle L Walsh b. May 18 1897 d. Feb 7 1951
Jesse L Walsh b. Jul 1 1895 d. Mar 6 1969
Siegfried J Thannhauser 1885 - 1962
Franziska 1889 - 1960
  Love and Beauty enlightened our lives
Bernard Dunau 1920 - 1975

Plot #156
Arthur R Tilton 1875 - 1952
Lillian E h/w 1877 - 1955
Clifford Tilton

Plot #157
Gordon H Glidden 1905 - 1947
  Sometime we'll understand
Abbie V Glidden 1900 - 1985

Plot #158
Ralph S Massey 1951 - 1955
Leon F Roberts 1894 - 1976
Gladys L Roberts 1896 - 1985
Robert F Thurrell Sr 1st Lt US Army WW I 1891 -
  1981

Plot #159
Walter M Senior 1884 - 1965
Helen G Senior 1888 - 1980
Walter Senior Jr. 1918 - 1980
Burton B Bursaw Mass S Sgt Ordnance Dept WW II
  b. Dec 30 1907 d. Apr 18 1961

Plot #160
Ida Belle Bean 1869 - 1960
Winfield S Nichols her son 1885 - 1956
Susie M Nichols h/w 1880 - 1948
Marcus L Raymond NH Cpl 103 Field Arty 26 Div WW
  I b. Jul 8 1898 d. Apr 25 1949
Florence M White h/w b. Dec 2 1893 d. Oct 26
  1972
Lawrence J Wood b. Sep 4 1914 d. May 6 1990

Amelia Demosthene w/o Lawrence J Wood   b. Apr 12 1919
Lewis H Porter Pvt US Army 1888 - 1974

Plot #161

Richard J Dempsey b. Dec 7 1879 d. Sep 23 1956
Ella Blackington h/w b. May 16 1881 d. Feb 22 1968
Ludger F Beaulieu 1888 - 1980
Rosie B h/w 1894 - 1973
Napoleon J Britton 1886 - 1961
Bernadette M 1892 - 1983
Press Graves Kennett 1874 - 1949
May Ethel Kennett h/w 1875 - 1957
Joseph F Smith 1882 - 1963
Cora Jane h/w 1882 - 1949
Lemont H Smith 1889 - 1962

Plot #162

Robert B Emerson Sgt US Army 1906 - 1974

Plot #163

John H Bickford b. Jun 4 1903 d. Jun 22 1965
  Mine eyes to the waters and the hills
Helen J Bickford b. Jan 3 1899 d. Feb 20 1964
  Peacefully she rests in the love of God.
Jackson S Bickford b. Nov 20 1922 d. Jun 22 1969
Nana Bickford Rollins b. Oct 11 1886 d. May 24 1959
  A beautiful flower in God's own garden

Plot #164

Frederick H Fuller b. Jan 20 1882 d. Oct 10 1962
Maude V Kinney h/w b. Jan 20 1879 d. Jan 23 1957
Josephine S Cate b. Nov 28 1892 d. Jul 22 1963
George A Cate b. Dec 13 1876 d. Aug 26 1963
Edward G Fraser NH S Sgt US Air Force WW II b. Feb 2 1921 d. Sep 24 1963
Frederick Henry Fuller Jr Mar 8 1908
Marjorie Napes Fuller h/w b. Mar 8 1907 d. Aug 30 1990

Plot #165

Emery Wendell Carr b. Aug 17 1908 d. Feb 3 1958
  Thou shalt mount onward to the eternal hills.
Edith Hoppin Carr b. Jul 6 1912 d. Sep 9 1987

Plot #166

Alfreda Gilpatrick   1905 -
Almeda Gilpatrick 1874 - 1963

LAKEVIEW

Lyman F Gilpatrick 1882 - 1965
Plot #167
Frank Paul McBride NH Pfc 2 Marine Air Wing WW II b. Sep 5 1929 d. May 29 1956
Plot #168
(Marks Monument)
If I take the wings of morning, and dwell in the uttermost parts of the sea, even there shall thy hands lead me, and thy right hand shall hold me. Ps 139:9-10
Leonard Stanley Coleman 1890 - 1977
Eunice Alice Coleman 1889 - 1976
I will lift up mine eyes unto the hills, from whence cometh my help. My help cometh from the Lord, which made heaven and earth." Ps 121:1-2
Plot #169
Earl L Crosby US Navy WW II 1915 - 1979
Dorothy Candage h/w
Percy R Candage 1888 - 1961
Lucinda O Sollows h/w 1874 - 1957
Plot #170
Lisa Em Cram 1967 - 1967
Plot #171
Cecil E Corkum 1901 - 1966
Martha L Corkum 1906 - 1958
Plot #172
Roy Edwin Argersinger b. Jun 28 1879 d. Nov 9 1970
Hyacinth Krauss Argersinger b. Mar 12 1883 d. Oct 24 1958
Walter Benjamin Scheirer b. Jan 10 1908 d. Aug 12 1970
Katherine Argersinger Scheirer b. Jun 16 1912
Plot #173
Charles S Lord 1881 - 1957
Gertrude E h/w 1877 - 1966
Hector J Fournier b. Jan 10 1884 d. Apr 18 1959
Priscilla May McKenney 1929 - 1966
Plot #174
Susan Ann Bryant b. Apr 23 1967 d. Jul 6 1967
Walter P Hall Mass Btry D 101 Field Art WW I b. Jan 5 1886 d. Aug 24 1960

Plot #175
Ruth Daniels Stevenson b. Jul 31 1889 d. Nov 26 1968
Albert Fletcher Stevenson b. Aug 17 1884 d. May 27 1959
Horace Bliss York 1888 - 1967
Plot #176
Lawrence D Knights 1906 - 1982
Rita S Knights 1914 -
Robert H Taylor 1915 - 1983
Marie K Taylor 1914 -
William York 1887 - 1976
Delia May York 1891 - 1936
Harold Clough 1905 - 1968
Doris L Clough h/w 1916
Whom God has joined together
Plot #177
James Sanborn 1934 - 1958
Kathleen Sanborn 1911 -
Norris Sanborn 1912 -
Plot #178
Warren Stone
Ella F Davis 1882 - 1960
Plot #179
Walter C White 1902 - 1965
Esther R White h/w 1900 - 1989
Plot #180
Archie D Hoyt 1908 - 1984
Lydia J Hoyt 1913 - 1983
Clarita Hoyt 1928 -
Nora Hoyt 1909 - 1989
Benjamin Hoyt 1905 - 1976
Plot #181
Joseph E Britton b. Dec 10 1899 d. Jun 25 1960
My Jesus Mercy
Dorothy M Berry h/w b. Mar 20 1907 d. Nov 30 1990
Joseph Fredericks 1890 - 1967
Jessie J Aitchison wife of Frederick G Butterworth 1879 - 1964
Plot #182
Lewis E Robarge 1904 - 1965
Hazel K h/w 1905 -

LAKEVIEW

Charles L Weldon b. Sep 8 1881   d. Nov 3 1959

Plot #183
Everett Briggs 1877 - 1961
Warren F Walker 1885 - 1963
Aida Miner h/w 1886 - 1958

GOODHUE ADDITION #2
(See plot plan pp 244-245)

Plot #184a
Margaretta C Fry b. Oct 16 1902 d. Aug 20 1970
Thomas E Fry NH 1st Lieutenant CAV-RES WW I b. Jan 22 1900 d. Aug 1 1956
Clarence L Roberts b. Sep 3 1878 d. Dec 6 1956
Gordon W Coburn 1900 - 1959 MASS S2 US Navy WW I b. Sep 1 1900 d. Sep 14 1959
Grace I McIntire b. Jul 11 1874 d. Jan 13 1961

Plot #185
Bishop John Wesley Lord b. Aug 23 1902 d. Oct 8 1989
Margaret Lord h/w
Herbert E Stevenson b. Nov 22 1900 d. Oct 24 1991
Dorothy B Stevenson b. Jul 28 1908

Plot #186
James E Murray 1871 - 1962
Alice M Murray 1880 - 1964
Marshall Murray b. May 21 1901 d. Jan 22 1986
Mildred L Murray b. Feb 28 1900 d. Feb 18 1986
Frank Wiggin b. Apr 24 1883 d. Mar 7 1965
Clara A Wiggin b. Sep 14 1882 d. May 17 1971

Plot #187
Elbridge Snow 1884 - 1979
Lula Long Snow 1885 - 1962
  Tho he be dead yet shall he live
Fred W Long SSgt US Army WW II b. Mar 20 1918 d. May 25 1991

Plot #188
Harry Herbert MacCormac b. Dec 19 1892 d. Nov 19 1979 Capt US Army WW I & II
Beatrice MacCormac 1906 - 1988
Earl Henry Kenneson b. Mar 24 1896 d. Jan 27 1962 NH Sgt Co K 326 Inf 82 Div WW I
Roy G Nelson b. Jan 27 1908 d. Jun 6 1962

Plot #189
Stephen E Tibbetts 1885 - 1967
Mae L Willey 1897 - 1964
Ernest H Wilkes 1913
Esther E Glidden 1911 - 1962

Plot #190
Charles E Wootton 1891 - 1962
Violet Lapsey Bell h/w 1882 - 1970
Hugh Chalmers Bell NH Capt. 752 Field Arty Bn WWII b. Mar 22 1915 d. Apr 11 1963
Geraldine Cushing h/w 1917 -
Judith Anne Bell t/d 1943 -
William T Collins Mass Pvt Co I 6th Regt Mass Inf Spanish American War b. Apr 30 1875 d. Apr 17 1964
Mabel S Collins 1882 - 1965
J Henry Valley 1902 - 1963

Plot #191
Fred A Glidden 1911 - 1982
Esther M Beach h/w 1908 - 1967

Plot #192
William B Carpenter b. Oct 1933 d. Aug 9 1969
David b. Dec 28 1961
Anne b. Jan 27 1961
Ralph G Carpenter 2nd b. Feb 13 1907 d. Nov 9 1974
Norman B Heeley MM3 US Navy WW II b. Nov 17 1913 d. Sep 2 1988
John W McDermott b. Jul 18 1914 d. Feb 25 1991
Charlotte Gibbs h/w b. Jun 14 1914

Plot #193
Frederick E Hertel b. Jan 9 1893 d. Feb 28 1961
Ada W Hertel h/w b. Feb 26 1890 d. Feb 22 1966
Ralph Edward Hertel SSgt US Air Force Korea 1928 - 1978
Frederick E Hertel Jr b. Jul 11 1918 d. Jul 1 1980

Plot #194
Raymond Carpenter 1872 - 1959
Isabel Pendridge h/w 1880 - 1957
Richard C Connor 1901 - 1961

Plot #195
William E Goodrich 1890 - 1963
Brenda Swan h/w 1899 - 1955

LAKEVIEW

Ransom E Goodrich 1897 - 1963
Florence Copp h/w 1894 - 1979
Infant Virginia 1920 - 1920
Leonel A Copp 1895 - 1977
Pearliss Dow h/w 1901 -
Kirk H Titus 1923 -
Barbara G h/w 1923 - 1968

Plot #196
A Denny McLean b. Jan 11 1939 d. Apr 16 1985
Alvin McLean 1906 - 1988
Augusta L McLean 1912 - 1973
Auguste J McLean 1890 - 1984
Otto E McLean 1883 - 1966

Plot #197
Muriel W McBride 1915 - 1986
Bernard McBride 1923 -
Evelyn h/w 1920 - 1975
John L O'Grady ACMM US Navy WW II b. Jun 17 1923 d. Jul 14 1976

Plot #198
John F Dougherty 1907 - 1979
Anna C Dougherty 1908 - 1979
Stanley J Beers 1909 -
Mildred J Beers 1916 -

Plot #199
Augustino (Gus) Nicolai 1916 - 1991
Sarah Lord Lamb b. Mar 25 1910 d. Dec 20 1986
Florence E Bodwell 1935
Raymond S Bodwell 1929 - 1991

Plot #200
William J Sheehan 1921 - 1989
Muriel D Sheehan 1916 - 1985
Jean J Russell 1931 -1989

Plot #201
Esther D Sherman 1916 - 1988

Plot #202
Dorothy Anne Lubinski 1921 - 1986 Si US Navy WW II

Plot #203
Elizabeth C N Repp Hamilton b. Oct 28 1913 d. Dec 15 1980
Christie Patterson Hamilton b. Sep 19 1910 d. Jan 9 1971

Roger E Duford Sp3 US Army Korea b. Feb 9 1931
d. Dec 29 1988
Richard S Low US Navy WW II b. Mar 26 1923 d.
Dec 31 1988
William A Fickinger Sgt US Army Air Corp WW II
b. Apr 10 1917 d. Sep 16 1989
Plot #204
Gorham W Humphrey b. Sep 18 1910
Ruth E Humphrey b. Nov 1 1910 d. Apr 10 1989
Richard Alvin Hartley Cpl U S Marine Corps WW II
b. Jul 27 1915 d. Feb 21 1988
Ruth E Hartley 1917 -
Plot #205
Robert I Stanard b. May 8 1910 d. Apr 3 1990
Howard H Gilbert 1914 - 1990
Plot #206
William D MacDougall NH 1st Lt US Air Force WW
II Korea b. Feb 1 1924 d. May 14 1973
Barbara R MacDougall b. Dec 14 1933 d. Dec 7 1984
Walter B Chadwick 1903 - 1972
Gretchen M Chadwick 1909 - 1980
Rose Carville 1901 - 1973
Alice E Bosworth b. Apr 5 1910 d. Jun 5 1972
Albert Theis 1902 - 1972
June Theis h/w 1904 -
Plot #206a
Oscar D York 1884 - 1960
Herbert A Dodge 1894 - 1961
Beatrice A Dodge h/w 1894 - 1974
Priscilla A Dodge MacLean t/d NH SK3 USNR WW II
b. Mar 2 1915 d. Jan 23 1966
Veronica P Driscoll 1890 - 1970
Plot #207
Joseph D Bilodeau 1898 - 1973
Dorothy V Bilodeau h/w 1902 -
Margaret M McHugh 1896 - 1968
Ingrid E Nordmark b. Jan 23 1881 d. Jan 3 1974
Plot #208
George C Sweeney 1895 - 1966
Winifred E Sweeney 1895 - 1976
Clinton J Ruch 1885 - 1969
Harriet Chase Ruch 1887 - 1980
Elizabeth Ruch Brown 1916 - 1980

LAKEVIEW 97

Plot #209
Robert M Tyler Maj US Air Force Vietnam b. Aug 22 1933 d. Jan 22 1989
M L 'Spike' Tyler 1894 -1970
Anna M Lanata h/w 1922 -
Leona A Prosser b. Jul 14 1908 d. Nov 9 1979
Thomas F Prosser b. May 24 1902 d. Aug 25 1966

Plot #210
Allan Erick Bailey b. Aug 3 1906 d. Jan 22 1966
Marion Copp b. Feb 12 1906 d. Aug 7 1990
Edgar L Bean b. Apr 29 1892 d. Feb 17 1966 NH Pfc US Army WW I
Charles E Foss 1890 - 1969
Florence B h/w 1896 - 1969

Plot #211
Arthur W Hanson, Professor 1891 - 1965

Plot #212
Wilfred L Lampron b. Nov 28 1895 d. Oct 12 1970
Yvonne M h/w 1904 - 1980
Raymond J Berry 1926 - 1987 Sgt US Army Korea WWII b. Apr 25 1926 d. Dec 30 1987
Irene B Berry 1931 -
Alcide F Berry 1920 - 1971

Plot #213
Eleanor M Soucey wife 1915 - 1969
Mary Anne Soucey 1953 - 1968
Louis A Soucey 1918 -
Herbert S Williams b. Mar 27 1910
Lawrence Williams 1943 - 1988
Alice S b. Feb 4 1908 d. Feb 5 1966

Plot #214
Charles E Bullock Sr Pfc US Army WW I 1897 - 1980
Phyllis C Bullock b. Feb 11 1899 d. Nov 6 1975
Michael F Deyak 1900 - 1965
Mary H Deyak 1922 - 1980
Harold B Miller 1901 - 1979
Robert A Lampron Sgt US Army b. Apr 18 1934 d. May 10 1987
Inez E Holmes 1887 - 1968
Andrew John Stockman b. Dec 24 1969 d. Sep 1986

Plot #215
Robert A Brown b. Aug 9 1895 d. Jan 24 1966

Anne Masson Brown h/w b. Dec 27 1887 d. Oct 16
   1980
James W Locke NH Pvt Co H 103 Infantry WW I b.
   Jul 15 1899 d. Feb 26 1967
Edgar L Rines b. Oct 30 1886 d. Oct 31 1972
Grace H Rines b. Mar 23 1889 d. Jul 26 1964
James W Locke

Plot #216
Mary E Duggan 1878 - 1963
Samuel E Duggan 1878 - 1965
Arthur L Charles 1884 - 1967
Maud E Poisson 1901 -
John Edward MacMartin Mass 1st Lt US Army WW I
   b. Apr 6 1892 d. Aug 4 1963
Ruth Batchelder h/w b. Mar 27 1894 d. Jul 26
   1973

Plot #217
Joseph I Melanson 1906 - 1962
Uncle Mel (Melanson) 1910 - 1983

Plot #218
John Ballard 1910 -
Ila A Ballard 1907 - 1975

Plot #219
Joseph J Muise 1897 -
Teresa N Muise 1900 -
Alan R Muise 1942 -
John C Laing Pfc US Army WW II 1924 - 1977
Harold P Skinner 1903 -
Blanche A Skinner 1911 - 1985

Plot #220
Alexander Cameron 1922 - 1989
Doris V Richardson 1921 - 1983
Helen F Raymond 1897 -
A Eugene Raymond 1905 - 1983
Jonathan C Cameron 1948 - 1975
Jack U Richardson 1918 -
Ruth Barron h/w 1920 -
William H Christian 1918 - 1982
Wilma S Christian 1920 -

Plot #221
Norris Harriman Pfc US Army WW II b. Feb 23 1924
   d. Nov 18 1984
Jeanne S Harriman b. Jul 24 1924

Plot #222
Betsey Tarr Colbath 1944 - 1989
Plot #227
Arthur W Senecal 1905 -
Constance T Senecal 1914 - 1990
Everett Adams b. Apr 29 1917
Jessie W Adams b. May 9 1917 d. Aug 19 1991
George Stumpp 1929 - 1990
Plot #228
Pamela Langdon 1953 - 1986
Charles A Galvin 1918 - 1979
Bernice M Galvin 1907 - 1973
Kathryn G Gaudette 1948
Arthur J Gaudette 1942 - 1974
Roger W Gregory NH Phm3 US Navy WW II b. Feb 22 1915 d. Oct 19 1973
Helen B Gregory b. Feb 10 1913 d. Feb 8 1989
Plot #228a
Rev Edward W Cantwell 1900 - 1979
Erma Langmayde 1908 - 1965
Mitchell E Hunsinger 1900 - 1987
Anna M Hunsinger 1904 - 1984
Plot #229
Marie E Grady b. Nov 10 1879 d. May 18 1969
Kenneth C Buckingham MD Cpl US Army WW I b. Sep 16 1898 d. Oct 8 1973
Alfreda A Buckingham b. Oct 14 1904 d. May 19 1984
Philip K Brown Jr b. Apr 23 1930 d. Jun 11 1969
Sarah F Oakland 1894 - 1969
Francis O Oakland 1899 - 1988
Plot #230
Anne T Ford b. Jan 5 1901 d. Nov 24 1968
Plot #231
Weare F Tuttle 1899 - 1972
Gladys H Tuttle 1901 - 1981
David Alan Pierce b. Jun 21 1969 d. Jul 21 1969
Alice Alkazin Baggs b. Nov 18 1900 d. Aug 13 1986
Plot #232
Susan Marie Foster Nov 1965
Harriet Weir Foster w/o Lewis Martin Foster 1913 - 1967

Plot #233
John M Murray MD 1896 - 1982 Lt Col USAAF
Edna F Murray 1897 - 1991
Blanche F Algeo 1892 - 1980

Plot #234
Tracy L Abbott NH Pvt Co H 1 Regt Inf WW I b. Apr 26 1900 d. Jun 9 1967
Louisa M h/w 1890 - 1972
S Bronson Garner 1914 -
Grace W Pratt h/w 1912 - 1967
Henry P Valley b. Mar 27 1918 d. Sep 3 1988 MM3 US Navy WW II
Margaret A h/w 1931

Plot #235
Willard E Smith 1901 - 1987
Camilla M h/w 1903 - 1968
Eleanor C 1916 - 1983

Plot #236
Ernest R Huebner 1879 - 1970
Georg Otto Huebner 1869 - 1907
Elizabeth M Huebner 1878 - 1935
Henry J Champaigne 1918 -
Alice M Champaigne 1925 -
Walter G Fritchie 1904 - 1986

Plot #237
Clyde L Kimball 1906 - 1966
Minnie L Kimball 1908 - 1975

Plot #238
Pauline Craigue Meserve b. Apr 20 1922 d. May 17 1968
John W Gott Jr 1903 - 1990
Bertha C Gott 1902 - 1985
Charles W Abbott 1930 -
Elizabeth M Abbott 1933 -

Plot #239
Gertrude M Lillis 1899 - 1968
Baby boy 1946
John J Lillis 1890 - 1972
John Paul Lillis Lt US Navy WW II 1918 - 1980

Plot #240
Harold L Johnson 1905 - 1990
Marion E Johnson 1908 -
Theresa R Graham 1909 - 1977
  Hail Mary Full of Grace

LAKEVIEW

Gertrude C Gardiner 1903 - 1982
William R Gardiner 1899 -
m. Mar 2 1935
Plot #241
Clifford V Nyquist 1919 - 1978
Plot #242
William F Jones 1920 - 1984
Dorothy Johnson Jones 1924 -
Plot #243
Justin Michael Elliott 1972 - 1986
Phyllis Berry d. Jan 6 1986 ae 75y
Plot #244
Henrietta T Chance 1900 - 1988
Plot #245
Kathleen S Hilton 1908 - 1990
Donald E Hilton 1907 -
Plot #247
Doris A Podsen 1924 - 1991
Plot #247A
Henry J Dubuc 1940 - 1988
Elaine Corbishley Dubuc 1941 -
Plot #248
Helen B Morgan 1917 -
Edward H Morgan 1916 - 1991
Plot #250
Harry M Foxhall 1909 - 1976
Lillian M Foxhall 1904 - 1989
Tenny M Wheeler 1922 - 1974
Shirley L Wheeler 1926 - 1975
Ronald W Adams Maj US Army WW II 1906 - 1974
Dorothy E Adams 1905 -
Carl Nordmark 1908 - 1976
Plot #250a
David Fetzer b. Jul 8 1898 d. Oct 18 1963
Helen L Fetzer 1896 - 1981
Anne M Fetzer 1897 -
Arthur J Hackett 1884 - 1969
Constance F h/w 1889 - 1980
Anne D Heater 1927 - 1984
Plot #251
Charles L Richardson 1902 - 1986
Phoebe S Richardson 1906 - 1969
Grace C Hillson 1887 - 1969
Guy C Hillson 1881 - 1974

Charles F Richardson 1982 - 1986
George E Newhall 1894 - 1970
Hannah V Newhall 1898 - 1978
Plot #252
G Philip Whitman 1913 -
Catharine W Whitman 1914 - 1972 m. May 29 1937
Plot #253
Cindy Sue Corson b. Sep 24 1965 d. Jan 6 1971
 Our little angel
Grant W Hayden Mass AB US Air Force b. Dec 9 1939 d. Apr 3 1972
Plot #254
Glennes A Parker 1899 - 1982
Veda K Parker 1899 - 1971
Leonel J Moore b. Jan 26 1907 d. Sep 7 1974
Mary L Moore b. Oct 30 1911
Kenneth H Morgan b. Feb 23 1921 d. Dec 7 1974
Wilfreda R Morgan b. Dec 5 1922
Plot #255
Elwyn Towle Drew NH S1 US Navy WW II b. Nov 13 1917 d. Feb 6 1972
Stanley West 1944 - 1978
Gretchen L Briggeman 1910 - 1972
Gerald F Briggeman 1912 -
Plot #256
Margaret P Dore 1919 - 1972
Roswell L Dore hus. of Delia M Dore b. Aug 29 1919 d. Jan 11 1974
Ronald T Dore b. Aug 2 1945 d. Nov 16 1971
Plot #257
Hildreth F Beaulieu 1926 - 1975 Tec5 US Army WWII
Mary L h/w 1926 - 1970
Harriet G Nichols b. Sep 14 1911 d. Sep 29 1971
Plot #258
Mary Constance Croteau b. Apr 10 1949 d. Oct 27 1968
Constance D Croteau b. Apr 21 1923
Garland S b. Dec 15 1913
Plot #259
Howard A Rollins Sr US Army WW I 1899 - 1971
Helen Avery w/o Howard A Rollins b. Oct 24 1902 d. Sep 18 1990
Herbert J Donohoe 1899 - 1971

Beryl W Donohoe 1898 - 1988
Plot #260
Lionel W Grenier NH Tec 5 Co B 55 Armd Engr Bn WW II b. May 27 1922 d. Feb 9 1972
Thomas L Christie 1907 - 1985
Lauriane C h/w 1912 - 1991
Together forever
Elizabeth G Powell 1903 - 1972
Norma Powell 1927 - 1978
Plot #261
Marjorie V Weiss 1922 - 1973
Roland L Murray 1906 - 1972
Elsie T Murray 1908 - 1980
George F Inscoe 1896 - 1982
Plot #262
Edith Rock Murray b. Jul 19 1880 d. Apr 10 1975
Chell Glen Currier 1919 - 1984
Angie V Currier 1909 - 1974
Susan Ruth Walpole 1949 - 1977
Jean Murray Maroney b. Jan 24 1904 d. Aug 24 1983
Plot #263
Susan Elizabeth Heppenstall 1962 - 1979
She lived - She loved - She laughed
Plot #265
Billie E Collins 1931 - 1984
Barbara A Collins 1933 -
Everett G Conrad Sr 1915 - 1990
Florence L Conrad 1913 -
Plot #266
Stephan George "Mitch" Mitchell 1972 - 1989
Joseph A Celeste Sr b. Mar 2 1911 d. Apr 12 1991
If Love could have kept you, you could have lived forever
Plot #267
Barton M Griffin b. Sep 8 1941 d. Jan 9 1990
The flower may wither but the seasons never end.
Plot #272
Ernest P L Krippendorf 1914 -
Dorothy S Krippendorf 1918 - 1975
Frank J Battles 1910 - 1976
Sarah F Fulton 1918 - 1975

Plot #272a
Robert W MacArthur 1906 - 1979
Georgiana Watters MacArthur 1901 - 1981

Plot #273
Albert E Young d. Jun 15 1970
Gertrude H Young d. Aug 13 1981
George Albert Rollins Mass OM 1 US Navy WW I b.
  May 4 1896 d. Sep 4 1970
Alexandre De Zaliwski 1894 - 1973
  Good frend for Iesus sake forbeare,
  To digg the dust enclosed here!
  Bleste be ye man yt spares thes stones,
  And curst be he yt moves my bones.
    Shakespeare
Rebekah K h/w 1896 - 1971
John Windhorst b. Sep 1 1897 d. Aug 27 1971
Evelyn Windhorst b. Jun 29 1901
Vera G Rollins b. Apr 13 1905 d. Aug 12 1988
Gary Paul Parker b. Apr 5 1959 d. Nov 29 1989
  Beloved son, brother, husband, & father,
  Trooper NH State Police He gave his life in
  the line of duty"
Ruth C Miller 1901 - 1984
Harold B Miller 1901 - 1979

Plot #274
Jeffrey J F McGuire 1941
Lawrence F McGuire 1918 - 1981
Bernice S McGuire 1918
Shawn M 1973
Philip Lawrence Stevens b. Mar 16 1906 d. Dec 8
  1989
Olive Averill b. Jul 31 1907
Brian A Kupper b. Nov 27 1974 d. Jan 16 1975

Plot #275
Lawrence D Nihan 1887 - 1976
Jennie C 1893 - 1980
Harold J Kesler 1910 -
Hazel J Kesler 1912 - 1975

Plot #276
Robert Fisher Oxnam, Educator 1915 - 1974
Ruth Fisher Oxnam 1889 - 1975
Louise Magee Oxnam 1917 - 1987
Edward H Bryant 1900 - 1975 Pvt US Army WW I
Ruth C 1898 -

Plot #277
Albert Cornelius Haley 1884 - 1977
Rose Wenners Haley 1893 -
Ralph J Herbert 1906 - 1978
Mollie M Herbert 1906 - 1974
Plot #278
Arvid R Lundin b. Dec 29 1910 d. Jun 21 1975
Plot 279
Truman F Matteson 1903 -
Margaret E Matteson 1909 - 1986
Frederick W Mowatt
Ruth Tarr
Plot #280
Robert E Paterno Maj US Air force b. May 18 1929 d. May 28 1974
Murray J North 1906 -
Bertha L North 1910 -
Plot #281
James E Gorman 1905 - 1973
Virginia H Gorman 1909 - 1992
Ruth S Maxfield 1893 - 1973
Plot #282
Frank W Sinclair b. Nov 5 1912 d. Aug 27 1981
Alfreda C Sinclair b. Feb 22 1916
Theodore S Zeltman 1923 -
Norah Zeltman 1923 - 1977
Katherine A Zeltman 1952 -
Robert A Zeltman 1950 -
Plot #283
Albert F Brack b. Feb 11 1896 d. Oct 4 1973
Cora F Brack b. Mar 2 1915 d. May 26 1975
Plot #284
Leonard S Peterson 1934 - 1979
Joseph P Kennedy Sr US Navy WW II 1925 - 1978
Jean F Le Floch 1908 - 1980
Margaret Le Floch 1918 - 1985
William J Zimba 1912 -
Ruth A Zimba 1912 -
Plot #286
George A Servente b. Nov 18 1921
Viola M b. Nov 5 1920 d. Jan 7 1985
Plot #287
Richard G Valentine Col US Army WW II 1914 - 1989

Plot #294

Michael Kish Jr 1909 - 1975
Suzanne E his wife 1913 -
*God could not have earthly ties,
So strong to break them in eternity*
Ann L Wing 1916 - 1974

Plot #294a

Paul Leonard Munsey b. Oct 5 1904 d. Apr 21 1966
Gladys McCarthy
Milton A Pineo 1894 - 1974
Ida A Pineo 1906
Horton F Ide 1910 -
Agnes S Ide 1910 - 1986

Plot #295

Elizabeth M Hayden 1884 - 1971
Alice M Camroux 1890 - 1971
Robert Gilman NH SK3 US Navy WW II b. Apr 27 1909 d. Jan 21 1972
Mary M Gilman b. Mar 2 1910
Thomas B Jones Mass Acad US Navy WW II b. Jun 2 1921 d. Dec 9 1975

Plot #296

Doris J Trenholm 1920 - 1975
Norma M Sanders b. Jun 17 1900 - Feb 4 1983
Carl J Sanders Sgt US Army WW I 1895 - 1978

Plot #297

Eunice Wood Palmer b. Apr 13 1912 d. Oct 3 1988
Richard Nelson Palmer b. Aug 20 1905 d. May 16 1988
Howard S Hall b. Aug 26 1908 d. May 17 1982
Katherine Hoppin Freeman b. Dec 31 1910 d. Feb 12 1978
Deeply loved by her family
Elizabeth B Austin 1911 - 1988
Robert H Austin 1909 -

Plot #298

Kenneth G Morse 1906 - 1975
Till we meet again
Wilma M Morse 1908 - 1984
Robert D Gardner 1929 -
Nancy M Gardner 1932 - 1991
Katherine F Laing 1913 -
George Laing 1904 - 1987

Plot #299
Oliver E Champaigne Sr Tec 5 US Army WW II 1912 - 1977
Celia Champaigne h/w 1916 - 1986
James E Braun 1930 - 1975
M Virginia Sumner w/o R Willard Sumner b. Dec 12 1917
R Willard Sumner Cpl US Army WW II 1913 - 1984

Plot #300
Virginia M Sanford
Beatrice M Wormood 1892 - 1977
Muriel W McBride dau. 1915 - 1986

Plot #301
Warren Perley Tyler b. Oct 22 1907 d. Aug 1 1975
Nadine Virginia Tyler b. Dec 29 1913 -
America Alice Dorton 1871 - 1962
Maude Schenck Travis 1907 - 1982
Luke S Travis 1895

Plot #302
Margaret H Casebolt 1914 - 1989
George S Casebolt 1912 - 1978
Richard E Baldauf Capt US Army Air Corps WW II b. Nov 23 1918 d. Mar 21 1987
Richard K Baldauf 1944 - 1980
Herbert W Phillips TSgt US Army WW II 1915 - 1981

Plot #303
Michael L Chiapetta Cpl US Army WW II 1917 - 1975
Hope Foster Kilby 1890 - 1975
Esther K Watson 1895 - 1979
William Watson Sr 1904 -

Plot #304
Vickie A Meffert b. Jun 29 1957 d. Jul 28 1977
Brian C Aloise 1975 - 1977
Katherine Mary Kelley 1955 - 1975
Wilfred Hopkinson 1914 - 1977

Plot #305
Dorothy M Breuninger 1926 - 1977
For Dottie - An eternity of pine needle days
Lewis T Breuninger 1925 - 1986
And Tooge now shares them in gods divine way

Plot #306
J Armand Salois 1907 -

M Natli Salois 1910 - 1985
Grace P Collette 1901 -
Valmore J Collette 1900 - 1982
  Married 54 years
Leola J Wallace Aug 5 1934 -
Robert Tyson Wallace Aug 25 1931 -
Virginia P Vaughan 1920 - 1985
Burtis F Vaughan Jr 1916 -
Plot #307
Elizabeth R Melanson 1985 - 1985
Plot #309
Paul A Labbe 1946 -
Louise G Labbe 1947 -
Jeffrey P Labbe 1967 - 1985
  Continue to love each other with true
  brotherly love. Don't forget to be kind to
  strangers, for some who have done this have
  entertained angels without realizing it.
Plot #316
William H Hayes 1908 -
Ann M Hayes h/w 1909 - 1976
Harry U Wass 1893 - 1980
Mildred S Wass 1894 - 1982
  In God's Love
Plot #316a
Margaret F Mollica Apr 20 1903 d. Oct 30 1967
M John Mollica b. Aug 17 1897 d. Feb 18 1986
Ross Whitehead 1908 - 1967
William G Johnstone 1904 - 1966
Charles Reinhard 1914 - 1987
Margaret E Reinhard 1913 -
Warren F Saunders 1902 - 1974
Helen W Saunders 1906 -
Plot #317
Bertha E Graffan b. Feb 13 1914
Roger D Langley 1935 - 1972
Frank A Dawes 1902 - 1975
Alice Dawes 1912 -
Vivian I Martin 1905 - 1978
Edwin J Dunn 1st Lt US Army b. May 12 1918 d.
  May 27 1987
Ralph G Wilcox b. Jan 13 1920 d. Oct 19 1991

Plot #318
Maurice E Russell 1892 - 1977
Elsie M Russell 1893 - 1986
Kevin J O'Brien SR US Navy Vietnam 1957 - 1977
Plot #320
H Styles Bridges 1921 -
Marion A Bridges 1923 - 1978
Richard H Charles 1932 - 1981 Cpl US Marine Corps
Mona J Charles 1923 -
Plot #321
Clinton J Farmer LCDR US Navy b. Aug 4 1943 d. Jun 13 1978
Paul Powers 1955 - 1979
J Andreon Keller 1918 -
Patricia Powers Keller 1921
Plot #322
Niles Douglas Blunt b. Jul 13 1955 d. Nov 30 1976
Charlesworth K Neilson 1902 - 1978
Cynthia S 1905 -
James Nelson 1905 - 1978
Eris Nelson 1912 - 1984
Plot #323
Orion N Lord SI US Navy WW II 1910 - 1982
Herbert F Lord 1904 -
Ethel Henderson Lord h/w 1906 - 1982
Brian N Lord S1 USN WW II 1910 - 1982
John Watson Foster Read 1897 - 1983
Leontine Lucie Read 1905 - 1983
Warren D Thompson 1929 - 1989
Katherine J 1931 -
Plot #324
Marjorie S Piper 1910 - 1978
Frank Piper 1909 - 1986
Brian D Bennett b. Sep 9 1972 d. Jul 27 1989
John Lawrence Fox 1935 - 1982
Plot #325
Rocco E Lepro Sgt US Air Force WW II b. Aug 20 1908 d. Mar 1 1977
George Hendry 1902 - 1978
Annie Hendry h/w
Plot #326
Margaret H Dufresne

Silver Addison Dufresne 1921 -1978
Thomas J Grenier 1911 -
Aldea R Grenier 1911 -
Albert S Solari 1905 -
Miriam T Solari 1915 -
Plot #327
Warren A Griffin 1911 - 1980
Anna L h/w 1915 -
Geraldine R Downs 1920 - 1981
J Warren Downs 1915 -
Plot #328
William S Pollini b. Jul 14 1940 d. Feb 13 1987
Josephine H Ayers 1923 -
Charles H Ayers 1927 -
Levi W Ayers 1951 -
Plot #329
Kem Hartwell Tyler b. Aug 20 1950 d. Jul 19 1987
Zaven Charles Boornazian b. Apr 1 1907 d. Oct 5 1987
Plot #330
Benjamin E Runnals Sgt US Army Apr 2 1929 d. Oct 13 1985
Plot #338
Allison H Rishell 1900 -1978
Frances L Rishell 1904 - 1984
James R Putnam 1923 - 1991
Anita M Putnam 1922 - 1988
Doris Pray Monroe 1893 - 1983
Margaret L Smith 1960 - 1969
Edward R Howe 1906 - 1976
Sylvia H Howe 1902 -
Ellis W Smith 1877 - 1970
Arthur T Barker 1884 - 1969
Plot #338a
Hubbert/Forbes Pocumtuck
Richard V Hatfield 1921 - 1981
Natalie H Hatfield 1921 -
Peter Clark b. Jan 25 1969 d. Jan 15 1976
Norman J Cooper 1911 - 1991
Mildred F Cooper 1913 - 1987
Plot #339
Earl J (Bub) Smith 1913 - 1984
Celeste F (Neem) 1910 - 1987

Plot #340
Alberta W Shepard b. Sep 24 1908 d. Aug 8 1982
Gordon S Baker 1908 - 1982
Helen M Baker 1914 - 1989
Plot #341
Susan J Armour b. Jul 3 1963 d. Nov 19 1978
Catharine Walsh 1962 - 1987
William A Head b. Nov 3 1908 d. Aug 6 1991
Julia E Head b. Nov 27 1910 d. Jun 30 1986
Eugene M Head b. Dec 29 1913
Plot #342
Stephen A Osgood b. Apr 14 1959 d. Oct 28 1981
H Fred Osgood GM3 US Navy WW II 1922 - 1982
Plot #343
Hiram A Goodwin 1932 - 1984
Ernest T Dubuc 1904 - 1986
Plot #344
Eugene J McIver SSgt US Army WW II 1909 - 1981
Frances J McIver 1916 - 1988
George E Brixner Jr. 1916 - 1981 Pvt US Army WW II
Otis F Hammett 1905 - 1988
Bernice C Hammett 1906 -
Barbara H Mills 1935 -
Plot #346
Wilbur E Robie 1898 - 1978
Kevin H Christopher 1969 - 1986
Plot #347
Robert W Carter AMI US Navy WW II 1923 - 1984
Bernard S Cram Maj US Army WW II 1913 - 1985
Ellis F Miller Maj US Army WW II 1907 - 1985
Marion F b. Oct 1 1897 d. Mar 25 1986
Plot #348
William H Berry 1916 - 1990
Barbara L Berry 1915 -
Nicole Christine Jutras 1972 - 1981
Sophie T Redmond 1897 - 1981
Daniel B Hoik 1933 - 1987
  A piece of work
Plot #349
William F Medley aka Meffert 1939 - 1986
John L Carville 1926 -
E Jean Carville 1921 - 1989
Edith Ainley Field 1887 - 1974

Franklin G Field 1891 - 1984
Elisabeth F Hewitt 1921 - 1990
  concert pianist
Plot #351
Paul V Glidden Cpl US Army WW II Mar 1918 - Oct 1988
Carol A Derose 1939 - 1987
Joseph Derose 1938 -
Plot #352
Bertha F Hawkins b. Sep 18 1890 d. Jul 16 1987
James E McKeon Lt Col US Army Vietnam 1937 - 1986
Plot #353
Marjorie E Brunt 1931 - 1989
Arthur Brunt 1929 -
Plot #360a
Everett W Newcomb 1st Lt US Army WW I 1893 - 1974
Marion F Newcomb b. Oct 1 1897 d. Mar 25 1986
Rev Thomas Shoesmith (no dates)
Emma I Shoesmith (no dates)
Plot #147
William Patrick Flaherty b. Jul 24 1965 d. Aug 6 1991
Plot #106 & 128
Thomas Elkinton 1921 -
Helen Develin Elkinton 1921 - 1991

PINEHILL CEMETERY
ROUTE 109A & BEECH POND ROAD (#60)

Henry A Horne b. Jan 20 1836 d. Jan 20 1910
Elizabeth E Horne b. Sep 27 1837 d. Jul 3 1898
Susan w/o Hiram Ham d. Jul 14 1861 ae 50y 5y 2d
Lizzie S h/w d. Aug 23 1880 ae 27y 4m
  Tearful at thy grave we bow,
  Lingers yet our burning love;
  Here, thou dwellest not, we know,
  For thy spirit rests above.
Mabel A w/o William Allen Howard d. May 29 1886 ae 40y 5m

Gone home to rest
John B Estes d. Aug 18 1894 ae 78y 8m 18d
Emily h/w d. Aug 21 1886 ae 71y 4m 25d
Emily C w/o Frederick Tilton d. Sep 8 1883 ae 20y 11m
Sarah Estes d. May 23 1901 ae 57y
John A Estes b. Mar 28 1855 d. Mar 14 1923
Rev Augustus M Fowler b. Dec 21 1864 d. Feb 28 1956
Emma E Griffin h/w b. Oct 4 1865 d. Feb 1 1956
Risen to a holier state,
They bear us yet on their hearts.
James F Magee b. Nov 27 1884 d. Jun 17 1954
Beatrice Magee Locke b. Jul 14 1910 d. Apr 16 1989
Jesse Whitten Jr d. Dec 5 1854 ae 53y 9m
Dearest of all my earthy ties,
Removed to dwell above the skies,
United with saints above,
Safe in the realms of peace and love.
In heaven thou art free from pain and woe,
Like that you suffered here below.
Left tho' I am, my loss to mourn,
Asunder tho' my heart is torn.
Stephen Whitten d. Jan 20 1819 ae 30y 3m
Eunice h/w d. Jun 15 1868 ae 80y 10m
Eliza A t/d d. May 2 1865 ae 51y 11m 11d
I long to go.
Jesse Whitten d. Oct 17 1857 ae 91y 7m
Blessed are the dead that die in the Lord.
Hannah h/w d. Nov 23 1849 ae 81y 9m
The tear of affliction can ne'er call her back,
The fond hearts dejection its yearning may lack;
She sleeps her last sleep, but our loss is her gain,
Then friends do not weep, for she riseth again.
Mary F Whitten d. Oct 25 1832 ae 18m 25d
Infant son (Whitten) d. Jun 10 1837
both children of Jesse Jr & Betsey D Whitten

Minnie Jane d/o Martin B & Mary Jane Whitten d.
   Apr 11 1865 ae 9m
   A bud plucked by God to bloom in heaven.
Theodore J Sturgis Massachusetts Horseshoer 301
   Fld Arty WW I b. May 29 1891 d. Dec 29 1969
Edith Sturgis b. Jul 16 1891 d. Nov 24 1961
Stanley Weber Annable b. Sep 28 1889 d. Jan 18
   1961
Beatrice May Griffiths Annable h/w Sep 6 1908
At Stairs
   *Everlasting tribute to the men and women who
   served in the armed forces of the USA in all
   wars whom we know are buried here in unmarked
   graves Erected American Legion 1967*
Edith W Marden 1892 - 1975
Leon Marden 1886 - 1971
Maggie May only d/o Rev G D & H C Garland d. Aug
   8 1891 ae 6 y 8 m 8 d
   *Fare you well for awhile ---- star of our
   home.*
Stanley L Garland 1917 -
Edith M Garland 1918 -
Charles L 1950 -
Willard C Sargent 1909 -
Eunice B Sargent 1909 -
Joyce E Sargent 1931 - 1933
Alfred E Lucas b. Mar 17 1857 d. Dec 15 1932
Harriette M Lucas h/w b. Jul 22 1875 d. Mar 21
   1965
Edwin A Lucas s/o Carroll & Flora b. Aug 4 1927
   d. Jan 22 1949
Carroll F Lucas b. Oct 10 1897 d. Oct 10 1963
Flora E Charron h/w b. Dec 9 1899 d. Jan 18 1991
Charles I Lucas b. Jan 15 1900 d. Jun 7 1961
Annie W Littlefield h/w b. Aug 21 1893 d. Jul 13
   1980
Harold E Palmer b. Dec 31 1893 d. Dec 21 1973
Blanche L Palmer Feb 14 1894 -
Richard W McCoy b. Mar 5 1924 d. May 13 1980
Merlyne L McCoy h/w Jan 2 1927 -
Howard O Johnson 1910 - 1947
Albert M Jackson 1892 - 1932
Herbert Farwell Bullock 1878 - 1932
Thurza Jackson Bullock 1879 - 1973

PINEHILL

Perley E Young 1868 - 1936
Lillian A Young 1868 - 1930
Homer W Young 1903 - 1924
Ruth Maltby Young h/w 1908 - 1937
Carl L Young 1897 - 1954
Beatrice L Young 1895 - 1965
Lloyd W Young 1908 - 1945 120th Inf Reg 30th Div
  9th Army killed in action in Germany at rest
  in Holland
Daniel F Whitten DMD 1843 - 1891
Katherine H Tuttle h/w 1841 - 1907
Daniel Whitten 1805 - 1872
Sarah Dore h/w 1811 - 1869
Hannah A Whitten w/o Charles W Baker 1798 - 1874
Charles B Whitten 1833 - 1861
Charles E Kimball b. Nov 2 1856
Lydia R h/w d. May 26 1893 ae 35y 9m
Lena E h/w b. Dec 28 1849 d. Feb 12 1927
Allen E Kimball d. Aug 6 1889 ae 1y 6m 21d
Ernest Kimball d. Jul 25 1893 ae 3m
  both children of C E & L R Kimball
George E Libbey b. Dec 25 1861 d. Feb 7 1933
John A Libbey b. Jun 16 1811 d. Sep 4 1886
Hannah S Libbey b. Aug 29 1840 d. Apr 28 1908
Mabel C Libbey b. Oct 13 1872 d. Mar 30 1960
Charles L Warren son 1890 - 1891
Charles H Warren 1847 - 1906
Anna Libbey wife 1865 - 1949
Herman Leavitt b. Jun 16 1867 d. Jul 12 1916
Bertha L Wiggin h/w b. Oct 31 1877 d. Oct 10
  1961
Miriam Leavitt b. Dec 17 1910 d. Apr 18 1981
James E Goodwin 1881 - 1922
Esther M Goodwin 1884 - 1941
Cora A Frohock 1871 - 1945
Carrie E Sanborn 1869 - 1935
Walter F Pickering b. Nov 15 1860 d. Jan 13 1938
Lillian E Earle h/w b. Oct 19 1863 d. Apr 6 1952
Howard W Pickering t/s d. Dec 31 1909 ae 18y 10m
  3d
Fred E Pickering Massachusetts S2 USNRF WW I
  Aug 15 1888 - Oct 9 1948
Herbert B Tibbetts 1866 - 1939
Ada Smith h/w 1870 - 1960

Alvah Herbert Tibbetts t/s 1892 - 1970
David A Tibbetts 1952 - 1976
Benjamin F Parker 1817 - 1900
Harriet B (Whitten) Parker h/w 1831 - 1913
Sarah E Parker 1852 - 1867
Harriet E Parker 1854 - 1905
Charles W Parker 1859 - 1861
Hoyt H Tucker 1860 - 1917
h/w Wilette M (Parker) Tucker 1866 - 1912
Abbie B Parker 1861 - 1945
Bert W Parker 1871 - 1955
Grace M Parker 1876 - 1951
Isaiah K Drew b. Feb 15 1835 d. May 9 1924
Mary F Drew b. Jun 24 1835 d. May 6 1895
Jennie C Drew b. Mar 11 1836 d. Jan 10 1911
Children of Isaiah K & Mary F Drew:
  George H Drew
  Arthur Drew
Albert Paris a member of Co G 3rd Regt NH Vol d. at Wolfeboro Sep 9 1864 ae 25y 6m GAR Post #61 marker
Louis Martin Paris d. Jan 12 1879 ae 66y 9m 23d
She died as she lived - a christian.
Cumins Paris b. Sep 14 1810 d. Jul 4 1898
Eliza Paris b. Nov 4 1817 d. Oct 22 1898
For we know that if our earthly house of this tabernacle were dissolved we have a building of God, an house not made with hands, eternal in heaven.
John M Paris t/s d. Feb 21 1871 ae 21y 1m
He has left this world to live with his Savior.
Daniel P Paris t/s d. Jun 6 1870 ae 22y 2m
He has left for a far better world where it is all love.
Susan E d/o Joseph & Luranah Y Johnson d. Jul 16 1857 ae 15y 7m 9d
But though this early called to die,
To leave this world of pain;
We feel that she is placed on high,
A glorious crown to wear.
Capt Joseph Johnson d. Sep 25 1850 ae 45y
He being dead yet speaketh
Carrie F Peavey b. Nov 26 1838 d. Dec 5 1915

PINEHILL 117

Joseph W Johnson b. Sep 29 1834 d. Oct 26 1931
   Co L 1st NH Heavy Artillery Civil War Vet.
Sophia J h/w b. Aug 18 1836 d. May 29 1916
Ernest L Roberge 1908 - 1967
Cleora C Roberge h/w 1916 -
Lorenzo Horne b. Aug 15 1822 d. Dec 26 1899
Jemina J (Stackpole) Horne h/w b. Jan 10 1831 d. Jan 3 1892
Charles E Stackpole d. Nov 20 1904 ae 76y
Charles Stackpole d. Jun 21 1878 ae 79y 5m 5d
   Asleep in Jesus, resting in hope
   Of eternal life by a resurrection from
   the dead at the coming of the Lord.
Mary H (Cook) Stackpole h/w d. Jan 19 1895 ae 85y 10m 26d
Dana W Horne b. May 11 1862 d. Mar 9 1933
Estella F Horne b. Jul 8 1859 d. Jun 19 1910
Charles L Horne b. May 12 1856 d. Jan 20 1935
Annie L Horne b. Apr 17 1866 d. Dec 10 1955
Roland E Patnode 1913 -
Dorothy H Patnode 1918 -
Wilbur F York 1889 - 1933
Frank Taylor 1908 - 1983
Ida Whittier Moody 1896 - 1965
James G Whittier b. Jan 23 1892 d. Aug 15 1955
   New Hampshire Pvt CoB 320 Machine Gun Bn WW I
Freeman Chamberlain 1809 - 1865
Matilda S Chamberlain h/w 1819 - 1897
Nellie M Chamberlain 1839 - 1897
Frank W Chamberlain 1855 - 1865
Frank E Hersey 1862 - 1926
Marie C Hersey 1862 - 1926
Carrie Weymouth Given w/o Rev Lincoln Given b. Jun 26 1846 d. Nov 26 1927
Lieut. Arthur Given b. Sep 1 1875 d. Feb 14 1920
Alice Given Young b. Dec 14 1878 d. Jun 23 1958
George B Horne b. Oct 26 1832 d. Nov 15 1906
Harriet Pray Horne h/w b. Jul 1 1826 d. Aug 25 1920
Asa A Webb b. May 29 1854 d. Feb 3 1919
Lizzie Webb h/w Mar 24 1862 -
Nellie E Kimball b. Aug 31 1866 d. Apr 10 1919
William F Kimball Aug 17 1865 -
Chester A Hayes 1859 - 1937

Carrie B Hayes h/w 1867 - 1939
Arthur J Hayes 1881 - 1917
Estella M Hayes 1889 - 1897
Lena B Hayes 1890 - 1904
Addie B Hayes 1892 - 1962
Lottie H Drew 1884 - 1919
Ernest H Swift b. Oct 10 1894 d. Apr 14 1986 Sea USN WW I
Cecile M Swift h/w 1896 - 1983
Alice E Rhines b. Jul 27 1900 d. Jul 25 1927
Mary P Willey b. Sep 10 1886 d. Dec 30 1938
Edgar W Marden b. May 9 1893 d. Jan 6 1920
Emma F Marden d. Sep 17 1842 ae 77y 4m 30d
William J Marden d. Oct 8 1903 ae 45y 5m 22d
Albert W Harriman b. Jun 27 1860 d. Jun 4 1909
Nellie A Harriman h/w b. Sep 10 1862 d. Jul 18 1918
Harry A Harriman b. Aug 16 1896 d. Jul 17 1918 kia at Bouresches
Rev George M Cheney 1860 - 1936
Rev Ella F Cheney 1874 - 1963
Edna Y Cheney d. Dec 20 1983 w/o John G Cheney
George F Mathes 1856 - 1934
Fannie A Mathes 1853 - 1932
Charles A Mathes 1876 - 1935
Charles H Parker 1819 - 1884
Sophia B Parker 1829 - 1906
Fred W Prindle 1854 - 1937
Abbie M Prindle 1851 - 1926
Benjamin s/o Luther D & Naomi L Stevens d. Sep 11 1864 ae 27y
Emma L d/o Luther D & Naomi L Stevens d. Dec 21 1864 ae 17y
Lawrence O Safford 1888 - 1967
Lillian M Merritt 1869 - 1955
Wilma M Dow 1914 - 1976
Harry E Dow 1890 - 1965
Scott F Benson Feb 22 1945 - May 29 1972 New Hampshire SSgt US Air Force Vietnam
Robert K Benson 1950 - 1968
Peter F Decoste 1906 - 1961
Mildred J Decoste 1900 - 1973
Doris Lynn 1913 - 1968

Arthur W Ricker 1909 - 1974 Pvt US Army
Virginia H Ricker 1923 - 1976
Bernard W Pineo Jr 1912 - 1978
Gwendolyn E Pineo 1915 -
Ruth E Shea 1931 - 1974
Harvey W Gouin 1913 - 1976
Clarence I Biehl 1909 - 1975
Winfield J Libby Jr 1967 - 1967
Mary E MacDaniel May 13 1865 - Aug 25 1929
Richard N Massey Aug 18 1927 - Mar 14 1972 New Hampshire S1 USNR WW II
David Paul Massey 1955 - 1961
William H Massey 1883 - 1954
Barbara Y Massey 1893 - 1957
Lyford E Bickford 1918 - 1972
Leon W Bickford 1911 - 1973
Alonzo H Bickford 1882 - 1937
Ida E Bickford 1890 - 1964
Alice Sawyer 1893 - 1954
Burley Sawyer 1879 - 1960
Joseph R Corson 1910 - 1969
Edna M Elliott Corson h/w 1911 -
Charles E Corson 1863 - 1947
Ethel M Chick h/w 1877 - 1946
Edwin V Moody 1899 - 1965
Bernice E Moody 1902 -
Lyman Harold Gray Apr 19 1896 - Feb 14 1954 New Hampshire Pvt CO E 103 Infantry WW I
Frank Gray 1870 - 1949
Asa M Flanders d. Sep 19 1926
Herman F Glidden 1876 - 1952
Myrtle M Glidden d/o Asa M Flanders d. Feb 5 1920
Fred Lester Thompson 1884 - 1918
Jeanette Thompson Horne 1886 - 1965
George H Brown b. Aug 10 1901 d. April 23 1953 New Hampshire Pfc Co H 103 Infantry WW I
Nellie Brown h/w b. Jun 20 1902 d. Aug 23 1980
Luther A MacBrien b. Sep 15 1911 d. Dec 7 1976
Hazel Ayer MacBrien h/w Jun 21 1911
John L Prindall 1873 - 1961
Martha M Prindall 1873 - 1948
Everett T Prindall 1859 - 1940
Laura Ida Prindall h/w 1865 - 1948

Mortimer O Corwine 1876 -
Emma D Corwine 1878 - 1944
James Kennefick d. Dec 17 1945
Thomas Simms b. Jan 14 1904 d. Jan 30 1917
George Close s/o Herbert & Blanche Close 1923 - 1933
Frank X Gouin b. Oct 8 1861 d. Jul 30 1947
Howard S Chick 1903 - 1973
Elizabeth E Chick 1900 - 1961
Baby Chick 1931 - 1931
Jennie Lynn Curtis 1969 - 1969
Edith A Philbrick b. Jun 11 1906 d. May 18 1978
Edna Thurston Philbrick 1862 - 1933
George L Philbrick b. Mar 1 1888 d. Feb 1 1968
  New Hampshire Pvt 301 Field Artillery W W I
Herbert J Chamberlain 1872 - 1936
Clara J Chamberlain 1877 - 1952
John H t/s Mar 8 1918
Thomas J Tibbetts b. Jun 6 1825 d. Jul 10 1887
Sarah E h/w b. May 21 1828 d. May 22 1918
Little angel infant d/o T J & Sarah E Tibbetts
Frank T Bunker b. Dec 18 1876
Alice M h/w b. Jun 12 1878 d. Feb 19 1918
Mary J Morgan 1885 - 1915
Joseph L Morgan 1875 - 1957
Ruth O Sweet 1923
Althena M Sweet 1905 - 1973
Walter E Sweet 1897 - 1943
Percy M Kenney 1898 - 1981 Pvt US Army WW I
Lillian M Kenney 1876 - 1953
George B Kenney 1874 - 1936
Sarah J Kenney 1867 - 1917
Wilbert A Freethy b. Apr 7 1892 d. Aug 20 1972
  New Hampshire Sgt COD 303 Mg Bn WW I
Lulu May Freethy d. Jun 16 1984 ae 87y
Henry J Moore 1873 - 1929
Elbina R Moore 1875 - 1940
Charles Henry s/o Henry J & Elbina R Moore b.
  Apr 3 1908 d. Sep 13 1914
Mary A Moore 1851 - 1926
Charles P Moore 1850 - 1932
Linley L Moore 1900 - 1971
Ruth P Moore 1907 - 1968
Katherine O Perry 1886 - 1958

PINEHILL 121

Joseph Garney 1858 - 1935
Charles H Canney 1854 - 1915
Ella L h/w 1882 - 1940
Herbert C Canney b. Oct 17 1879 d. Oct 30 1942
 Massachusetts Ensign USNR WW I
George P Sargent b. Feb 10 1853 d. Dec 22 1933
Amanda E h/w b. Feb 21 1853 d. Sep 5 1943
Clifford Sargent t/s b. Aug 26 1894 d. Mar 6 1919
George O Sargent b. May 23 1880 d. Dec 21 1972
Edith M h/w b. Dec 19 1882 d. Apr 18 1964
Frank H York b. Sep 18 1858 d. Aug 23 1921
Hattie E York h/w b. Jun 24 1858 d.Jun 26 1933
Charles Quincy York b. Sep 25 1880 d. Dec 21 1965
Edith Lucretia York b.Feb 8 1893 d. Apr 8 1962
Frank Dore 1896 - 1975
Harriet C Dore 1902 -
Howard W Dore s/o F & H B Dore d. Jul 15 1923 ae 2d
Richard A Dore Apr 27 1954
Frank E Corson 1869 - 1956
Effie L Corson h/w 1875 - 1929
Leon H Tutt b. May 16 1921 d. Dec 1 1950
 Massachusetts M Sgt US Army Korean BSM -Ph
Celia B Estes Tutt 1887 - 1926
Robert D Tutt 1907 - 1926
Herbert A Tutt 1909 - 1926
Bernard G D Tutt b. Mar 7 1885 d. Mar 21 1963
Mabel D Tutt b. Sep 13 1895 d. Jan 20 1976
Mary Floyd Marden May 6 1951
Henry P Floyd May 6 1959
Grace H Floyd 1886 - 1969
Willard F Lozon 1910 - 1977 Pfc US Army WW II
Fred C Libby 1860 - 1940
Qusta M Libby h/w 1863 - 1940
Tame Ohara of Japan d. Jul 13 1919 Post #61 GAR
 marker
Charles E Hamer 1880 - 1952
Harry C Wentworth 1868 - 1948
Annie Stockbridge h/w 1876 - 1950
Mary A Kimball 1890 - 1920
George H Kimball 1867 - 1918

Alonzo R Kimball 1853 - 1930
Florence B Johnson 1881 - 1953
Charles W Johnson 1885 - 1953
Baby girl Michaud 1977
Andrew C Jones 1886 - 1949
Mildred S Jones h/w 1891 - 1965
Irene I Jones t/d d. Jun 30 1932 ae 11y 9m 6d
 Irene is safe in the arms of Jesus
T/b/s b. Jun 7 1928 d.Jul 10 1928
Mary E t/d d. Jan 9 1926 ae 9y 1m 11d
Blanche L Glidden 1875 - 1942
Carleton Glidden 1902 - 1943
Marie Glidden 1897 - 1960
Malcolm K Virgue 1950 - 1972
Clifford L Glidden 1905 - 1954
Harry Glidden Jun 13 1885
Frances M Sanborn h/w b. Jul 18 1875 d. Jan 16 1933
H Leland Glidden t/s b. Apr 9 1913 d. Nov 19 1951

OLD SECTION
Albert Thompson b. Dec 17 1854 d. Sep 4 1935
Carrie E h/w b. Mar 1 1857 d. Feb 11 1918
Baby Lucinda d/o Oscar E & Ida B Tibbetts d. Aug 24 1886 ae 7m 9d
 Come papa, Come mama, be ready
Bert Eldridge b. May 12 1886 d. Mar 1969
Agnes L h/w b. Sep 5 1887 d. Sep 24 1935
John F Estes 1845 - 1913
Mary J Estes h/w 1857 - 1934
Alfred J Bodge d. Mar 16 1891 ae 57y 2m 27d
Mary E h/w d. Aug 14 1877 ae 80y 8m 2d
Andrew J t/s d. Sep 17 1877 ae 4m
T/i/c
Robert Estes d. May 11 1856 ae 48y 21d
Betsey h/w d. Mar 5 1892 ae 84y 10m 25d
Susan M t/d d. Apr 13 1845 ae 2y m
Elijah Estes d. Dec 17 1836 ae 58y
Martha w/o Elijah Estes d. Jul 7 ae 81y 25d
George W Deland d. Oct 16 1890 ae 39y
Abby A w/o J H Carpenter d. Feb 3 1875 ae 20y 3m 18d
John T G Shepard d. Dec 12 1880 ae 66y 3d

Dorcas Shepard d. Sep 2 1880 ae 73y 5m
Joseph H Shepard d. Sep 20 1853 ae 34y
Samuel P Shepard d. Apr 11 1847 ae 38y
Jonathan Shepard d. Oct 16 1844 ae 76y
Mary w/o Jonathan Shepard d. Nov 2 1850 ae 67y
Sarah F t/d d. Jan 13 1823 ae 7m
Susie A d/o Alfred J & Maria Bodge d. Dec 19 1891 ae 1y
Safe in the arms of Jesus
H Maria Chandler b. May 26 1858 d. Jun 10 1935
Joseph Brummitt b. Jul 18 1840 d. Jun 4 1925 GAR marker
Adaline F h/w b. Jan 8 1841 d. Sep 21 1919
Wm H H Bickford Mar 6 1850
Ida F h/w b. Jul 21 1856 d. Jan 25 1919
*She fell asleep in Jesus,
Which none ever wants to wake.*
Preston Allard 1877 - 1959
Emma Allard h/w 1909 - 1959
Roy L Towle b. Jan 30 1885 d. Aug 28 1924
Etta M Bodge h/w b. Jul 4 1885 d. Jan 1 1971
Andrew R Conrad b. Jul 8 1896 d. Mar 23 1969
Gladys Towle h/w Mar 26 1898 - 1989
Howard D Drown b. Apr 21 1886-
Eliza M Towle h/w b. Oct 9 1892 d. May 29 1960
David Cohen Jan 15 1906 -
Eunice Towle h/w b. Apr 11 1911 -
Thomas J Blaisdell d. Mar 8 1895 ae 87y
Ann P h/w d. Aug 8 1894 ae 84y 4 m
Sarah Lanman d/o Ann P Blaisdell d. Nov 27 1853 ae 5y 6m 13d
A bud plucked from earth to bloom in Heaven
Annie P adopted d/o Thomas J & Ann P Blaisdell d. Jul 15 1890 ae 20y 11m 11d
Ida E w/o Charles Z Garland d. Mar 19 1896 ae 37y 10m 4d
I/s/o Charles Z & Ida E Garland d. Jul 21 1895.
Guy Marden b. Feb 17 1891 d. May 30 1961 New Hampshire Pvt Co E 315 Ammo Train WW I
Ruby Kent Marden h/w b. Aug 5 1895 d. Jan 8 1986
Russell C Pinard SFC US Navy WW I b. Feb 1 1924 d. Nov 9 1991
Anita R Pinard 1925 -
Luetta A Brooks 1893 - 1958

Henry Lucas 1881 - 1959
John Sargent 1871 - 1919
Martha Susan Sargent b. Aug 20 1844 d. Jun 17 1906
Charles Edwin Sargent b. Sep 19 1842 d. Feb 7 1906
Roy E Varney 1887 - 1944
Mary S Varney 1882 - 1957
Grace S Clough 1885 - 1959
Irving E Clough 1880 - 1958
Charles H Davis
Florence B Davis 1880 - 1956
Nelson H Davis t/s 1903 - 1906
Carrie B Kenny 1863 - 1915
Franklin B Kenny 1857 - 1927
George A Davis b. Aug 7 1843 d. May 7 1931 Pvt 2 Mass Cavalry
Fred W Hodgdon 1869 - 1953
Martha G d/o Fred W Hodgdon 1900 - 1970
Levi Butterfield 1869 - 1947
Nellie I Butterfield 1873 -
Charles D Morgan b. May 2 1877 d. Aug 18 1935 Pvt I NH Inf Sp Am War
Lowell C Morgan TEC 5 US Army WWII 1921 -1989
Doris E Morgan 1904 - 1988
Eva R Davis Lugg 1889 - 1958 w/o John J Davis
John J Lugg 1889 -
Albion Chick b. Jun 27 1849 d. Mar 11 1898
Hattie Chick h/w b. Apr 6 1852 d. Jan 30 1873
Ruth E Chick Aug 16 1851 -
I/d/o A & R E Chick 1889 - 1889
Emma E d/o Albion & Hattie Chick b. Mar 16 1869 d. Mar 14 1885
George s/o Albion & Ruth Chick b. Oct 16 1875 d. Apr 16 1876
John B Waldron Co H 6th Regt NHV d. Feb 18 1897 ae 69y GAR Post #61 marker
Jennie w/o J B Waldron b. Jun 4 1852 d. Oct 13 1919
George Mills d. Jun 16 1873 ae 66y 3m
Andrew G Mills d. Sep 20 1877 ae 22y 10m
Emma F (Bauer) York h/w 1894 - 1975
Chester O Rines b. Jun 19 1890 d. Feb 6 1933
Clara Rines Glidden 1905 - 1958

PINEHILL

James L Clough 1882 - 1950
Daisy B Clough h/w 1887 - 1945
Grace G Clough dau 1913 - 1925
Fred Clough 1918 - 1981 US Navy WW II
Mary Clough h/w 1920 -
Irma M Clough 1929 -
Richard A Clough 1927 - 1984
Carroll F Clough 1916 - 1987
Audrey A Maguire 1887 - 1937
Perley Kenney s/o Elijah & Clara Kenney b. Mar 28 1882 d. Jun 4 1885
Ephraim H Bradley b. Feb 26 1831 d. Jun 12 1909
Clarissa A h/w b. Aug 27 1834 d. Sep 27 1914
Willard Fogg 1905 -
Eileen Z Fogg 1911 - 1975
Leonard W Sweezy 1912 - 1950
Nancy Lee Fogg 1935 - 1945
Karen Jo Massey 1954 - 1957
Paul A Mack b. Jan 28 1936 d. Jan 29 1936
Maurice Jewell Mack NH Pvt US Army WW II b. Sep 20 1911 d. Nov 16 1969
Eli Davis New Hampshire 303 Field Arty 76 Div WW I Oct 4 1894 - Feb 4 1943
Henry A Elliott 1865 - 1937
Lizzie B Elliott h/w 1878 - 1941
Henry A Elliott 1905 -
Agnes I Elliott 1917 - 1972
Shirley Lee Elliott b. Aug 17 1962 d. Dec 21 1966
Ruby M Chellis 1913 - 1967
Walter A Chellis 1900 -
Edward Budroe 1884 - 1973
Sadie G Budroe 1900 - 1955
Lucian D Rogers 1891 - 1983
Edith C Rogers 1894 - 1959
Walter A Melanson 1895 - 1975
Stella Melanson 1897 - 1977
Merrill B Rolfe b. Jul 12 1902 d. Jan 8 1972
Hazel B Rolfe Jun 26 1903 -
(Champaigne/ Smith stone)
Our baby Nancy Rose 1945 - 1946
Warren A Smith Pfc US Army WW II 1912 - 1977
Marjorie A Edgerly 1905-
Ronald P Edgerly 1913 - 1982

Father Edgerly 1866 - 1953
Mother Edgerly 1877 - 1941
Robert Edgerly 1910 -1912
John Jack Hennessie Maj US Army WW I & II 1898 - 1982
Herbert A Abbott 1878 - 1956
Catherine M Abbott 1876 - 1951
Infant sons of Herbert A & Catherine Abbott
Blake A Abbott 1864 - 1946
Martha D Abbott 1828 - 1922
Martha L Abbott 1903 -1983
Arthur M Day 1861 - 1938
Alice M Day 1878 - 1918
Grace H Roberts b. Jan 22 1895 d. Jul 3 1953
Harry A s/o G R & Grace H Roberts d. Jun 6 1912 ae 4m 9d
Leonard W Berry 1902 - 1963
Margaret J Berry 1921 -
Ellen W Sceggel Fogg b. Sep 2 1899 d. Oct 5 1982
Austin F Fogg Pvt US Army 1895 - 1974
Leslie M Chamberlain Pfc US Army WW I 1890 - 1976
Newell H Bickford 1912 - 1965
William H Brown 1882 - 1958
Mabel R Brown 1879 - 1961
Betsey Birdsted d. Nov 11 1887 ae 93y 10m
 Sweetly resting in Jesus
Joseph Wheeler d. Jul 1 1863 ae 68y 9m
 We miss thee from our home, dear father;
 We miss thee from thy place.
 A shadow o'er our life is cast;
 We miss the sunshine of thy face.
Louisa relict of Joseph Wheeler and w/o Samuel P Abbott d. Aug 23 1892 ae 85y 5m
 My dearest friends as you pass by,
 As you are now so once was I;
 As I am now so you will be,
 Prepare for death and follow me.
John A Smith d. Dec 10 1929 ae 91y 10m 13d
 I believe in one God and no more. GAR marker
Mary E h/w d. Apr 10 1909 ae 65y 11m 10d
George A Smith 1866 - 1954
Ida L Smith 1873 - 1939

PINEHILL

Mary L t/d d. Nov 21 1894 ae 3y 1m
Floyd M Smith 1909 - 1938
Madeline P Clough 1920 -
Trevor James Clough Aug 10 1977
Sarah E w/o Samuel D Hasley d. May 1 1889 ae 65y 6m 1d
Frank Nichols 1880 - 1933
Bertha M Nichols h/w 1873 -
Jones Marden 1830 -1918 GAR marker
Lucinda Marden h/w 1837 - 1912
Martha E Hayes t/d 1859 - 1882
Abbie w/o Levant Horn d. Apr 12 1890 ae 26y
Baby Freddie R s/o Levant & Abbie Horne ae 8m 28d
Bessie D Libbey 1857 - 1909
Edward J Libbey 1856 - 1913
Charles W Dore b. Jul 11 1846 d. May 12 1901
Sarah A (Hoyt) Dore h/w b. Jan 28 1845 d. --
Free from sin and sorrow
Jacob J Hammond d. Sep 18 1904 ae 58y GAR marker
Maria A Sanborn Hammond h/w
William Hoyt d. Jun 16 1888 ae 69y 7m 14d
A precious one from us has gone,
A voice we loved is stilled.
A place is vacant in our home,
Which never can be filled.
Margaret Corson Hoyt h/w d. Sep 30 1904 ae 79y 6m 6d
James H Hoyt d. Jun 1 1895 ae 43y 6m 8d
Rest brother, rest in quiet sleep,
While we in sorrow o'er thee weep.
Mary E Hoyt d. Sep 26 1899 ae 53y 1m 23d
Her happy soul has winged its way,
To one pure bright eternal day.
Charles W Bryant 1876 - 1957
Charles Bryant b. Apr 20 1849 d. Apr 21 1925
Julia E Bryant b. Jan 26 1848 d. Dec 9 1935
Charles M Lord b. Apr 16 1848 d. Sep 25 1909
Susan A Lord b. Apr 23 1848 d. Oct 10 1915
Ebenezer Corson d. Sep 1 1886 ae 86y 1m 25d
Betsey E h/w d. Jan 22 1896 ae 86y 10m 14d
Abigail t/d d. Feb 9 1892 ae 65y
Byron J Heald 1911 -

Marion E Heald h/w 1895 - 1972
Osborne Hersey Abbott 1884 - 1983
Lena C Abbott h/w 1887 - 1927
Thomas F Canney 1841 - 1911
Anna I Canney h/w 1844 - 1941
Bertie Canney t/s 1870 - 1876
Infant dau Canney 1884
Blanche C Cotton t/d 1873 - 1960
George W Warren d. Sep 6 1907 ae 64y 3m 7d
Susan E Warren h/w d. Sep 14 1914 ae 65y 4m 11d
Ida M Warren t/d d. Dec 11 1869 ae 5y 11m 11d
Walter E Warren d. Sep 17 1941 ae 58y 1m 26d
Lizzie A Warren h/w d. Dec 17 1929 ae 45y 10m 28d
Martin A Libbey b. Nov 13 1840 d. Feb 16 1924
Mattie E Libbey h/w b. Jan 9 1847 d. Sep 10 1937
Freeman Wilkins 1836 - 1911
Mercie M Libbey h/w 1842 - 1895
George W Libbey b. Aug 16 1808 d. Mar 16 1891
Ruth W Shorey h/w b. Mar 6 1812 d. Jul 19 1880
Frank G t/s d. Mar 20 1869 ae 16y 3m 16d
Mark A Libbey t/s d. May 26 1842 ae 3y 6m 2d
James Libbey t/s d. Feb 19 1847 ae 2y 6m 22d
Capt Jasper H Warren 1831 - 1912
Helen M Libbey Warren h/w 1849 - 1916
Olive A Perkins Warren h/w 1831 - 1867
Nellie Warren 1872 - 1872
Frank Leon Warren 1878 - 1900
Jasper Harold Warren 1875 - 1920
Betsey Warren 1804 - 1872
Frank S Parker 1857 - 1938
Annie I Warren Parker 1859 - 1942
Everett H Remick d. Aug 28 1854 ae 3 y
Etta Remick w/o Rev J Frank Locke d. Jan 26 1874 ae 25y
  Precious Jesus
Alice (Remick) our baby d. Sep 9 1874 ae 13m
Charles Remick b. May 12 1815 d. Jul 2 1890
Elizabeth Huggins h/w b. May 31 1818 d. Dec 29 1886
Everett Remick t/s b. Mar 8 1857 d. Jul 30 1885
  It is all right
Adelia Remick w/o Wm B Hodge d. Nov 10 1866 ae 24y

PINEHILL

Jefferson C Lovering 1894 - 1960
Christine J Lovering 1892 - 1971
Bert D Corson 1877 - 1940
Jennie S Corson 1886 - 1936
Fred M Corson 1914 - 1935
John W Corson 1918 - 1981
Richard A Corson 1915 -
Lelia E Corson 1918 - 1973
Richard H Corson 1940 - 1942
Charles F Gould Oct 3 1881-
Emma Speare Gould h/w Sep 28 1880-
Herbert Gould t/s b. Jan 27 1908 d. Jan 30 1908
Elizabeth E Langdale b. Apr 7 1863 d. Apr 1 1943
Alice M Rines b. Dec 6 1865 d. Jun 3 1947
Elbridge G Rines b. Apr 30 1892 d. Oct 6 1918
Melvina w/o George H Graham d. Nov 13 1908 ae
   49y 7m 6d
George H Graham d. May 16 1940 ae 87y 1m 28d
Charles Samuel Paris 1842 - 1924 Corp Co G 1st
   NH Heavy Artillery
Susan Amanda Cook Paris h/w 1841 - 1932
William Cook Paris b. Sep 7 1880 d. Sep 21 1954
Grace Marion Reynolds Paris h/w b. Oct 4 1884 d.
   Jan 16 1965
Daniel C Paris b. May 21 1874 d. Jun 7 1953
Lulu W Dudley Paris 1876 - 1959
Dudley Charles s/o Daniel C & Lulu W Paris b.
   Jul 1 1904 d. Mar 6 1911
Mae T Dudley b. Dec 25 1878 d. Jun 14 1905
Mary A Dudley b. Jul 26 1844 d. Jan 30 1928
Charles D Paris   1911 - 1973
Dorothy Niblett Paris h/w 1915 -
Kathleen d/o David & Cora Rogers   1947 - 1971
Oscar G Clark Jr New Hampshire Pvt US Army WW II
   b. Dec 2 1910 d. Apr 27 1974
H E Bunce 1910 - 1960
M V Bunce 1902 - 1961
Chad Owen Gerrish 1971 - 1971
Sadie May d/o Lewis & Ethel Herbert d. May 29
   1908 ae 4m 3d
Lewis C Herbert 1865 - 1962
Paul J Bergeron 1925 -
Therese F Bergeron 1925 -
Lillian M Bergeron 1902 -

John S Varney Co D 2nd NH Vol d. Jun 27 1896 ae 62 y GAR Post #61 marker.
Asleep in Jesus
Nancy D Varney w/o John S Varney 1833 - 1925
Charles C Varney 1867 - 1943
Ida B Varney h/w 1871 - 1965
James H Wakeham 13th Reg N H Vol d. Sep 5 1863 ae 32y 3m GAR Post #61 marker
Lydia F Wakeham h/w & w/o J S Varney d. Mar 20 1870 ae 39y
John H s/o J H & L F Wakeham d. Jun 2 1883 ae 28y 3m
George S s/o John S & Lydia F Varney d. Apr 9 1870 ae 9m 21d
Edwin C s/o Alonzo D Knox d. Jun 5 1882 ae 23y 9m
George Wentworth d. Dec 30 1887 ae 84y
Asleep in Jesus, Blessed sleep.
Eliza A h/w d. Jan 12 1899 ae 87y 2 m 27d
Waiting for Jesus
Charles B Wentworth d. Jun 3 1901 ae 58y 10m 10d
John Anthony Thorn 1889 - 1974
Vernie Roberts Thorn h/w 1889 - 1964
Fred G Lang 1892 - 1943
Viola Johnson 1867 - 1938
Phineas Johnson d. Dec 18 1887 ae 59y 1m 9d
No winter there, no shades of night,
Where in the happy fields of light,
Dear father is at rest.
Ursula J Johnson h/w d. Sep 22 1895 ae 56y 7m 15d
She was a kind and affectionate wife,
a fond mother and friend to all.
Harry Roberts 1861 - 1939
Susie L Johnson h/w 1858 - 1930
Alta May t/d d. Sep 20 1893 ae 4m 22d
Aura E Roberts t/s 1897 - 1956
Grace Roberts (Hawkins) wife 1887 - 1977
Chester Erskine 1879 - 1967
Izette J Locke d. Mar 31 1903 ae 79y 9m 18d
Samuel C Johnson d. Aug 29 1886 ae 64y 11m
A precious one from us has gone;
A voice we loved is stilled;
A place is vacant in our home,

That never can be filled.
Mary h/w d. Feb 11 1894 ae 64y 11m 11d
  What makes you weep?
  I am so happy in Jesus!
Moses A Sargent d. Mar 8 1886 ae 36y 5d
Francena M h/w d. Apr 27 1930 ae 82y 11m 11d
Alberta C Davis t/d d. May 29 1905 ae 36y 2m 1d
Herman B Chick Jr 1938 - 1979
George B Chick 1881 - 1960
Elsie L (Chick) h/w 1880 - 1968
Walter Cecil Foss 1915 - 1981 Tech US Army WW II
Margaret B Foss May 6 1926
George A Marena 1880 - 1940
Hanna S Marena h/w 1879 - 1940
Paul E Snow 1917 - 1970
Leando Shannon 1885 - 1941
Gladys Shannon 1890 - 1949
Freeman Shannon 1918 - 1938
Rita Shannon 1925 - 1979
George D Kimball 1867 - 1943
Grace N Eaton Kimball h/w 1868 - 1930
Maurice P Bennett 1883 - 1979
A Dana Emery 1869 - 1942
Ina M Emery h/w 1883 - 1936
Hazel Emery Hitchcock 1905 - 1969
Violet Emery Foss 1908 - 1975
Shirley Wentworth 1892 - 1965
Edgar W Glidden 1888 - 1949
Bertha U Chick h/w 1886 - 1934
Bernice Emma Glidden t/d 1903 - 1906
Luella B Glidden h/w 1914 - 1957
Edna Clough 1880 - 1933
Bert Clough 1875 - 1946
Louise C Philbrick 1907 - 1974
Katherine M Clough wife 1916 -
Everett Clough 1910 - 1972
Maude M Sanborn b. Dec 12 1878 d. Sep 6 1919
Bertha E Wendell Jun 23 1875
Herman S Sanborn Jul 29 1921 N H Pvt 1 Field
  Art.
Guy R Sanborn b. Jan 23 1897 d. Aug 13 1956 New
  Hampshire Bn Sgt US Dspln Bks CD WW I
Rodney Chick b. Jun 17 1855 d. Jan 16 1933
Mary B h/w d. Dec 13 1900 ae 41y 1m 17d

Mary F h/w b. Aug 12 1865 d. Dec 20 1954
Bernice M d/o Rodney & Mary F Chick d. Mar 21 1905 ae 8m 25d
Charles Chick b. Aug 26 1868 d. Dec 22 1898
Gertie C Glidden 1899 - 1983
Arthur M Glidden 1888 -
Harlan B Kelley b. Aug 2 1897 d. Oct 9 1951 New Hampshire Pvt 66th Artillery WW I
William W Berry d. Aug 12 1914 ae 67y 9m 7d Co I 191 Reg Penn Inf GAR Post #61 marker
Lizzie Drew w/o William W Berry d. Nov 18 1932 ae 85y 3m 2d
Charles H Drew b. May 30 1868 d. Sep 8 1957
John J Johnson d. Dec 12 1877 ae 43y
Helen M Teare 1883 - 1972
Charles A Teare 1897 - 1975
Esther D Teare wife 1905 -
Benjamin F Garland 1813 - 1891
Mary H Garland h/w 1810 - 1888
Mary C Garland w/o Alex H Durgin 1847 - 1882
Charles Hodgdon Jan 20 1840
Helen B Garland h/w b. Mar 12 1838 d. Jul 2 1926
Mary Hodgdon w/o Capt Harry R King US Army b. Jul 19 1870 d. Nov 30 1943
Zemendor Garland b. Mar 31 1840 d. Apr 25 1926
Georgie h/w b. Jul 19 1885 d. Jul 3 1917
Sidney M Garland 1842 - 1922
Jennie M h/w 1847 - 1922
Alta May Garland t/d 1868 - 1889
Lulu Maria Garland t/d 1875 - 1890
Carrie M Garland 1870 - 1925
Leonard D Stackpole b. Sep 24 1895 d. Sep 15 1953 NH Y I USNRF WW I
Rose M Barnard w/o E J Morrill b. Nov 17 1873 d. Oct 30 1907
Clyde Morrill s/o E J & R M Morrill b. Mar 13 1894 d. Apr 6 1908
Morrill Barnard d. Mar 8 1884 ae 73y 10m 8d
 The battle fought, the victory won.
 Enter thy Master's joy.
Mary J h/w d. Jul 21 1904 ae 84y 4m 27d
 The righteous shall be glad in the Lord
Sherburn M Barnard d. May 25 1889 ae 51y 11m

PINEHILL

Priscilla M h/w d. Oct 14 1892 ae 52y 4m
   *She faltered by the wayside and the angels
   came to take her home*
Addie F Curtis Moore 1895 -
Eldred E Moore 1895 - 1967
Gloria E Moore h/w 1928 -
David L Bennett 1911 -
Charles H Tutt 1850 -
Louise M Tutt 1853 - 1920 ae 67y 1m 4d
Anna R Bennett b. Jun 11 1845 d. Feb 27 1918
David E Bennett b. Jun 20 1849 d. Feb 24 1909
   *The Lord is nigh unto us all them that call
   upon Him, To all that call upon him in truth.*
Maria B w/o Edward D Farnham d. Jun 24 1870 ae 21y 8m
Sophia W w/o Frank H Young d. Jan 12 1922 ae 71y 3m 7d
James Estes d. Aug 29 1879 ae 66y 7m 9d
   *He died as he lived an honest, upright,
   candid, worthy man*
Louisa W h/w d. May 23 1884 ae 70y 9m 13d
   She hath done what she could
Infant born of James & Louisa W Estes Jun 1844
William F Johnson 1838 - 1917
Margaret A h/w 1837 - 1885
George F s/o W F Johnson 1858 - 1877
Sally Peavey 1805 - 1890
James D Davenport 1922 -
Louise C Davenport 1922 -
Joshua Stackpole 1814 - 1884
Mary A h/w 1824 - 1903
Lavina Ann t/d 1857 - 1865
Burleigh t/s 1864 - 1870
Mary Abbie Mills t/d. 1851 - 1881
Albert L Stackpole 1861 - 1938
Carrie B h/w 1864 - 1960
John O Stackpole 1850 - 1917
Hannah M Henshaw 1837 - 1880
Pamela Jean Clark 1957 - 1962
Richard S Clark 1927 -
Marguerite Clark 1927 -
Donald G Clark 1959 - 1983
Walter L Ray 1897 - 1967

Harry E s/o George W & Annie A Ray d. Aug 28
  1899 ae 9y 4m
Hattie A d/o George W & Annie A Ray d. Feb 28
  1889
Charles I Leavitt 1854 - 1933
His wives: Clara A Bradley 1855 - 1894
          Mary L Canney 1866 - 1924
Frank L Adjutant b. Apr 30 1861 d. Oct 17 1939
Everlyne E Adjutant h/w b. Feb 23 1858 d Apr 25
  1926
Adra Adjutant Plummer b. Oct 6 1886 d. Oct 14
  1953
Wilbur S Adjutant b. Aug 8 1884 d. Sep 30 1941
Frank H Plummer b. Jan 30 1914 d. Apr 12 1970
Ernestine C Adjutant 1917 - 1943
E Mae w/o F Clifford Wilkinson 1905 - 1935
Fannie Fernald w/o Fred W Hodgdon b. Jan 31 1869
  d. Feb 23 1937
Frank C Wilkinson 1908 - 1988
Eva B Wilkinson h/w 1902 -
Samuel Niblett b. Apr 19 1874 d. Oct 25 1949
Margaret M Glynn h/w b. Sep 28 1890 d. Jun 23
  1971
Mary N Moynihan b. Oct 11 1853 d. Dec 14 1933
Francis H Niblett Jan 20 1914
Robertine B Levesque h/w b. Nov 4 1913 d. Feb 3
  1970
David Allen Niblett b. May 24 1947 d. Jun 14
  1964 s/o Samuel Jr and Margery Niblett
Charles L Niblett II b. Jul 19 1966 d. Mar 9
  1972 s/o Charles L & Tiffany E Niblett
Thomas L Grady b. Dec 11 1902 d. Oct 24 1945
Hazel M Brooks h/w b. Jan 25 1920 d. Jul 18 1962
Patrick E Grady Jul 21 1945
Clarence H Rines b. Dec 24 1886 d. Nov 23 1967
Jesse R Rines b. May 8 1895 d. Jun 3 1968
Howard O Grant 1902 - 1939
Carolyn M Grant 1895 - 19--

Old Section corner of Pine Hill & Beech Pond Rd
I/s/o Daniel H & Julia S Deland d. Feb 25 1863
  ae 22d
Alonzo Kimball b. Dec 27 1858 d. Dec 6 1929
Mary Jane h/w b. Dec 16 1869 d. Oct 16 1926

Robert Wiggin d. Nov 9 1886 ae 85y 11m 23d
  Dying is but going home.
Dolly C h/w d. Apr 16 1871 ae 73y
Mary E h/w d. Mar 4 1913 ae 69y 22d
Thomas Young 1840 - 1919
Maria Young 1848 - 1919
Dana Young 1871 - 1874
Lester Young 1879 - 1885
Harry Young 1889 - 1891
Mabel C Young 1873 - 1956
R Adelaide Young 1876 - 1974
Melvin J Young 1854 - 1891
Nancy Trenholm beloved w/o Aaron F Chase d. Nov 19 1896 ae 72y 5m 21d
  I have suffered.
Frederick B T Leavitt d. Oct 29 1884 ae 68y 11m 13d
Mary h/w d. May 7 1887 ae 71y 11m 23d
Marla E Leavitt w/o Hezekial B Stuart d. Dec 28 1873 ae 35y 3m
George W Leavitt 1850 -1919
Samuel Leavitt b. Sep 14 1841 d. Nov 2 1912
Lucy Leavitt b. Oct 23 1841 d. Dec 28 1907
Samuel C Jackson d. Jul 9 1873 ae 59y
Lydia J Jackson h/w d. Jun 21 1891 ae 76y
Solomon Jackson d. May 18 1862 ae 76y
Betsey M h/w d. Jul 9 1832 ae 39y 5m
John A Jackson b. Aug 28 1847 d. Jun 25 1920
Margaret h/w b. May 27 1845 d. Mar 3 1933
Jackson Hoyt b. Oct 18 1887 d. Dec 25 1930
Margaret M h/w Aug 3 1890 - Sep 28 1967
Clark W Collins b. Aug 20 1829 d. Mar 18 1909
Eliza F Parker h/w b. Jul 30 1826 d. Jan 4 1919
Asa D s/o Asa & Eliza T Perkins b. Feb 27 1853 d. Sep 4 1910
Baby Drew
William Drew d. Sep 26 1890 ae 46y
Ralph E Abbott d. Dec 21 1924 ae 40y 10d
Ephraim S Abbott d. Dec 12 1887 ae 57y 5m 25d
  One by one life robs us of our treasures,
  Nothing is our own except our dead.
Caroline M Kimball d. May 8 1902 ae 57y 2m
  Slumber sweetly, God knew best,
  When to call thee home to rest.

Everett C t/s d. Nov 26 1883 ae 21y 1m 3d
  Oh! Cease dear parents, cease your weeping,
  Above the spot where I am sleeping,
  My time was short and blessed be He
  that called me to eternity.
Alice May t/d d. May 6 1887 ae 3y 10m 3d
Perley S Abbott d. Feb 26 1939 ae 69y 29d
Wilbur L Abbott b. Jul 6 1872 d. Jan 20 1956
Gladys S h/w b. Nov 25 1906 d. Sep 29 1983
Edwin G Hartshorn d. Mar 17 1884 ae 20y 6m 24d
  Weep not father and mother for me,
  For I am working in glory for thee.
Charles M Stevens 1841 - 1914
Mary E Stevens h/w 1842 -
Everett N Severence 1864 - 1941
Juliet Lougee h/w 1869 - 1961
Newell A Severance d. May 28 1887 ae 62y 5m
Mary Ellen h/w d. Oct 2 1894 ae 66y 8m 12d
Porter A t/s d. Nov 12 1880 ae 24y 10m 26d
Maria S w/o John L Goldsmith b. Apr 8 1833 d.
  May 1 1909
Frank L Kent b. Jun 9 1892 d. Feb 25 1917
Finis L Downing b. May 12 1868 d. Jan 30 1930
Alfred L Kent b. May 5 1863 d. Nov 19 1933
John E Graham 1886 - 1971
Mabel h/w 1886 - 1914
George E Martin 1882 - 1909
  There's a beautiful hope for me.
Guy M Wyman N H Pvt 101 Inf 26 Div WW I
Mary J Morgan 1868 - 1948
Gertrude V Stevenson 1890 - 1931
Helen J Fogg 1899 - 1914
Lottie E Sweezy 1888- 1928
Simon E Fogg 1885 - 1962
Sarah A w/o Daniel Deland d. Sep 12 1865 ae 58y
  10m 24d
Marena w/o Daniel Deland d. Jun 15 1874 ae 48y
  5m
Anna d/o Marena Glidden ae 2y
Freddie s/o Daniel & Marena Deland d. Jul 14
  1875 ae 8y 2m 6d
Louise E d/o Daniel & Marena Deland d. Dec 28
  1871 ae 24y 10m 22d

Elijah E s/o Daniel & Sarah A Deland d. Dec 10
  1868 ae 31y
Emma D d/o Daniel & Sarah A Deland d. May 13
  1865 ae 20y 3m 11d
Nancy Maria w/o George P Crawford & d/o Daniel &
  Sarah Deland d. Mar 18 1857 ae 25y 26d
  Here lies a flower thats early faded,
  A wife, daughter and sister dear;
  Her fair form this mound of earth has shaded;
  Her gentle voice we no longer hear."
Lorenzo J Deland d. Jan 3 1842 ae 13y 10m 11d
  s/o Daniel & Sarah Deland
Hannah A Deland d. Jul 13 1852 ae 16y 3m d/o
  Daniel & Sarah Deland
John T Langdon d. Apr 1 1885 ae 84y 2m
Sarah P Libbey h/w d. Aug 5 1889 ae 75y
Martha Yeaton d. Apr 10 1877 ae 79y 11m
John Libbey d. Mar 12 1848 ae 63y
Polly Libbey h/w d. Dec 22 1840 ae 56y
Frank W Edgerly 1853 - 1927
Susan C Edgerly h/w 1835 - 1918
Robert P Estes d. Jan 18 1914 ae 65y 8m 2d
Hattie B Estes h/w d. Feb 23 1934 ae 73y 4m 3d
Donald C Bennett d. Dec 3 1939 ae 28y 6m 12d
Dorothy T Bennett h/w d. May 8 1971 ae 64y 8m
  23d
Robert L Chamberlain 1861 - 1934
Gertrude E Hanson h/w 1859 - 1944
Joseph P Kenney d. Jun 25 1899 ae 61y 9m 19d GAR
  Post #61 marker
Martha A Kenney d. Sep 30 1899 ae 66y 7m 14d
Simeon B Kenney d. Dec 3 1870 ae 41y 9m Member
  Co H 5th NH Vol GAR Post #61 marker
James W Kenney 1854 - 1916
Lydia Adell w/o John O Cotton d. Mar 31 1890 ae
  26y 3m 10d
Amos E Bradley N H Pvt Co K 12 th Regt NH INF
  Civil War Oct 26 1867 GAR Post #61 marker
Elijah B Kenney b. Oct 7 1803 d. Aug 21 1876.
Hannah H h/w b. Aug 17 1800 d. Dec 18 1883
Betsey J Kenney t/d d. Sep 6 1862 ae 27y 5m
Lorenzo L Kenney t/s d. Feb 8 1860 ae 17y 2m 24d
  Death has been here and borne away,

> A brother from our side;
> Just in the morning of his day;
> As young as we he died,
> Not long ago he filled his place,
> And sat with us to learn;
> But he has run his mortal race,
> And never can return.

Charles E s/o Eli B & Sarah Kenney d. Sep 5 1865 ae 1y 11m 5d
Eli B Kenney d. Mar 10 1884 ae 57y GAR Post #61 marker
Clara E d/o Hiram C & Clarissa Kenney d. Nov 11 1859 ae 1y 5m 21d
> Blessed little one, forever rest,
> Though parents weep below;
> Yet in the bosom of thy God,
> No sorrow shall thee know.

Lucretia C d/o Hiram C & Clarissa Kenney d. Apr 26 1899 ae 48y
James H Kimball 1847 -
Martha J Carr h/w 1849 - 1917
Annie May t/d d. Sep 19 1879 ae 3y 23d
Martha A w/o James H Kimball d. Jul 17 1887 ae 47y 1m 7d
> Asleep in Jesus! far from thee,
> Thy kindred and thy graves may be;
> But thine is still a blessed sleep,
> From which none ever wakes to weep.

George F Kimball b. Sep 8 1843 d. May 5 1908 Post #61 GAR marker
Herbert E s/o Mathias & Georgia A Jenness d. Jun 7 1887 ae 10y 4m 4d
> Don't cry papa and mama, I am well.

Mary J w/o Jonathan P Jenness d. Jun 24 1888 ae 68y 1m 24d
> Weep not children for me,
> For I am waiting in glory for thee.

Baby d/o Geo. F & Annie L Kimball
Anna L Twiss Dec 2 1860
Fred H Kimball Dec 3 1883
> Secretly slumber, God know best,
> When to call thee home to rest.

Albert E Wyman 1870 -
Herbert E Jenness

Paul Gardner 1862 - 1902
Georgia h/w 1853 - 1910
Arthur O Delaney 1897 - 1972
Alma P (Delaney) h/w 1896 -
Joseph W Lowd 1855 - 1930
Florence E h/w 1854 - 1937
Etta May Hale 1874 - 1934
Edward M Hale 1867 - 1954
Sherman D Parsons 1862 - 1968
Nettie E S Parsons h/w 1867 - 1930
John Parsons 1811 - 1862
Tamson h/w 1822 - 1883
Charles L s/o James A & Sarah E McIntire d. Apr
   12 1870 ae 9m 18d
   His spirit is in our Father's house,
   Where the children of his love are gathered.
Sarah E w/o James A McIntire d. Feb 19 1870 ae
   24y 11m 23d
   My wife! How fondly shall thy memory,
   Be shrined within the chambers of me heart!
   Thy virtuous worth was only known to me,
   And I can feel how sad it is to part.
John H Loud d. Mar 29 1914 ae 74y 6m 2d GAR Post
   #61 marker
Lizzie A h/w d. Oct 10 1882 ae 38y 3m 10d
Leonard Loud d. Dec 10 1886 ae 71y 10m
Sarah A h/w d. Jun 8 1880 ae 65y
M Adelaide Fernald 1870 - 1937
Vietta A Fernald 1873 - 1954
Brackett L Fernald 1874 - 1922
Florence N Fernald 1873 - 1918
Mark Fernald 1812 -1894
Mary E Fernald h/w 1811 - 1877
George W Fernald t/s 1855 - 1882
Albert F Fernald 1837 - 1921
Lucy M Fernald h/w 1841 - 1892
Willie Fernald t/s 1864 - 1877
Charles A Hyde d. Sep 3 1871 ae 40y 8m
   Meet me on the peaceful shore,
   When earth's toilsome work is o'er;
   Meet in heaven where all is well,
   Where the saints forever dwell.
Judith Thompson h/w d. Feb 1 1914 ae 93y 2m 20d

Isaiah T t/s d. Oct 19 1868 ae 7y 6m
 I've found a place of peace and rest.
Frances H A Horn b. Jul 7 1885 d. Apr 13 1945
Ralph Folsom Horn b. Mar 27 1887 d. Jun 5 1957
Ben J Kimball Co K 12th NH Inf GAR Post #61
Isaac Kimball d. Apr 21 1873 ae 68y 6m 10d
Hannah h/w d. Aug 20 1870 ae 68y 4m 20 d
Alvira O Frost 1829 - 1909
Fred J Kimball 1883 - 1959
Clara M Kimball 1887 - 1960
J Henry Kimball 1859 - 1936
Florence L h/w 1861 - 1899
John M Kimball 1824 -
Priscilla A h/w 1854 - 1895
Hattie B Frost 1864 - 1943
Everett M Whittier 1898 - 1968
Harry Dean Morgan 1892 - 1979
Ezra B Pike 1834 - 1908
Mary J h/w 1843 - 1874
Joseph Morgan Jr 1823 - 1896
Mary M h/w 1820 - 1881
G W Morgan 1847 - 1910
C O Morgan 1849 - 1922
J L Morgan 1862 - 1926
M O Morgan 1850 - 1926
Samuel P Shepard 1848 - 1914
Annie C h/w 1860 -1913
Herman W Menslage 1891 - 1946
Nellie M h/w 1887 - 1966
Daniel Shepard 1811 - 1883
Hannah E h/w 1811 - 1894
Hannah M t/d 1850 - 1864
Caroline F Tootill 1843 - 1923
M Olive Moore 1845 - 1935
Betsey Cook d. May 26 1875 ae 81y 10m 1d
 She cheerfully did what she could
Apphia M w/o B M Glines
Mary E Cook w/o James O Reynolds b. 1831
Samuel Cooke d. Jul 27 1870 ae 69y 10m 9d
Harriet N h/w d. May 22 1887 ae 76y 5m 3d
William N Cooke t/s adjt of 9th Reg NH V b. Oct
 29 1836. GAR Post # 61 marker
Edwin I Rollins b. Jan 4 1856 d. Nov 29 1897
Carrie M Rollins b. Jan 5 1861 d. Apr 21 1913

Robert E Rollins b. Nov 28 1911 d. Mar 19 1965
Hannah Rollins b. Aug 4 1829 d. Aug 28 1898
Edward Kimball New Hampshire Pvt HQ Co 303 field
   Arty WW I Nov 23 1890 - Mar 10 1956

HERSEY CEMETERY
RTE 109 A NEAR TUFTONBORO LINE (#59)

Left of Archway
Row #1
Jonathan Hersey d. Oct 16 1837 ae 91y
Mrs Mary Hersey h/w d. May 1 1816 ae 63y 11m
Susan h/w d. Aug 12 1838 ae 67y
Mr. William Hersey s/o Jonathan and Mary Hersey
   d. Oct 2 1812 ae 35y 6m
Row #2
James Hersey Esq d. Jan 25 1835 ae 60y
Nancy h/w d. Jul 19 1835 ae 54y
Hannah K t/d. d. Jul 8 1831 ae 17y
   Stop traveler stop, as you pass by,
   As you are now so once was I.
   As I am now, soon you must be,
   Prepare to die and follow me.
James A s/o George W & Mary E Hersey d. Feb 9
   1833 ae 2y 2m
Abigail S w/o A. L. Hersey Esq d. Nov 6 1848 ae
   31y 6m
   Disease has done its worse; she calmly
   sleeps,
   While o'er the corpse her much loved partner
   weeps,
   That form is stiff and still'd the deep-drawn
   sigh,
   That brow is cold and glazed the once bright
   eye.
   That tongue is hush'd which once was wont to
   raise
   A joyous hymn and chant her Savior's praise;
   But although silent here, its melody
   Will still resound throughout eternity.
   She died a lingering death, but was resign'd
   To leave her children and friends behind,
   With patience bore excruciating pain,

For her to live was Christ, to die was gain.
Her course in life was harmless as the dove,
Her bosom glowed with philanthropic love,
To cheer the wretched was her constant aim,
And though she's gone undying is her fame.
Such Christians never die - their memory
Bears the impress of immortality;
And though her ashes rest beneath the sod,
Her blood-wash'd spirit lives and reign with God.

Sarah A w/o A L Hersey Esq d. Oct 6 1864 ae 39y 5m

Row #3
Betsey w/o Benjamin Gilman d. Jul 9 1860 ae 84y 3m 3d
James B Gilman d. May 2 1875 ae 77y 9m 21d
Clarissa H h/w d. Mar 28 1852 ae 47y 3m 11d
Mary E t/d d. Feb 11 1851 ae 20y 9m 14d
Ann M t/d d. Jul 27 1836 ae 1y 12d
Sally w/o Samuel Hersey d. Nov 19 1841 ae 59y
Sally Ann d/o Samuel & Sally Hersey d. Apr 9 1830 ae 8y 9m 1d
Susannah L d/o Samuel & Sally Hersey d. Aug 5 1832 ae 22y 9m 22d

Row #4
Hannah N Hersey b. Jan 28 1828 d. Aug 10 1888
Erastus Hersey b. Nov 6 1824 d. Aug 22 1849
John B Hersey b. Oct 18 1779 d. Aug 21 1853
Ruth Nudd h/w b. Feb 14 1788 d. May 2 1847
William H Hersey b. Sep 10 1818 d. Jan 2 1840
John Hersey b. Mar 14 1816 d. Oct 12 1837

Row #5
Elijah Hersey d. Oct 1 1811 ae 62y
Hannah Hersey h/w d. Aug 17 1834 aged 44y 7m
  Death may desolve my body now,
  And bear my spirit home;
  Why do my minutes move so slow
  Now my salvation come?"
Hannah h/w d. Sep 13 1848 ae 54y
  Here to thy bosom, mother Earth,
  Take back in peace, what thou hast given.
  And all that is of heavenly birth,
  O God in peace, recall to Heaven!

Asa D Hersey d. Aug 21 1841 ae 22y 7m
Arthalinda h/w d. Aug 10 1841 ae 21y 1m
S H (Slate foot stone)

Row #6

Jonathan Hersey d. Nov 20 1868 ae 84y 3m 16d
  When round my senseless clay,
  Assemble those I love;
  Then sing of heaven, delightful heaven,
  My glorious home above.
Abigail h/w b. at Tamworth NH Nov 27 1801 b.
  into Spirit Life Apr 11 1889
  Where immortal spirits reign,
  There we shall meet again.
Charles D. their youngest son d. Jan 17 1858 ae
  15y 4m 2d
Charles D s/o Jonathan & Abigail Hersey d. Mar
  20 1841 ae 8y 11m 17d
  He is gone, he is gone;
  The last struggle is o'er,
  His voice here on earth greet us no more.
  His purified spirit has taken its flight,
  To mansions of bliss in the regions of
  light.
Woodbury L Hersey d. May 29 1875 ae 47y 2m 20d
  Here is where the weary rest

Row #7

John H Whitney 1873-1962
Jacob Hersey d. Oct 26 1863 ae 71y 4m
  Mournful and sad thy weeping friends
  Have bid thee here a last farewell;
  But God in mercy comfort sends,
  They hope in heaven with thee to dwell.
  War of 1812 marker
Ann h/w d. Apr 11 1875 ae 81y 1m 7d
  Our mother here lies underground
  The dearest friend we ever found;
  But through the Lord's unbounded love,
  We'll meet again in realms above
Sarah Matilda t/d d. Jul 18 1838 ae 2y 3m 22d
Augustin L t/s d. Apr 10 1825 ae 1y 11m 21d

Row #8

William H Dalton d. Oct 2 1860 ae 29y 6m
Herbert J s/o W H & A B Dalton d. Apr 2 1860 ae
  1y 6m 3d

Nancy Blaisdell w/o Cyrus Plumer 1827 - 1904
Thomas Blaisdell d. Sep 13 1832 ae 46y
Polly h/w d. May 19 1866 ae 81y

Row #9

In memory of my husband Ezra B. Hersey who d. in
New York City May 7 1867 ae 45y
Dearest wife from thee I go,
To realms of bliss prepared for me.
Freed from my suffering here below
Awaiting time to welcome thee.

Mary E w/o John F Bacon d/o Gilman & Eliza T.
Piper d. in New York City Jul 22 1860 ae 23y
5m 9d
Dear loving faithful wife, now farewell!
With whom it was my happiness to dwell;
To whom I was united hart to hart,
From whom it was so painful thus to part.
Yet shall the generous hand that took the
hence;
By love divine, thy absence recompence;
Prepare me for the bliss that hast, and then
Eternity unite us both again.

Gilman Piper d. Jan 14 1852 ae 60y 10m 18d
O tell my companion and children most dear,
To weep not for Gilman though gone,
The same hand that led him through scene dark
and drear,
Has kindly conducted him home."

Eliza T h/w d. Apr 14 1859 ae 58y 11m 14d
How blessed is our mother bereft
Of all that could burden her mind;
How easy the soul that has left,
This wearisome body behind.
Farewell our dear mother,
Thou art gone to thy rest,
Peace, Peace, to thy ashes,
Sleep on with the blest.

Georgie E d/o Andrew A & Julia Piper d. Nov 20
1881 ae 28y 4m
Here I lay my burden down,
Change the cross into the crown.

Georgie E d/o Andrew A & Julia A Piper d. May 20
1888
Ella L Piper d. Jul 8 1874 ae 23y

Farewell, O sister dear, farewell,
Thou'st left me lonely in this world of pain;
O! may we meet,in heavenly bliss to dwell
At God's right hand no more to part again
Farewell, sweet sister, thou shall ever be
A star to guide me up to heaven and thee.
James A Piper b. May 4 1822 d. Nov 23 1857 ae 35y 6m
Though death a victory here must gain,
From whose power none can flee,
Yet Christ o'er Death at last will reign
And set his captives free.
Julia A h/w b. Feb 3 1825 d. Oct 25 1857 ae 32y 8m
Farewell Sister we do miss thee,
From our broken household band.
Soon dear Sister we hope to greet thee
In that bright and better land.
James C t/s d. Oct 22 1864 ae 1y 3m 23d
Sweet babe thou art gone to Christ thy friend,
Who takes sweet children in his arms
And there to sleep till time shall end.

Row #10
Levi T Hersey b. Feb 29 1816 d. Aug 18 1885
Sarah P Hersey h/w b. May 20 1813 d. Mar 9 1900
Samuel D Hersey b. Jul 29 1841 d. Mar 10 1872 ae 30y 7m
Stella Hersey

Row #11
Emmar G w/o G Ward d. Oct 28 1878 ae 25y
Dana W Palmer b. Jul 28 1853 d. May 10 1899
Nellie h/w b. Sep 2 1848 d. Sep 11 1929
Woodbury L Wiggin b. Apr 10 1815 d. Jan 2 1892
Mary W Hersey h/w b. Dec 1 1814 d. Oct 12 1882

Row #12
Franklin L Hersey 1827 - 1900
Mary E Whitney h/w 1830 - 1894
A A Fullerton 1822 - 1911
Eliza A Hersey h/w 1832 - 1905
Ada A h/w b. Jun 22 1865 d. May 16 1950
Charles E Hersey b. Apr 28 1855 d. Mar 18 1943

Row #13
Charles F Hersey b. Aug 23 1858 d. Mar 24 1930

William P Hersey d. Jan 18 1887 ae 60y 11m 20d
  Dearest Father, thou hast left us,
  Here thy loss we deeply feel,
  But'tis God that hast bereft us
  He can all our sorrows heal.
Lucinda h/w d. Aug 20 1907 ae 73y 3m 24d
  A precious one from us has gone,
  A voice we loved is stilled,
  A place is vacant in our home
  Which never can be filled.

Row #14

Thomas J Hersey d. Dec 27 1876 ae 61y 8m
  Farewell, our father dear, farewell.
  Thou'st left us lonely in this world of pain;
  O! May we meet in heavenly bliss to dwell
  At God's right hand no more to part again.
Sebel P Colby h/w d. May 1 1905 ae 90y 4m 1d
Daniel J Hersey d. Feb 22 1931 ae 88y 7m 24d
Caroline E h/w d. Sep 19 1937 ae 85y 1m 22d
Adelaide Maria w/o Daniel Fernald d. Sep 20 1905
  ae 61y 7m 1d
Frank E Hersey d. Sep 15 1915 ae 62y 8m 24d

Row #14a

John L Hersey b. Nov 7 1829 d. Jul 24 1912
Orianna h/w b. Sep 30 1853 d. Mar 3 1938
  Only across the river of death to that
  beautiful sunnier land.
Joseph N Hersey a member of Co. K 12th Regt NH
  Vol's who d. at Falmouth VA Dec 27 1862 ae
  21y 4m [GAR marker]
  Far from the loved ones, that with tearful
  eyes,
  Lament his early and untimely fall,
  He sleeps beneath the sad Virginian skies,
  A willing martyr at his Country's call;
  But when the last, great Reveille shall
  sound,
  To summon millions from the pillowy sod,
  He shall arise from that embattled ground,
  And shine among the sons of Freedom and of
  God. Amen.
Peter Hersey d. May 10 1881 ae 76y 9m
Eunice C h/w d. Jun 26 1874 ae 76y 2m 13d
  Dear mother a short farewell!

We'll hush the rising sighs that swell,
For thee within our hearts;
In that bright hope that points above,
That tells we then shall meet in love,
No more from thee to part.
Margaret A B Hersey t/d d. Sep 11 1860 ae 32y
My flesh shall slumber in the ground,
Till the last trumpets' joyful sound,
Then burst my chains with sweet surprise,
And in my Savior's image rise.

Row #15
Peter B Hersey d. Jun 17 1889 ae 66y 6m
Gone but not forgotten.
Mary E h/w d. Feb 24 1905 ae 57y 7m 28d
T/i/s d. Jul 31 1871 ae 1d
The flower that smiles to-day
Tomorrow dies;
All that we wish to stay
Tempts, and then flies.
Ida Hersey d. Mar 19 1888 ae 13y 2m 22d
John S Hersey d. Nov 28 1884 ae 69y 4m 10d
Caroline Banfield h/w d. Mar 1 1881 ae 66y 4m 10d
Annette t/d d. Jan 6 1844 ae 5m
Ira Morton t/s d. Oct 26 1846 ae 2y 23d
Annette E t/d d. May 10 1848 ae 9m
Ruel Winslow t/s d. Apr 2 1864 ae 7y 4m
Byron P t/s d. Apr 20 1864 ae 10y 9m

Row #16
Richard C Blaisdell 1819 - 1904
Ruth M Blaisdell h/w 1840 - 1904
Vena G Blaisdell 1877 - 1972
Thomas H Blaisdell 1866 -
Una M Blaisdell h/w 1878 - 1944
Abigail Dow 1797 - 1876

Row #17
Dana Brewster s/o George Brewster 1849 - 1896
Dorcas Ann d/o George Brewster 1838 - 1890
Elizabeth Hersey w/o George Brewster 1810 - 1892

Row #18
Albert L Edgerly d Jan 29 1903 ae 77y 7m 19d
Nancy M h/w d May 26 1891 ae 69y 1m 14d
Charles Meader b. Mar 30 1852 d. Sep 26 1928

Mary E h/w b. Sep 30 1848 d. Feb 9 1930
Frank E Bradley 1858 - 1934
Row #19
E. Perley Piper   1868 - 1958
Hattie E Piper   1860 - 1941
Their baby son b. Nov 21 1895 d. Jan 19 1896
Rena E Piper 1903
William James McArdle b. Jan 10 1863 d. Apr 27 1938
Elizabeth McKenna McArdle b. Apr 20 1861 d. Nov 14 1946
Walter L Gadoury 1914 - 1974
Hazel E h/w 1904 -
Herbert E Foss b. Dec 25 1873 d. Nov 15 1927
John L Hersey 1917 -
Elizabeth J Hersey 1940 - 1978
Row #20
David Severance d. Sep 12 1869 ae 49y 4m 5d
Ruth h/w d. May 4 1896 ae 76y 4m 20d
Hannah F t/d d. Dec 25 1844 ae 9m 4d
  Asleep in Jesus
Lizzie E t/d. d. Sep 21 1856 ae 2y 9m 2d
  Asleep in Jesus
Vernon t/s d. Jan 31 1864 ae 3m 16d
  This lovely babe has gone to rest,
  To dwell forever with the blest
Ruth A t/d d. Feb 17 1864 ae 6y 7m 29d
  A loved one here on earth has gone,
  Lies buried beneath this soil;
  Her spirit has to heaven returned,
  Forever to be with God.
William M t/s d. May 9 1864 ae 13y 5m 23d
  His sufferings are o'er,
  His bliss is complete.
  He rests now above,
  Where the glorified meet.
Freddie t/s d. Aug 2 1865 ae 4y 8d
  'Ere sin could blight or sorrow fade,
  Death came with friendly care;
  The opening bud in heaven conveyed,
  And bade it blossom there.
Cora O t/d d. Aug 27 1869 ae 2y 7m 22d
  Beneath this stone, in soft repose,
  Is laid a mother's dearest pride,

HERSEY

A flower that ....
And light and .... died.
Emma E Piper 1886 - 1970
Otis A Hersey 1883 - 1969
Margaret E Hersey h/w 1879 - 1944
Row #22
Jonathan Severance d. Feb 15 1835 ae 77y 6m 14d
Mehitable h/w d. Apr 17 1846 ae 85y 1m 12d
Benjamin Severance d. Oct 13 1866 ae 66y 2m 17d
Elizabeth h/w d. Nov 24 1825 ae 35y
Benjamin t/s d. Dec 6 1825 ae 2d
Charles H Brown b. Apr 30 1863 d. Oct 2 1951
Katie E Abbott h/w b. Dec 22 1872 d. Jun 22 1966
Right of Front Gate
Row #1
Phebe w/o Wm Willey d. Nov 15 1854 ae 84y
John Shorey d. Sep 3 1845 ae 90y
Mary h/w d. Apr 1 1800 ae 38y
Eleanor h/w d. Dec 16 1826 ae 62y
Nancy w/o Samuel Shorey d. Dec 30 1866 ae 55y
Lyford Shorey d. Oct 15 1879 ae 95y 7d
Mercy h/w d. Dec 2 1837 ae 47y
Matilda t/d d. Sep ___ ae 12y 10m 3d
Sally Drew d. Feb 24 1865 ae 80y
Granite hand carved stone WH d. 1812
Row #2
Albert L Mason 1862 - 1930
George E. Mason b. Oct 10 1832 d. Nov 13 1921
Edward Everett s/o George E & Mary A Mason d.
 Sep 5 1874 ae 14y 9m 21d
 His star is set in beauty,
 Yet it shineth sweetly now;
 In the bright and gloomy coronet
 That decks a Savior's brow.
Charles D Horne b. May 11 1858 d. Jun 30 1930
Margaret J h/w b. Dec 18 1854 d. Jan 8 1949
Ida May Horne b. Jun 12 1891 d. Nov 7 1909
Henry G Horne Esq. b. Sep 19 1828 d. Feb 24 1919
Martha E h/w b. Jun 8 1830 d. Jun 29 1883
Sarah J h/w b. Jul 8 1843 d. May 1 1906
Fred J Horne
Lizzie M h/w b. Nov 1 1858 d. Mar 20 1892
William Mason Jan 25 1868 ae 82y
 Asleep in Jesus, blessed sleep!

From which none ever wake to weep;
A calm and undisturbed repose,
Unbroken by the last of foes.
Mary h/w d. Sep 25 1881 ae 94y 7m 22d
Mary A Mason b. Sep 15 1810 d. Oct 7 1896
Call not back the dear departed,
Anchored safe where storms are o'er.
Edward Mason d. Feb 12 1840 ae 82y 2m 13d
Revolutionary Patriot
Death severd earths endearing
And proves the bond of love
By which we soar above the skies
And re-unites above.
Mrs Margarette Taylor Apr 17 1831 ae 81y
Blessed are the dead which die in the
Lord from henceforth; yea with the
Spirit that they may rest from their
Labour and their work do follow them.
Soliman Abbott d. Apr 19 1848 ae 40y
Row #3
Benjamin E Mason b. Oct 6 1818 d. Jan 26 1893
Hannah R Hersey h/w b. Mar 27 1834 d. Apr 3 1904
Etta F Mason t/d b. Aug 20 1863 d. Jan 13 1933
Row #4
Jonathan B Hersey 1819 - 1885
Elizabeth C Wiggin h/w 1824 - 1856
Augusta A. w/o George P Demerritt d. Dec 14 1872 ae 23y 5m
Emily M Hersey w/o Edward L Goodwin d. Jun 18 1868 ae 26y 11m 2d
As those we love decay, we die in part,
String after string is severed from the heart,
Till loosened life at last; but breathing clay,
Without one pang is glad to pass away.
H Oscar Hersey d. Jan 29 1864 ae 11y 7m 17d
Row #5
Joseph W Abbott d. Oct 5 1926 ae 80y 6m 10d
Emma A h/w d. Nov 12 1879 ae 26y
Carrie B d/o J W & E A Abbott d. Jul 6 1875 ae 16m 18d

John O s/o B W & Marietta Severance d. Apr 5
   1871 ae 2wks 4d
Bradley W Severance b. Nov 8 1845 d. May 20 1889

Row #6

Charles Buzzell d. 1887 ae 8m 10d
George W Hersey 1854 - 1930
Elizabeth M Hersey 1866 - 1907
Francis A Hersey 1817 - 1880
James G Hersey 1816 - 1872
Elijah s/o William & Betsey Hersey d. Jul 29
   1833 ae 18y 1d
Marietta d/o John & Eliza Ann Edgerly b. Jul 18
   1852 d. Sep 20 1884
   Dearest sister thou hast left us,
   Here thy loss we deeply feel.
Harlan P Horne b. Sep 4 1848 d. Sep 8 1922   GAR
   marker
Aurelia C h/w & d/o John & Eliza A Edgerly b.
   Jan 25 1847 d. Oct 8 1901
   Home is not home without mother
John Edgerly d. Apr 5 1895 ae 79y 5m 6d
   Sheltered and safe from sorrow.
Eliza A h/w d. Oct 6 1881 ae 57y 7m 6d
   We loved her
Isaac Lovell s/o Asa & Sally Horn d. Oct 31 1835
   ae 6m 3d

Row #7

Eddy E Hersey b. Jul 11 1854 d. Jun 23 1932
James P Hersey b. Dec 19 1822 d. Jan 7 1892
Clarissa J h/w b. Aug 30 1826 d. Apr 26 1906
William M Foss d. Oct 3 1893 ae 70y 1m
Betsey J Elliott h/w d. Oct 15 1906 ae 72y 4m
George M d. Feb 18 1869 ae 6y 10m 24d
Emma N d. Feb 19 1869 ae 2y 6m 10d {Children of
   W M & Betsey J Foss]
   Peaceful be thy silent slumber,
   Peaceful in the grave so low;
   Thou no more shall join our number,
   Thou no more our songs shall know.
Perry A s/o W M & B J Foss b. Dec 28 1855 d. Dec
   2 1887
Jno Colby Co I 8th NH INF   Post #61 GAR marker
Frank E Whitten 1856 - 1935
Carrie G h/w 1869 - 1949

Row #8

Israel Blaisdell d. Nov 27 1892 ae 77y
  Father has gone to a mansion of rest
  To the glorious land by the Deity blest.
Diana P h/w d. Oct 24 1890 ae 84y
  Rest, mother, rest in quiet sleep,
  While friends in sorrow o'er thee weep.
Thomas B Foss d. Jan 23 1886 ae 51y 1m
  We miss thee, dear Father!
Laura A h/w d. Jul 8 1910 ae 69y 11m
  Peaceful be thou silent slumber.
Ruel B t/s d. Dec 17 1865 ae 1m
Ida M t/d d. Sep 4 1881 ae 17y 5m
Mattie M d/o W L & Ulna D Bean d. Oct 28 1881 ae 6m
Tobias M Elliott Pvt Co C 8th NH Inf Civil War
  b. Aug 7 1842 d. Mar 25 1922 GAR Post #61 marker
Jeremiah Elliott b. Feb 12 1793 d. Mar 2 1883 ae 90y 20d War of 1812 marker
Judith B h/w b. Jan 12 1804 d. Jun 19 1881 ae 77y 5m 7d

Row #9

Andrew W Doe b. Sep 28 1813 d. Apr 24 1894
  Asleep in Jesus, blessed sleep.
Mary E h/w b. Dec 6 1824 d. Mar 21 1889
Frank A Doe b. Feb 17 1858 d. Jan 14 1914
Christie Belle h/w b. Jul 27 1861 d. Mar 10 1941
Baby Doe d. Feb 9 1884
George Simms 1873 - 1943
Hattie Simms 1878 - 1938
Charles & Addie Piper
Samuel Shorey d. Mar 30 1893 ae 77y 10m 6d
  May he rest in peace.

Row #10

William S Hersey d. Nov 24 1872 ae 64y 10m
Drusilla E h/w d. Feb 19 1886 ae 73y 2m
Mary C w/o George L Morrison d. Mar 24 1888 ae 53y 4m
Joseph B Piper d. Feb 13 1894 ae 71y 8m 26d
Caroline W Piper h/w d. Dec 8 1895 ae 73y 1m 5d
Carrie A t/d d. Sep 27 1874 ae 21y
  O cruel death thou hast been here,
  And taken one so dear.

> And laid her in the cold dark ground,
> Till Jesus shall appear.
> Our home is dark, our hearts are sad,
> Fast fall the briny tear;
> We miss her voice, we miss her step,
> We used so oft to hear.

Belle Piper b. Jun 1 1881 d. Mar 23 1927
Thomas F Piper b. Aug 31 1861 d. May 27 1918
Clara H h/w d. Jul 1 1904 ae 44y 10m 28d
Bradley M Brown b. Apr 18 1831 d. Sep 9 1900
Luzilla J h/w b. Aug 12 1822 d. Mar 28 1885
> Gone but not forgotten.

Walter Mason Brown b. Feb 22 1899 d. Jun 17 1986

Row #11

Andrew L Hersey 1812 - 1895
Emeline L Gilman h/w 1833 - 1896
James H Foss d. Feb 6 1879 ae 35y 9m
> My brother dear, ah! can it be
> Thou art no more distressed?
> That death hath kindly set thee free,
> And thou art now at rest.

Joseph H Foss d. Mar 7 1878 ae 29y 9m
> Brother, thou art gone to rest-
> Thine is an early tomb:
> But Jesus summoned thee away-
> Thy Savior called thee home.

John F s/o Franklin & Nancy A Hodsdon d. Oct 15 1863 ae 5y 23d
> Rest darling

Nancy Foss w/o Franklin Hodsdon d. Feb 4 1900 ae 81y 11m
Joseph Foss d. Apr 8 1853 ae 56y
Elizabeth H Dearborn 1826 - 1909
Annie M Dearborn 1850 - 1909
Nathan E Dearborn 1856 - 1863
Estella E Dearborn 1860 - 1954
Edwin S Dearborn 1862 - 1895
George E Dearborn Pvt Co A 13th Regt NH Inf Civil War b. Oct 12 1825 d. Dec 18 1907
Post #61 GAR marker

Row #12

Richard U Piper d. Jan 25 1892 ae 71y 11m
> He is peacefully sleeping

Sarah J h/w d. Aug 1 1889 ae 64y
She hath done all she could
Alonzo D Piper d. May 24 1915 ae 66y 2m 8d
*Sleep on brother,
Thy work is done.*
Sarah w/o Samuel Hamm d. Feb 3 1880 ae 63y 1m
Albert L Foss d. Feb 20 1930 ae 67y 9m 17d
Isaac N Foss d. May 18 1887 ae 50y 5m 28d
Amanda D Hamm h/w d. Apr 21 1897 ae 54y 9m 17d
Everett Horne b. Aug 16 1844 d. Mar 10 1909
Rose E h/w b. Jul 2 1844 d. Sep 25 1899
George W Horne d. Aug 8 1884 ae 45y 11m

Row #13

Jemina Foss Dudley b. Dec 31 1840 d. Jan 29 1907
Guilford T Dudley 1871 - 1948
Anne Giles h/w 1872 - 1936
Dorothy Cronin h/w 1900 - 1956
Richard Kurth b. Jul 16 1858 d. Aug 30 1928
Charles F t/s b. Feb 27 1887 d. Aug 11 1903
Robert Lamprey b. Oct 26 1846 d. Apr 12 1922
Mary F Lamprey b. Jun 16 1869 d. Jun 23 1921
Edith M t/d d. Nov 2 1889 ae 12y
Budded on earth to bloom in heaven
Edith A Sikora w/o Richard Kurth b. Mar 29 1889 d. May 11 1955
Jane T McKenna b. Feb 23 1853 d. Apr 23 1940

Row #14

Fred W Blaisdell b. Apr 20 1880 d. Dec 30 1936
Clara F w/o Joseph W Abbott d. May 25 1914 ae 67y 8m 25d
William Blaisdell d. Sep 23 1877 ae 59y 2m 8d
Jemina H h/w d. Oct 12 1881 ae 78y 9m
William Dana t/s d. Jun 13 1856 ae 14y
Frank A Hersey b. Jul 12 1855 d. Mar 20 1916
Minnie A E h/w b. Oct 20 1859 d. Nov 20 1944
Raymond F b. Jan 22 1889 d. Oct 21 1918
Charles A Horne b. Apr 1 1875 d. Feb 20 1947
Nellie L h/w b. May 9 1879 d. Apr 15 1933
Ernest H b. Sep 28 1900 d. Nov 6 1900
Estella H b. Sep 28 1900 d. Jul 25 1904
Ellen J h/w b. Feb 14 1889 d. Oct 1 1942
Hannah E H Piper d. Oct 12 1888 ae 60y 8m
Sarah Mae d/o L T & G M Piper d. Aug 6 1868 ae 4y

J B Whitten d. Mar 15 1898 ae 65y 9d
Elmina Z h/w d. Jan 24 1888 ae 54y 9m
James Piper d. Jun 3 1856 ae 69y 2m
Dolly d. Jul 6 1863 ae 63y 6m
James D t/s d. Jan 21 1838 ae 14y 8m
Lauretta E G t/d d. May 24 1847 ae 26y 4m
John G t/s d. Sep 10 1859 ae 24y 3m
Row #15
Matthias M Haynes d. Dec 10 1869 ae 52y 5m 17d
He is not dead but sleepeth
Vianna h/w d. Apr 21 1895 ae 74y 29d
She hath done what she could
Henry E t/s d. Oct 7 1865 ae 7y 7m 15d
Row #16
John A Wiggin b. Feb 24 1838 d. Mar 21 1905 Co K
   12th Reg NH Vol GAR Post 61 marker
The golden gates were open wide,
A gentle voice said, 'Come.'
An angel from the other side
Welcomed our loved one home.
Abby Wiggin b. Jan 14 1841 d. Mar 1 1919
Augusta M w/o Alvin J. Weeks d. Jun 22 1882 ae
   22y 2m 7d
Why should we weep for her, was she not
ready?
Oil in her lamp and her bridal robes on.
Waiting in faith, with a hope firm and
steady,
The good shepards call and plaudits well
done.
Ben Wiggin 1878 - 1948
Everett U Hersey b. Nov 12 1846 d. Apr 25 1933
Mary Chase h/w b. Mar 16 1849 d. Mar 4 1951
Row #17
Andrew Jackson Brown b. Jan 20 1829 d. Aug 30
   1903
Martha A Fox h/w b. May 30 1836 d. Jan 17 1909
Hortense t/d d. Aug 19 1886 ae 15y 21d
J Hamilton Hersey b. Mar 8 1849 d. Jan 20 1921
M Ella Mason h/w b. Jan 1 1853 d. May 9 1930
Row #18
George G Fox b. Oct 30 1838 d. Oct 25 1889
Richard T Butler b. May 16 1875 d. Dec 25 1909
Annie S Whedon h/w b. Jan 14 1881 d. Jul 20 1944

Eliza E Avery w/o I G Chamberlin d. Feb 17 1897
  ae 28y 2m 14d
  Gone, but not forgotten.
Armenia F Avery 1872 - 1926
George E Hersey b. Jun 22 1855 d. Nov 21 1923
Velzora V Hersey b. Nov 11 1859 d. Aug 19 1932
Joseph S Bradeau Pvt Btry D 300 Field Arty WW I
  b.. Apr 14 1895 d. Nov 1 1955
Mary M Bradeau 1903 - 1972
Joseph E Bradeau 1921 - 1922
Cora Emery
Chester R Emery 1867 - 1939
Edwin L Tibbetts 1865 - 1926
Addie A Tibbetts 1865 - 1929
Ernest Julian Avery b. Feb 15 1887 d. May 4
  1915
Austin E Hersey 1893 - 1978
Helen M h/w 1892 - 1968
Hilda M t/d 1916 - 1916
Maggie Parkhurst 1849 - 1926
Samuel Drew d. Nov 22 1903 ae 55y

Row #19
Thomas O Mitchell 1910 -
Marion E Mitchell 1911 -
Baby Jun Mar 17 1940

Chain Link Fence Section
Row #1
Clarina S Hersey b. Mar 13 1902 d. May 8 1974
Carroll F Hersey New Hampshire M GY SGT US
  Marine Corps WW II Korea Vietnam NCM b. May
  13 1928 d. May 18 1969
Carrol F Hersey MAM2 US Navy WWII 1900 - 1986
Albert G Sandstrom SKI U S Navy WW I b. Aug 13
  1894 d. Aug 21 1980
Ebba P Sandstrom b. Feb 4 1893 d. Feb 18 1981
Hugh R MacLennan b. Jun 27 1907 d. Jun 6 1986
Dagmar E MacLennan b. Jan 6 1941
Carl M Hamlin 1907 - 1981
Helen F Hamlin 1913 - 1984
Robert P Hamlin 1936 - 1981
Kerry 'Chuck' Hamlin 1958 - 1981

Row #2
Edwin C Hersey b. Jun 12 1877 d. Nov 2 1951
Hattie B Hersey b. Jun 19 1885 d. Dec 29 1969

In god we trust; Fond memory clings to thee.
Joseph W Whitten 1889 - 1963
Mamie G Whitten 1889 - 1974
Charles F Whitten 1921
Jean P Whitten 1933

Row #3
Helen A Butler b. Jun 25 1907 d. May 8 1952
Richard Butler b. Feb 17 1906 d. Feb 5 1957
Roger K Adams b. Mar 27 1882 d. Aug 25 1972
Amy H Adams Jan 26 1880
Harold F Brown b. Jun 2 1905 d. Sep 26 1972
Ethelyn M Brown May 10 1909
Cyrus Bunney PFC US ARMY b. May 19 1908 d. May 31 1974
Isabelle h/w 1913

Row #4
Ruth I Britton Sep 17 1910
Florence E Banfield Feb 21 1901
Ernest B Banfield Nov 10 1900
Morrill H Brown 1903 - 1988
Elva L Brown 1915 - 1990

Row #5
Florence L Hogan 1870 - 1953
Norman F Hooghkirk 1891 - 1973
William E Hooghkirk 1892 - 1986
Ruth B Thurston 1918 - 1974

Row #6
John Edward Kurth 1890 - 1979
Marguerite R Kurth 1891 - 1988
Walter/ Nason stone
Donald E 1906 - 1989
Bernice E - 1906

Row #7
Kathie S Lamprey b. Apr 16 1894 d. Aug 9 1960
Carroll A Lamprey b. Jan 30 1899 d. May 7 1965

Row #8
Ernest Banfield Piper 1913 - 1976   Postoffice & Storekeeper of Mirror Lake NH   US Army WW II

Row #9
John E Phelps SP5 US Army Vietnam 1947 - 1981

Far right back corner
Herman Huener Stammers 1912 - 1975

WOLFEBORO CENTER CEMETERY
NORTH LINE ROAD (#47)

Row 1
Samuel Reynolds d. Apr 14 1902 ae 78y 4m 6d
  In loving remembrance
Hannah F h/w d. Mar 9 1852 ae 28y
Charlotte D Trundy h/w d. Sep 2 1917 ae 82y 8m 2d
L M R
Ceorim Goodhue Reynolds d. Jun 17 1896 ae 30y 6m 13d
  Safe in the arms of Jesus
Harriet Catharine Cookson h/w d. Jun 1 1929 ae 65y 6m 2d
  Faithful unto death
Grover C Rines 1888 - 1970
Mary I Rines 1895 - 1970
Irving T t/s d. Mar 21 1915 ae 9m 29d
  Gone but not forgotten.
  Safe in the arms of Jesus
Evelyn B Abbott b. Aug 6 1909 d. Jun 3 1976
Wallace H Abbott b. May 1 1911 d. Mar 31 1985
George E Thibeau 1869 - 1954
Maud M Thibeau h/w 1864 - 1955

Row 2
Footstone A E H
Footstone T S
Footstone H W A
John Rines d. Oct 24 1865 ae 82y 5m 17d
Abigail Rines h/w d. Sep 13 1859 ae 76y 9m
James Rines d. Oct 20 1836 ae 25y 4m
Samuel J s/o Thomas & Sarah Johnson Stevenson b. Sep 24 1810 d. Mar 19 1905
Mary Ann w/o Samuel J Stevenson d/o John & Abigail Rines b. Nov 17 1808 d. Sep 3 1870
Nancy Sophia d/o Samuel J and Mary A Stevenson d. Sep 27 1865 ae 24y 3m 16d
James s/o Samuel J & Mary A Stevenson 1844 - 1919 served in Co G 1st NH Heavy Artillery GAR Post #61 marker
Mary E Trundy h/w 1841 - 1925
Emma J Ward b. Aug 18 1878 d. Apr 19 1965

Row 3

Nancy Horne d. Jun 26 1880 ae 75y 10m 15d
Irene w/o Hugh McNorton d. May 27 1857 ae 45y 7m 9d
Sophronia w/o Samuel Thompson b. Sep 27 1809 d. Apr 23 1904
Charles E s/o Ira & Eliza D Horne d. Apr 2 1842 ae 4y 8m
Elijah Horne d. Dec 18 1894 ae 92y 3m
Servant of God, well done.
Abigail h/w d. Oct 15 1871 ae 69y 9m 13d
T/i/s d. Apr 19 1831 ae 2m 2d
James M t/s d. Oct 7 1856 ae 22y 6m
Sophia A t/d d. Aug 18 1860 ae 24y 2m 11d
Ann Eliza t/d d. Mar 28 1866 ae 36y 11m
Margaret R t/d d. Oct 17 1867 ae 26y 1 m 22d

Row 4

Alphonso Johnson 1878 - 1919
Sarah d/o Thomas & Sarah Stevenson d. Feb 28 1838 ae 32y 7m 23d
*Died beloved and respected by all
who knew her and is now at rest*
Adeline E d/o Thomas & Sarah Stevenson d. Jan 19 1854 ae 27y 11m 17 d
*Write, Blessed are the dead,
Who die in the Lord from,
Henceforth Yea, saith the Spirit*
Maria w/o George Busby & d/o Thomas & Sarah Johnson Stevenson d. Jan 20 1896 ae 76y
Welcome sweet day of rest
Sarah G Nute w/o John N Nute & d/o Geo. & Maria Busby d. Jun 5 1887 ae 42y
Esquire Thomas Stevenson 1777 - 1864
*who cleared and settled on the farm of which
this cemetery was a part. He was born at
Durham New Hampshire and removed to
Brookfield and Wolfeboro. School teacher,
farmer , carpenter, Town Clerk, Selectman for
many years, Justice of the Peace, Free
Soiler, Republican. A founder of the First
Universalist Society in Wolfeboro. She was
born at Andover Massachusetts and removed to
Brookfield and Wolfeboro. School teacher and
good neighbor, attendant at many births.*

Universalist. Died at Wolfeboro They were
married in 1804 and had ten children.(Erected
by some of their descendants 1958
Sarah Stevenson 1782 - 1866
George Yeaton d. Nov 22 1845 ae 85y
  My flesh shall slumber in the ground,
  Till the last trumpets joyful sound,
  Then burst the chains with sweet surprise,
  And in my Saviors image rise.
  Revolutionary War Soldier
Abagal h/w d. Mar 11 1838 ae 73y
[George and Abagal Yeaton were removed from a
  small family graveyard on Center St near
  Center Wolfeboro.]
Thomas Triggs d. Jun 30 1878 ae 84y War of 1812
  marker
Olive h/w d. Apr 1 1845 ae 52y
  She died happy in the Lord
George W Triggs t/s d. Jun 19 1843 ae 20y
  He died happy in the Lord
  [Thomas, Olive & George Triggs were moved
  from a family graveyard on Route 109 at
  Wolfeboro Center when road was widened]
Jacob Horne d. Feb 27 1858 ae 86y 9m 5d
Abigail h/w d. May 15 1869 ae 97y 6m 10d
James T Horne d. Jun 17 1886 ae 88y 1m 12d
Sophia h/w d. Jun 10 1883 ae 80y 4m 3d
  Well done good and faithful servant
Henry Horne b. Sep 8 1800 d. Jun 28 1845
  I will behold the face of my Savior in,
  Righteousness then I shall be satisfied,
  To awake in his likeness.
Nancy h/w d. Jun 8 1861 ae 65y 3m 16d

Row 6

Phineas Johnson d. May 5 1858 ae 44y 8m
  Dearest Father thou hast left us,
  Here thy loss we deeply feel,
  But 'tis God that hath bereft us,
  He can all our sorrows heal.
Hannah C h/w d. Oct 17 1885 ae 67y 10m 5d
  Dear mother thou art gone to rest,
  Thy toils and cares are o'er,
  And sorrow, pain and suffering now,
  Shall ne'er distress thee more.

Caroline P t/d d. Oct 5 1860 ae 18y
  But though this early called to die,
  To leave this world of care;
  We feel that she is placed on high,
  A glorious crown to wear.
Julia A t/d d. Aug 31 1867 ae 27y
  Dearest daughter how we miss thee,
  God has called thee home to rest.
Mark A Young 1826 - 1884
Caroline P Johnson h/w 1824 - 1868
Annie L Sawyer h/2w 1834 - 1914
Joseph L Young 1861 - 1927
Joseph Young 1789 - 1861
Patience Chase h/w 1794 - 1868
Joseph L Young 1830 - 1854
Joseph Stevenson d. May 25 1892 ae 85y 3m 1d
Hannah h/w d. Apr 20 1895 ae 86y 9m 26d
Estelle Stevenson t/d d. May 31 1875 ae 23y
Mary E Stevenson t/d d. May 4 1852 ae 19y 6m 9d
Andrew J Stevenson t/s d. Oct 15 1860 ae 19y 9m 7d
Hannah S Stevenson t/d d. Nov 22 1860 ae 14y 4m 7d
Albert Franklin Stevenson t/s d. Sep 19 1916 ae 86y 5m 11d
Sarah A Wheeler mother of P B Dale b. Nov 30 1832 d. Sep 1 1910
Pliny B Dale b. Apr 14 1860 d. Jan 2 1942
Georgia Tucker h/w b. Nov 1 1857 d. Dec 23 1937
David P Dale b. Sep 20 1885 d. Jun 13 1908
Mabel S Dale d. Mar 13 1942
Warren E Dale 1894 - 1976
Mattie F Dale h/w 1897 d. Nov 2 1979

Row 7

Harry A Smith b. Aug 8 1836 d. Nov 24 1907
Hannah M Smith h/w b. Apr 3 1839 d. Sep 4 1928
Seddie d/o Harry A & Hannah M Smith d. May 13 1882 ae 18y 8m 4d
  She is waiting for us in the
  Glorious Eden-land which lies
  beyond the sunset of life.
Harriet E w/o Horace F McIntire b. May 21 1851 d. Mar 30 1941

Horace F McIntire b. Apr 13 1848 d. Jan 2 1922
Row 8
Fanny I d/o Isaac B & Olive A Sawyer d. Nov 7 1862 ae 7y
Suffer little children
To come unto me.
James F s/o James R & Esther A Frost d. Feb 8 1847 ae 8m 22d
David M Smith b. Nov 2 1826 d. Apr 21 1912
Nancy h/w b. Jan 19 1827 d. Nov 23 1894
Lizzie A Eaton d. Aug 19 1878 ae 25y 4m 2d
George A s/o Lizzie A Eaton d. Jul 31 1884 ae 14y 2m 9 d
L E Tibbetts Mar 7 1850 - Jul 4 1921
Sarah G h/w d. Mar 26 1897 ae 56y
Asa Tibbetts d. Nov 26 1857 ae 45y
Esther Tibbetts h/w b. Jul 6 1815 d. Dec 13 1905
George W Tibbetts Co I 2nd N H Vols killed in the Battle of Gettysburg Jul 2 1862 (sic) ae 24y 1m 9d
J Fred Mayhew b. Mar 26 1863 d. Nov 4 1927
Hattie A Mayhew b. Aug 22 1863 d. Nov 18 1923
Row 9
Robert W Hill b. May 30 1834 d. Sep 13 1917
Mary A h/w d. Jun 24 1882 ae 46y 1m 5d
Eugene J t/s d. Jul 20 1865 ae 1y 2m 18d
Eliza M w/o Robert W Hill d. Apr 8 1904 ae 56y 4m 28d
Capt Ichabod G Frisbee b. Feb 22 1829 d. Jul 1 1903
Joanna E Fernald h/w b. Feb 16 1833 d. Dec 23 1901
George E t/s b. Dec 30 1863 d. Sep 15 1865
Child of promise thou hast gone,
To dwell in heaven a better home;
Too good for earth and all its charms,
Thy savior called thee to his arms.
George J t/s b. Jan 27 1867 d. May 6 1951
Eliza E t/d b. Jan 4 1880 d. Jun 29 1969
Samuel W Fernald b. Aug 22 1802 d. Oct 16 1872
Hannah J. Horne h/w b. Nov 4 1803 d. Apr 10 1870
Row 10
John Slager d. Apr 17 1906 ae 78y 3m 14d
Resting in hope.

Mary Angeline h/w d. Oct 16 1865 ae 33y 6m 19d
  Farewell my dear and loving wife.
  No more on earth we'll meet;
  Till Christ gives you eternal life,
  And wakes you from your sleep.
Elizabeth G Hoyt h/w d. Oct 17 1918 ae 76y 3m 12d
  Blessed are the dead who die in the Lord.
Jacob Slager d. Jul 3 1872 ae 74y
Esther h/w d. Apr 8 1900 ae 98y
Josiah Weeks d. Mar 19 1880 ae 72y 6m 24d
Fanny h/w d. Aug 14 1898 ae 87y 3m 23d
  We shall meet in Our Father's House.
Mary Jane Glines Reed w/o Capt Elijah W Reed b. Feb 25 1824 d. Jan 3 1897
John L s/o Franklin & Harriet Burk d. Mar 14 1865 ae 2y 5d
  John Lyman is an angel now,
  A diadem is on his brow,
  And heavens joy, its bliss and song
  In rapture sweet to him belong
Charles W E s/o Franklin & Harriet Burk d. Sep 27 1852 ae 6y 26d
  Rest, little son, forever rest,
  Though parents weep below,
  Safe in the bosom of thy God,
  No sorrow shalt thou know.
Hannah A d/o Franklin & Harriet Burk d. Feb 3 1872 ae 15y 1m 3d
  She was a lovely, she was fair,
  And for a while was given;
  An angel came and claimed his own,
  And took her home to heaven.
  Sweetly sleep, my precious daughter,
  Holy angels guard thy;
  Gently rest in Jesus, darling,
  Till he calls thee from the dead.
Franklin Burke d. Feb 3 1899 ae 79y 2m 29d
  It is well with the righteous.

Row 11

Caleb H Pike 1856 - 1943
Lydia E Pike 1860 - 1908
Estella M t/d
Lydia E t/d

George N Pike 1880 - 1938
Josiah W Chamberlain b. Oct 20 1844 d. Nov 30 1879
Fannie E Weeks h/w b.Aug 24 1845 d. Mar 12 1919
Row 12
Oran Dixon b. Aug 21 1819 d. Jan 21 1900
Death is the crown of life.
Maria R h/w b. Dec 16 1822 d. Dec 14 1892
There is rest in Heaven.
Mary Abbie t/d d. Sep 7 1866 ae 3y 6m 20d
She is an Angel,
And with the Angels dwell.
A crown upon her forehead,
A harp within her hand.
Jonathan P Fernald b. Dec 1 1797 d. Apr 21 1893
Mary C h/w b. Dec 12 1800 d. Feb 14 1887
J(onathan) Brackett t/s b. May 11 1844 d. Jun 23 1867
Hannah t/d d. Nov 15 1826 ae 22m
James B t/s d. Oct 24 1838 ae 3y 10m
Charles H s/o P & D Towle d. Oct 5 1831 ae 2y 16d
Ebenezer Allen d. May 7 1880 ae 79y 2d
There is rest for the weary.
Mary F h/w d. Jan 9 1870 ae 66y 11m
Blessed are the dead which die in the Lord.
Nancy h/w d. May 30 1877 ae 59y 2m
Hannah W h/w d. Jun 9 1884 ae 62y 10m 11d
Row 13
Ichabod Dixon d. Feb 21 1856 ae 60y
Rest in Heaven
Abigail P h/w d. Aug 15 1880 ae 89y 11m 18d
Rest mother, rest in quiet sleep,
While friends in sorrow o'er thee weep,
And here their heart felt offerings bring,
And near thy grave thy requiem sing.
Betsey A t/d d. Mar 19 1847 ae 20y 4m 28d
O, what is life, 'tis like a flower,
That blossom and is gone,
It flourishes its little hour,
With all its beauty on,
Death comes and like a wintry day,
It cuts the lovely flower away.
Uriah P t/s d. Mar 19 1828 ae 3y 9m 21d

Clara w/o Nathaniel F Avery b. Aug 7 1832 d. Apr 12 1890
William T Dorr Co L 1st NH Vol H Arty b. Oct 2 1830 d. Dec 14 1896 GAR marker
Nancy H h/w b. May 3 1832 d. Jan 19 1868
Jennie h/w b. Apr 7 1835 d. Nov 7 1900
Until Morning, Mama
Willis M their s/o d. Jul 21 1878 ae 1y 17d
Lulu H Dorr b. Apr 12 1876 d. Dec 23 1907
Emma Isabell d/o Stephen D & Ann M Avery d. Apr 27 1873 ae 15y 10m 28 d
Free from all earthly care,
Pure from all earthly stain,
O, who could wish her back,
In this drear world again?
John Clow 1828 - 1912
Betsey Clow 1823 - 1883
Isaac Clow 1788 - 1865
Lydia Clow 1793 - 1869
Henry A Clow 1857 - 1920
Annie W Clow 1868 - 1942
Edna Belle Clow 1897 - 1905
Ruth Clow 1893 - 1946
Eda Clow 1899 - 1971
Curtis Lang Clow 1907 - 1981 Pvt US Army WW II

Row 14

Lydia F Rollins b. Jul 27 1829 d. Jun 20 1916
Henry Pike d. Nov 15 1886 ae 83y 8m 18d
Maria h/w d. Jun 15 1880 ae 71y 2m
Dearest husband and child, go
home and weep no more, for I shall
rest here until Christ appears.
John K Pike d. Jan 28 1880 ae 45y
Sarah E d/o Henry & Maria Pike d. Sep 3 1833 ae 3y 1m 10d
Joseph Pray d. May 10 1868 ae 51y
Jane M h/w d. Aug 20 1868 ae 35y
Death, like an overflowing stream,
Sweeps us away: our life's a dream -
An empty tale - a morning flower,
Cut down and withered in an hour.
Lydia A Tibbetts 1834 - 1911
Wentworth B Tibbetts d. Nov 17 1893 ae 76y 2m 10d GAR Post #61 marker

Olive A h/w d. Nov 20 1864 ae 43y
Daniel Rollins b. Mar 17 1819 d. Sep 22 1900 GAR Post #61 marker
Elizabeth S h/w b. Aug 31 1827 d. Nov 26 1896
Cora E t/d d. Nov 6 1859 ae 8m
Thomas E t/s d. May 6 1852 ae 1y 8m
William D Rollins d. Mar 31 1856 ae 47y 4m 19d

Row 15

Mary Ann w/o Benjamin P Gilman and d/o Henry & Maria Pike d. Aug 31 1868 ae 29y 5m
All my hopes and my joys,
Lies buried in this grave.
Isaiah P Rollins d. Dec 15 1877 ae 25y
Harry E H Glidden s/o Lydia A Tebbitts was drowned Jul 11 1875 ae 13y 7m
Is Harry dead and can it be,
His loving form we no more see;
Yes he is dead his spirit fled,
His body slumbers with the dead.
A mother mourns her loss severe,
And sister sheds the bitter tear;
And loving friends they do mourn,
To think that Harry can ne'ver return.
Curtis Lang Clow Pvt US Army WW II 1907 - 1981

Row 16

William Nelson 1904 - 1979
Dorothy Nelson Conery 1930 - 1990
Lloyd E Conery 1930 -
Barbara Nelson Cheyne Rogie 1927 -
Eddie s/o Wentworth B & Lydia A Tibbetts d. Feb 10 1868 ae 1y 9m 9d
John A Chamberlain 1828 - 1913
Hannah G h/w 1834 - 1914
Mary Giles 1772 - 1870
Joseph C Chamberlain 1845 - 1921
Lester A Chamberlain 1875 - 1972
Ira Chamberlain 1796 - 1871
Betsey Chamberlain h/w 1796 - 1840
Mary Chamberlain h/w 1803 - 1893
Lillian V Chamberlain Nelson 1904 - 1979
John A Chamberlain Cpl US Army WW II 1909 - 1985
Edith L Chamberlain 1920
Edwin R Chamberlain 1909 - 1985

Ira Horne 1807 - 1890
Eliza D Horne h/w 1813 - 1887
Charles E Horne 1843 - 1921
Henry E Horne 1849 - 1924
Frank B Horne Mar 22 1839 - Oct 4 1906 GAR marker
Melissa D Horne h/w Apr 9 1862 - Aug 5 1925
Sadie E Horne t/d Sep 21 1894 - Sep 22 1899
Franklin G Phinney 1869 - 1949
Stella Whitehouse Phinney h/w 1880 - 1927
Alvin H Reed 1880 - 1953
Althea Phinney Reed h/w 1904 - 1941
Elizabeth Cressy Silvernail b. Oct 10 1944 d. Nov 8 1975
Ruth Brooks Fitz 1897-
Leland Leroy Fitz 1895 - 1967

Row 17

Etta May d/o F P & L A Dixon b. Nov 16 1898 d. Mar 19 1899
Frederick P Dixon b. Jun 30 1849 d. May 19 1900
James F Moody b. Aug 12 1846 d. Dec 19 1911 ae 65y 4m 2d
Hannah H Kenney Moody h/w b. Jul 3 1852 d. May 3 1888 ae 36y 10m
Arthur S Moody 1877 - 1936
Lydia A (Moody) h/w 1868 - 1940
Nelson F Twombley b. Sep 24 1864 d. Nov 16 1929
Estella A Twombley b. Apr 27 1864 d. Mar 7 1891
Emma E Twombley b. Nov 28 1860 d. Oct 12 1946
S F Twombly d. Sep 11 1924 ae 86y 7m 17d
Lydia J h/w d. Nov 18 1899 ae 57y 6m 11d
John F Chamberlin 1837 - 1919
J Belle Horne h/w 1839 - 1924
Cyrus L Jenness 1862 - 1946
Abbie E (Chamberlin) Jenness h/w 1866 - 1951
Gertrude Alice Davis 1928 - 1987
William Proud Davis 1909 -
John F Moody 1883 - 1960
Bethena W h/w 1889 - 1971
Joyce A Galvin b. Nov 17 1939
Paul R Galvin b. Jul 31 1936
J Roscoe Clow b. Mar 15 1885 d. Oct 24 1954
John Clark d. Mar 24 1889 ae 68y 10m 2d
George W Nute d. Mar 22 1890 ae 74y

Hannah G Nute h/w d. Sep 16 1870 ae 54y
Olive L h/w d. Mar 7 1917 ae 76y 6m
Capt James Nute d. Jul 18 1856 ae 84y
Abigail Nute h/w d. Jul 31 1853 ae 67y
Samuel S t/s d. Nov 15 1828 ae 20y
Samuel B Sawyer b. Aug 8 1820 d. Dec 23 1898
Susan Sawyer h/w b. Jul 29 1809 d. Jun 10 1896
Almena S Sawyer b. Apr 19 1854 d. May 30 1907
Emily A Sawyer b. Jun 10 1847 d. Dec 13 1918
Charles H Tibbetts b. Nov 7 1841 d. Nov 21 1930
Harriet A h/w b. Aug 4 1845 d. Dec 9 1930
Alice B Tibbetts b. Nov 18 1866 d. Mar 3 1941
Leonard Shortridge b. Mar 8 1821 d. Nov 24 1892
Mary J Shortridge b. May 7 1824 d. Mar 3 1895
Emma F Shortridge b. Jul 28 1854 d. Dec 29 1919
Sylvester L Shortridge b. Jul 23 1852 d. Aug 20 1924
Almon A Shortridge b. May 12 1858 d. Aug 26 1930

Row 18

Philip C Gerlach
Ida L Clough h/w
Daniel Clow d. Dec 25 1896 ae 64y
Susan F Clow d. Oct 29 1916 ae 79y 11m 10d
I know that my Redeemer liveth
Lillie B t/d d. Mar 10 1868 ae 5y
Earl T Grant b. Apr 15 1881 d. May 4 1953
Bertha A Clough h/w b. Nov 11 1883 d. Apr 1 1947
Clyde H Grant t/s

Row 19

Joseph Frank Culick 1907 - 1961
Mildred Clow Culick 1908 - 1988
W J Paul Dye MD Fellow American College of Surgeons 1902 - 1950
Fred Ellsworth Clow MD Fellow American College of Physicians 1881 -1941
Bessie Beless Clow h/w 1883 - 1953
Clara Horswell Clow w/o John Hildreth Clow DMD 1912 - 1968
Charles W Clough b. Apr 5 1858 d. Mar 2 1928
Helen E Clough h/w b. Sep 14 1859 d. Jul 30 1932
James E Avery b. Oct 8 1851 d. Aug 8 1922
Inez E Dorr h/w b. Dec 22 1856 d. Oct 18 1937
Charles O Dixon b. Feb 15 1848 d. Apr 1 1920
Lizzie M Dixon h/w b. Oct 2 1847 d. Feb 5 1936

Edward C Avery b. Apr 16 1874 d. Mar 21 1929
Richard F(ernald) Wentworth b. Sep 23 1908 d.
  Jun 5 1931
Stephen W Clow 1855 - 1935
Carrie W Clow h/w 1854 - 1919
John Hildreth Clow DMD 1913 - 1987
Florence Clow Rollins 1884 - 1938
Irving Chase Rollins 1878 - 1951
Marjorie Rollins Hatch 1906 - 1953
Ernest H Trickey b. Sep 26 1886 d. Apr 14 1933
Alma C Trickey b. Dec 28 1885 d. Jul 1 1955
John Clow 1753 - 1846 Rev Army Service
Susan Brown Clow 1770 - 1832
Mehitable Whitehouse Clow 1789 - 1855
George W Cotton 1797 - 1876
Anna H Cotton w/o George Cotton 1793 - 1875
Nathaniel H Cotton 1825 - 1881
Elizabeth S Cotton h/w 1832 - 1858
Charles O Rendall buried in New Orleans
Charlotte B w/o Charles Rendall 1827 - 1864

Row 20

Jesse R Hooper b. Jul 3 1895 d. Oct 30 1974
Annie M Clow h/w b. Feb 15 1891 d. May 18 1963
Gladys A Hooper 1914 - 1982
Doris I Hooper 1925 -
Chester E Chellman b. Sep 17 1888 d. Jan 23 1970
  WW I marker
Christine W w/o Chester Chellman 1903 -
Lester E Adams 1907 -
Helen C(low) Adams 1906 - 1975
Jesse W Clow 1910 -
Edythe R Clow 1907 -
Edna Louise Hooper 1918 - 1935
Ray R Hooper 1889 - 1961
Florence E Hooper 1890 - 1977
Elmer F Downing 1907 - 1984
Henry W Holmes 1867 - 1943
Warren E Holmes 1901 - 1968
Sylvia E Pio h/w 1907 - Oct 17 1969
L Bertha Laughlin 1893 - 1964
Ella Holmes Chick 1871 - 1954
Chester W Holmes Feb 2 1932 - Dec 20 1934
Chester W Holmes 1894 - 1974
Nellie Sear h/w 1887 - 1973

Ralph W Holmes 1903 - 1985
Ella M Adjutant Dec 29 1855 - Jan 23 1923
Martin W Adjutant 1855 - 1930
F Earl Adjutant 1896 - 1972 American Legion
 marker
Elijah B Kenney 1853 - 1929
Anna P Kenney w/o Elijah Kenney 1881 - 1960
Bessie Ada w/o Joseph A Chamberlin b. Apr 29
 1904 d. Nov 28 1922
Howard A Chamberlin Jan 10 1947 - Sep 12 1967 L
 Cpl Co I 3bn 26 Marines Vietnam service
Edwin L Chamberlin 1851 - 1929
Lilla Chamberlin h/w 1857 - 1941
Row 21
Harvey J Lord 1881 - 1960
James N Heald 1871 -1961
Edith M Heald 1873 - 1958
James N Heald Jr 1907 - 1987
Eva A Heald 1909 - 1985
John L Morrill 1902 - 1958
Alice C(low) Morrill 1902 - 1966
Herbert J Greim 1905 - 1969
 *lost his life in a tragic accident in No
 Berwick ME while employed as an electrician
 by American Cyanamid Company*
Gladys I Robie h/w 1908 -
Sally E Perry 1913 -
Richard A Estes Sr 1917 -
Mable E Estes 1912 - 1974
Freda A Estes 1888 - 1955
Arthur Estes 1877 - 1945
Daniel Twombly d. Aug 20 1883 ae 77y 4m 18d
Frozilla h/w d. Apr 21 1875 ae 68y 6m 27d
Little Harry only s/o Frank O & Fannie H Cate d.
 Apr 25 1875 ae 1y 1m 15d
Adelia w/o John H Bodge d. Dec 13 1913 ae 57y 8m
Laura Adelia Abbott b. Apr 23 1877 d. Jun 5 1939
 ae 62y 1m 12 d
James H Shortridge b. Jan 31 1833 d. Mar 7 1895
Mary J h/w b. Jan 1 1844 d. Sep 21 1896
Clarence H t/s d. Apr 22 1876 ae 16y 6m 19d
Millie E Hammer
Castle R Fernald
Everett E Fernald 1874 - 1943

Rosamonde M Sawyer h/w 1877 - 1970
Anna M Swinerton b. Feb 28 1911 d. Jun 8 1990
James G Tutt b. Aug 29 1912 d. Jul 30 1980
Tuleta V Fernald h/w
Otto Pecunies b. Oct 18 1899 d. May 6 1979 ae 79y
Eleanor B Fernald Pecunies h/w b. Jul 26 1903 d. Sep 16 1988 ae 85y
Elbridge M Robie 1902 - Dec 17 1977
Wilbur E Robie 1898 - Aug 30 1978
Walter D Robie 1877 - 1952
Dorothy Ashby 1906 - 1980
Sally E Perry 1913 -
Fannie M Lundberg 1879 - 1956
Asa M Clow 1860 - 1930
Alice M Clow h/w 1863 - 1922
Everett W Abbott US Army WW I 1897 - 1977
Samuel J Heacock 1887 - 1939
Christine M Smith 1898 - 1972
Ernest F(ranklin) Kenney 1903 - 1973
Marguerite A(nna) Kenney 1903 -
Howard P Baker b. Aug 25 1909 d. Oct 10 1988
Elizabeth M Baker b. Aug 2 1916 d. Jan 19 1987
Harvey Adjutant 1922 - 1972
Carl S Glidden 1910 - 1982
Bernice A Glidden h/w 1922 -
Clarence E Stockridge 1906 - 1991
Doris E h/w 1909 - 1988
Maynard E Butler s/o Maynard & Lillian Butler b. Feb 21 1963 d. Feb 25 1963
Maynard E Butler Sp4 US Army Korea b. Aug 27 1931 d. Nov 26 1985
Robert D Adjutant 1913 - 1970
Hope Glidden h/w 1916 - 1989
Sarah B Haines b. Jul 16 1903 d. Jan 10 1975
Rodney M Haines Sr b. Aug 8 1900 d. Feb 11 1968
Sarah R Pearson d/o Walter & Virginia J Pearson b Aug 8 1979 d. Sep 6 1981
Emil Janoch 1894 - 1973
Sophie h/w 1895 - 1978
Max J Janik Jr 1914 -
Virginia H Janik 1925 -
George C Pratt 1912 - 1971
Sarah A h/w 1911 - 1974

Kate M Chamberlain
William Nutt
Caroline Allen h/w
William Nutt t/s
Samuel J Nutt t/s GAR marker

Row 22

Francis H Knowlton 1896 - 1971
Violet Baker McGee b. Aug 12 1913 d. Sep 4 1961
Ernest L Feyler 1885 - Aug 29 1977
Carrie S Fleyer 1898 - 1971
Olin Nichols 1888 - Sep 11 1977
Georgianna Nichols 1890 - 1972
Albina M Adjutant b. May 21 1924 d. Jan 12 1985
Harold M Adjutant b. Aug 13 1916 d. Apr 4 1961
  WW II marker
Charles H Dore 1888 - 1966
Maude E Dore 1887 - 1962
Martin Bonn Adjutant b. Nov 25 1885 d. Nov 21 1954
Hattie May Hooper h/w b. Sep 1 1893 d. Jun 27 1940
Nathaniel Whitehouse 1828 - 1862
Emeline Whitehouse 1832 - 1859
Jarusha E Whitehouse t/d 1858 - 1858
Ivory P Whitehouse t/s 1852 - 1926
Carol S Suiter d. Nov 15 1938
Irene G Atherton b. Dec 20 1917 d. Dec 12 1979
Thomas W Eatock 1882 - 1976
Evelyn S Eatock h/w 1896 - Nov 26 1980
Earl F Baldwin Jr 1923 - 1986
Ronald E White 1959 -
Helen B White 1957 -
Christopher Roland White b. Aug 29 1991 d. Oct 13 1991
John M Denison 1920 - 1992
Priscilla C Denison 1926 -
Henry N Sunderland 1898 - 1989
Ruth B Sunderland 1900 - 1985

NORTH WOLFEBORO CEMETERY
STONEHAM & COOPER ROAD (#13)

SECTION 1
Row #1
Frank L Chick 1853 - 1905
Lizzie F Chick h/w 1855 - 1914
Charles Hardy b 1819 d. Nov 19 1882 ae 63y 5m
Elizabeth F Sias h/w 1821 - 1903
Isabelle Hardy t/d 1845 - 1846
Mary Ellen Hardy d/o Loammi & Mary B Hardy b. Oct 23 1851 d. Apr 13 1853
[obliterated] child of Loammi & Mary B Hardy b. Mar 3 1855 d. Jul 24 1855
Charles C Hardy s/o Loammi & Mary B Hardy d. Aug 23 1863 ae 16y 7m 9d
Loammi Hardy d. Nov 21 1873 ae 68y 4m
Mary B Hardy h/w d. Dec 27 1883 ae 68y 6m 26d
Charles Henry Nute b. Dec 7 1850 d. May 18 1926
Fannie S Johnson h/w b. Nov 3 1851 d. Mar 24 1927

Row 2
Munroe F Nute 1848 - 1888
Allen Swasey 1833 - 1910
Helen S Bickford 1852 - 1912
I/s/o John W & Abra W Bickford d. Jan 10 1832
William H Beaumont d. Dec 22 1872 ae 44y 9m 7d
He doth all things well.
Ann Maria h/w & d/o Richard & Ruth Bickford b. Mar 1 1826 d. Oct 6 1905
Lillian M t/d b. Sep 10 1857 d. Jan 14 1898
Gone but not forgotten.
Alvah Bickford d. Dec 18 1884 ae 73y 4m
Death is certain, the hour unseen.
Apphia h/w d. Dec 22 1883 ae 67y 2m
There shall be no night there.

Row 3
Howard Willand Cpl US Army WW I 1894 - 1976
Rena G Willand 1887 - 1978
Charles A Willand 1890 - 1960
Ralph B Willand 1906 - 1918
Arthur J Willand 1855 - 1916
Etta M Willand h/w 1864 - 1937
Frank M Nute d. Mar 21 1940 ae 65y 5m 1d

Lillian E h/w d. Jul 5 1912 ae 60y 3m 27d
Row 4
Betsey K Perkins 1796 - 1880
Gertrude H Jenness b. Feb 6 1868 d. May 30 1915
Joseph Chamberlin d. Apr 10 1864 ae 45y 3m 10d
Lydia Savina h/w d. Dec 27 1855 ae 31y 3m 10d
David T Tebbetts b. Mar 23 1832 d. Aug 13 1893
Weep not he is at rest.
Lucinda Idella h/w d. Jun 1 1909 ae 67y 3m 7d
Blessed are they who trust in the Lord.
Elmira F d. Aug 23 1863 ae 1y
Dr Thomas J Tebbetts d. Feb 6 1867 ae 77y 1m 15d
Blessed are the dead that die in the Lord
Betsey Ann Allen h/w d. Mar 28 1858 ae 58y 5m 7d
S Amanda t/d d. Sep 1 1870 ae 36y 2m 23d
Helen M t/d d. Feb 22 1866 ae 22y 10m 3d
Thomas J t/s d. Dec 16 1844 ae 18y 1m 11d
Elizabeth A t/d d. Aug 5 1852 ae 30y 4m 6d
Row 5
Nielsine R Hansen b. Oct 8 1887 d. Jun 20 1921
Norman Wilson, ARM 1/c s/o Annie T & James
   Wilson 1918 - 1943
Annie T Wilson 1892 -
James Wilson 1880 - 1958
Douglas s/o James & Annie 1916 - 1942
Pierce L Wiggin b. Apr 23 1851 d. Oct 2 1926
Hattie L h/w b. Feb 19 1862 d. Oct 18 1939
Pierce Clyde Wiggin NH Pharmacist's mate 1 Cl
   US Navy Apr 5 1938
Archer H Tebbetts 1887 - 1977
Abbie H h/w 1886 - 1967
Ruth N Tebbetts 1916 - 1943
Row 6
Agnes C Schuchman 1884 - 1973
Frances M Cowper 1886 - 1968
Edith C Watkins 1890 - 1956
Robert C Cowper 1893 - 1919
Henry L Cowper 1887 - 1931
Emma A Kidd h/w 1856 - 1931
Rev Frederick C Cowper 1851 - 1929
Ella F w/o James F Frost d. Apr 24 1895 ae 47y
Oliver N Graves d. Oct 28 1881 ae 64y 11m 14d
Row 7
Henry Veazie d. Feb 4 1870 ae 75y 7m

Lois h/w d. Jul 2 1857 ae 59y 11m 29d
*Her spirit from the mortal fled,
And she is numbered with the dead,
But though she died, she lives again,
Forever free from death and pain;
Immortal in a world of peace,
Where joy supreme will never cease;
Where pleasures infinite abound,
And sorrow there is never found;
Where God, the loadstone and the goal,
Calls home at last the wandering soul.*
Henry A Veazie t/s d. Mar 26 1843 ae 18y
Susan M Veasie t/d d. Jan 24 1842 ae 2y 11m
Thomas t/s d. Feb 10 1854 ae 16y 1m
*Death always calls the fairest flower,
He smiles to see the bond thus riven;
Yet God alone could give the power,
To call that loved one home to heaven.*
Levi Veazie b. Jan 4 1798 d. Aug 19 1867
Our father sleeps in Jesus.
Esther w/o Timothy W Young d. Jul 8 1858 ae 81y 2m
Elizabeth d/o Benjamin & Hannah Folsom d. Oct 14 1841 ae 19y
William Oren s/o Benjamin & Hannah Folsom d. Apr 11 1843 ae 22y 4m
Hannah w/o Benjamin Folsom d. Sep 9 1844 ae 55y

SECTION 2
Row 1

James Hardy b. Jan 26 1780 d. Jul 19 1849
Lydia Hardy b. Jan 26 1778 d. Dec 11 1839
Ezra Hardy d. Nov 11 1895 ae 87y 8m 14d
Eliza A Hardy h/w d. Feb 14 1880 ae 73y 7m
Lydia A Hardy t/d d. Jun 6 1846 ae 5y 6m
James Hardy t/s d. Oct 20 1843 ae 4y 25d
Dudley Hardy d. Jan 13 1892 ae 48y 9m
Dudley Hardy d. Jul 31 1851 ae 85y 5m
Hannah h/w d. Mar 29 1817 ae 44y 10m
Abigail Hardy h/w d. Jun 1 1855 ae 73y 5m
*So Jesus slept, - God's dying Son,
Passed through the grave and bless'd the bed,
Rest here blest Saint, till from his throne,
The morning breaks, and pierce the shade.*

Row 2

Charles H Bickford d. in United States service
Aug 19 1863 ae 22y 6m 26d
He offered his life as a sacrifice,
On the altar of his country, and It was
accepted. He is not dead but gone before.
Thomas J Bickford d. May 12 1885 ae 71y 8m
We miss thee at home.
Sophia M h/w d. Oct 13 1883 ae 68y 1m
She resteth, why weep.
Elsaphia d/o Thomas J & Sophia Bickford d. May
22 1846 ae 16m
Ada M Bickford w/o Thomas J Bickford Jr d. Oct 6
1879 ae 23y 9m
While cleaving to my darling dust,
In fond distress ye lie;
Rise and with joy and reverence, view,
A heavenly Parent nigh.
Sarah W. Stevenson w/o Thomas Stevenson Jr & d/o
Wilmot & Dorothy Bickford d. Feb 22 1862 ae
56y
Wilmot Bickford d. Jan 3 1834 ae 62y 4m 10d
Hark, the voice of reason cries,
God lives, whilst the person dies.
Tis pleasing truth let grief be staid,
Natures debts must all be paid.
Hope looks beyond the bounds of time,
When those we now deplore,
Shall rise full of immortal pride,
And bloom to fade no more.
Dorothy Bickford h/w d. May 12 1872 ae 96y 7m

Row 3

Aaron Roberts d. Jan 15 1874 ae 76y 7m 18d
Mary Roberts h/w d. Sep 26 1835 ae 34y 6m
Rest here my cherished one, in calm repose,
Free from the ills of life - its bitter
throes;
A long farewell. Tis hard to give thee up,
Yet I'll meekly bow and drink the cup;
Since Jesus' power hath triumph o'er the
tomb,
And borne thy spirit to its promised home.

Two infants: 1st d. Sep 1826; 2nd d. Jan 1828
children of Aaron & Mary Roberts
Maria A G Roberts h/2w d. Dec 14 1875 ae 69y 2m 4d
Aaron J Roberts t/s d. Mar 2 1845 ae 3m 2d
Sacred ashes
Mary B G Roberts t/d d. Jun 9 1853 ae 17y 8m
Forgive thou blest the tributary tear,
That mourns thy exit from a world like this,
Forgive the thought that would have kept thee here,
And stayed thy progress to the seats of bliss.
Aaron R Gage s/o Fred & C G R Gage d. Nov 12 1861 ae 10m

Row 4

Samuel Tibbetts b. Dec 15 1795 d. Oct 27 1876
Vet of War of 1812 marker
I have finished my course. I have kept the faith
Sally h/w d. Aug 19 1848 ae 48y 7m
Francis P t/s d. Feb 8 1850 ae 20y 10m 20d
Elisabeth S t/d d. Dec 12 1837 ae 12y 10m 22d
Joseph G Whitehouse 1833 - 1892
David H Whitehouse 1807 - 1839
Mary M Giles wife of David Whitehouse & Samuel Giles b. Nov 6 1806 d. Jan 20 1899
His life shall stand as all good lives have stood,
Deep rooted in the Faith that God is good.
Mary A Whitehouse b. Dec 11 1835 d. Jan 14 1911

Row 5

Walter G Dore 1886 - 1972
Alta A h/w 1891 - 1933
Walter E Dore t/s 1926 - 1930

Row 6

George William Dearborn s/o Levi & Martha Dearborn d. Sep 12 1834 ae 2y 3m 12d
Simeon Dearborn d. Nov 3 1835 ae 80y 3m 20d
James Parker son of Ira & Abbie Whittle d. May 6 1871 ae 20y 6m
I would not call him back to earth,
For in his robes of white,
He treads the golden streets I know,

In everlasting light.
Parker Whittle d. May 31 1830 ae 43y
Hannah h/w d. Jul 2 1882 ae 94y 10m
Susan t/d d. Mar 9 1835 ae 21y
John Dame d. Nov 4 1850 ae 84y
Lydia h/w d. Nov 4 1841 ae 68y
 Cease, ye mourners, cease to languish,
 O'er the grave of those you love.

SECTION 3
Row #1
Col Mark Wiggin b. Oct 25 1746 d. Feb 23 1827
Betsey B Wiggin h/w b. Nov 26 1748 d. Apr 28 1812
Nathaniel Wiggin t/s b. Jul 11 1791 d. Sep 8 1799
Chase Wiggin t/s b. Jan 26 1772 d. May 12 1835
Mark Wiggin Jr b. Oct 27 1778 d. Jun 20 1848
Hannah P Wiggin h/w b. Dec 8 1794 d. Jun 23 1849
Abbie H Wiggin t/d b. May 10 1825 d. Aug 23 1825 ae 3m 13d
Betsey B Wiggin t/d b. Jun 2 1816 d. Nov 21 1825 ae 9y 10m 19d
Hannah H Wiggin t/d b. Mar 16 1818 Apr 11 1903
George F son of George P Wiggin b. Jun 3 1844 d. Sep 11 1870
Mark T Wiggin b. Mar 18 1823 d. Nov 12 1879
Angeline P Wiggin h/w b. Apr 1 1823 d. Oct 7 1895
Abbie H Wiggin t/d b. Feb 4 1850 d. Mar 12 1855
Charles C Wiggin t/s b. Apr 24 1854 d. May 2 1910
Mary E Wiggin h/w b. Mar 1 1852 d. Aug 24 1892
Robert L Wiggin t/s b. Jul 18 1892 d. Oct 2 1892
Nellie Wiggin Johnson 1884 - 1969

Row 2
Eliza Thurston d. Jan 28 1816 ae 93y
Thomas B Wiggin d. Feb 24 1839 ae 69y
Eliza Wiggin h/w d. Jul 15 1822 ae 49y
Eliza Haines t/d d. Sep 2 1837 ae 36y
Judith Wiggin h/2w d. Mar 19 1828 ae 50y
Mary Wiggin h/3w d. Aug 27 1865 ae 86y
Pierce L Wiggin d. Jul 17 1833 ae 24y
Brackett Wiggin d. Sep 1 1860 ae 61y 11m 4d
Lydia Wiggin h/w d. Feb 20 1865 ae 62y

Row 3

Jonathan Bickford d. May 11 1818 ae 88y
Sarah Bickford h/w d. Mar 19 1823 ae 84y
Dea. Richard Bickford d. May 12 1862 ae 78y 3m 18d
  And he was not, for God took him.
Ruth Bickford h/w d. May 2 1842 ae 52y
Mehitable H Bickford t/d d. Nov 2 1855 ae 37y 8m
Sarah F Bickford b. Mar 9 1832 d. Aug 18 1907
Mary E Gilman 1795 - 1887
Jonathan W Gilman 1835 - 1869
Jonathan Bickford d. Oct 21 1852 ae 85y 4m
Abigail Bickford h/w d. Aug 19 1857 ae 87y 3m

Row 4

George O Cotton d. Nov 29 1839 ae 65y 5m
Sally Cotton h/w d. Jun 25 1864 ae 89y 1m
John I S Cotton d. Jul 26 1831 ae 30y
  His warmest friends laments his loss, but
  they trust his philanthropic & Christian
  life,
  While here have secured him a blissful
  mansion,
  In heaven, and his desired heaven.
Ruth R Cotton d. Jul 13 1880 ae 79y
Thomas J Avery d. Feb 23 1898 ae 93y 1m 13d
Ann B Avery h/w d. Apr 21 1889 ae 81y 4m
Burrill I Avery t/s d. Jan 6 1847 ae 9m 4d
Annas C Avery t/d d. Jun 13 1850 ae 4m 11d
John S C Avery t/s d. Mar 22 1838 ae 9m
George C Avery 1839 - 1924
Lucinda F Avery h/w 1844 - 1923

Row 5

Moses Thurston d. Dec 6 1836 ae 75y
Betsey Thurston h/w d. May 16 1858 ae 91y
James Thurston b. Dec 24 1801 d. Dec 10 1876
Martha Thurston h/w b. Mar 3 1803 d. Nov 8 1869
Isaac Thurston d. Jan 9 1874 ae 47y 3m 16d
  We shall meet beyond the river.
Susan Melissa h/w d. Mar 21 1908 ae 73y 3m 8d
Charles F Thurston d. Dec 2 1932 ae 73y 2m 14d

Row 6

John Drew d. Apr 13 1815 ae 29y
Nancy Drew h/w d. Dec 29 1863 ae 79y
Andrew J Drew d. Nov 12 1887 ae 76y 7m

Lydia W Drew h/w d. Aug 4 1878 ae 65y
Charles W Drew t/s d. Jan 10 1843 ae 2y 9m
Henry Drew t/s d. Mar 14 1850 ae 6y 21d
George Drew t/s d. Jan 30 1854 ae 2y 13d
Burleigh Drew t/s d. May 11 1878 ae 23y 5m
John F Drew d. Sep 1 1894 ae 57y 11m
Lydia A Nute d. Nov 9 1921 ae 83y 6m 4d
Betsey A Young w/o Hollis Young d. Oct 13 1883 ae 69y 7m 29d

Row 7
Samuel W Holmes d. Jun 14 1872 ae 67y 3m
James E Libby d. 1848 ae 12y
James Libby d. Aug 21 1900 ae 84y
Mary W Libby d. Jul 12 1886 ae 70y
Lydia Libby d. Jun 7 1889 ae 46y

SECTION 4
Row 1
Mark M Graves d. Dec 29 1895 ae 81y
G F W
Thomas Blake d. Dec 27 1885 ae 92y 5m
Abigail Blake h/w d. Sep 5 1879 ae 80y 1m
Charles F Blake d. May 22 1899 ae 73y 2m 8d
Susan A h/w d. Sep 17 1880 ae 51y 8m 13d

Row 2
Alonzo F Tibbetts d. Apr 7 1889 ae 65y 10m
Betsey W h/w d. Mar 11 1904 ae 80y 4m 5d
Two babies of Alonzo F & Betsey W Tibbetts
Herman A Tibbetts d. May 1 1890 ae 33y
Etta G Abbott w/o Herman A Tibbetts & Ervin Dore d. Oct 26 1912 ae 52y
Harry L Adjutant b. Apr 28 1888 d. May 11 1931
Charles W Thompson d. Jun 11 1906 ae 67y 8m 13d
Elizabeth A Hanson h/w
Ada E t/d d. Nov 10 1899 ae 25y 21d
Harry F t/s d. Nov 15 1873 ae 1y 7m 18d

Row 3
Benjamin Young d. Dec 13 1848 ae 92y 5m
Rebecca Young h/w d. Nov 5 1843 ae 85y 8m
Lewis L Whitehouse d. May 12 1866 ae 58y 2m 2d
Sarah h/w d. Aug 30 1867 ae 67y 10m 15d
Clarence A Hayes 1860 - 1935
Etta M Hayes 1863 - 1941
Elwood R Hayes 1890 - 1964
Ethel M Hayes 1896 - 1904

Lucy C Perry w/o James Perry d. Mar 22 1872 ae 77y 11m 8d
Frank A B Langley d. Jul 13 1898 ae 73y 4m 12d
Stella H Langley d/o Frank A & Mary A Langley infant d. Mar 1 1891
Mary A w/o Frank A B Langley & George W Dore d. Jan 11 1918 ae 59y 7m 3d
George W Dore d. Dec 6 1929 ae 66y 4m 22d

Row 4

Fred R Blake 1869 - 1938
Nellie F Blake 1871 - 1942
Viola d/o James E & Melisia J Thurston d. Aug 8 1861 ae 11m 15d
Thomas Young 1789 - 1868
Anna Young h/w 1796 - 1890
James M Ryan 1820 - 1848
Martha A h/w d. Nov 11 1851 ae 24y 5m 24d
But oh! methinks 'tis vain to mourn,
To us she never will return:
Nor should we wish her back again,
Since she is freed from death & pain;
For she has reached that peaceful shore,
Where pain & death are known no more.
James A Ryan t/s 1848 -1858
George J Burke d. Aug 2 1894 ae 70y
Betsey Chapman h/w d. Sep 18 1882 ae 48y
George A Avery 1840 - 1913
Melvina F Avery 1848 - 1912

Row 5

Rev Stephen Merrill d. Jun 23 1860 age 66y
Stephen son of Rev Stephen Merrill d. Oct 5 1851 age 22y
He entered Amherst College with the hope of preaching Christ to his fellow man on earth; but UNERRING WISDOM called him home.
Abby Eldora Doldt infant d/o Rev James & Eliza S Doldt d. Mar 10 1848
Rev Francis P Smith d. Nov 21 1879 age 84y
Elizabeth S Smith h/w and d/o Rev Ezra Weld of Braintree Mass d. Sep 8 1873 age 77y
Elizabeth J Smith d/o Rev F P Smith Mar 1828 - Mar 1914
Edward Trask b. Mar 31 1803 d. Jan 28 1847
Eliza Trask h/w b. Apr 1 1805 d. Jan 11 1882

Carrie F Trask 1846 - 1913
Ervin Dore d. Sep 3 1937 age 72y 5m 5d
Clara E Dore h/w d. Jan 16 1891 age 30y 9m
Rhoda Goodwin w/o Simeon B Kenney d. Feb 7 1902 age 67y 8m 27d

Row 6

Cyrus H Dore d. Nov 26 1906 ae 46y 7m 6d
Layfayette Geralds Jun 30 1874
Julia A Kenney w/o Cyrus Dore & Layfayette Geralds b. Jul 15 1871 d. Nov 9 1920

SOUTH WOLFEBORO CEMETERY
MIDDLETON ROAD (#74)

Front Center near Road

Solomon Perkins d. Apr 30 1838 ae 93y 5m
Abigail Perkins h/w d. Sep 20 1837 ae 86y 10m
Nathaniel Horn d. Jul 12 1855 ae 81y 11m
Margaret Horn h/w d. Sep 4 1846 ae 67y 5m
Solomon P Horn d. Dec 13 1880 ae 82y 2m 17d
  Rest dearest father, forever rest,
  While thy children weep below;
  Safe in the bosom of thy God,
  No sorrow shall thou know."
Sarah M Horn h/w d. Nov 16 1867 ae 70y 4m 16d
  Rest dearest wife, forever rest,
  While I must weep below;
  Safe in the bosom of thy God,
  No sorrow shall thou know.
Jathro Horn bro. of Solomon Horn d. Oct 10 1836 ae 35y 9m
Mary F w/o Samuel Getchell & d/o Solomon P & Sarah Horn d. Oct 25 1856 ae 18y 4m

Row #1

James S Cleaves 1907 -
Marguerite T Cleaves h/w 1920 -
Guy W Corson US Navy Korea 1929 - 1988
Leonard F Hubbard Sr 1910 - 1978
Levi F French 1851 - 1937
Stephen D French 1861 - 1939
Earl F Willand Sr 1896 - 1974
Margery F Willand h/w 1899 - 1971

SOUTH WOLFEBORO

Andrew J Willand 1932 - 1937
Jennie Willand 1856 - 1941
William Corson b. Dec 2 1826 d. Nov 27 1902
Susan R Corson h/w b. Feb 4 1838 d. Jul 25 1902
George E Corson 1853 - 1908
Arthur H Edgerly 1873 - 1939
Abbie L Edgerly h/w 1870 - 1930
Charles W Corson b. Sep 19 1859 d. Feb 28 1899
Elwood E Corson 1865 - 1924
Eva G Corson h/w 1867 - 1928
Edith M Corson t/d 1886 - 1912
Maud E Hicks b. Jul 20 1873 d. Apr 3 1907
Robert J McBride 1891 - 1912
Bessie H McBride 1863 - 1958
Frank McBride 1858 - 1933
Florence E Berry 1905 - 1977
Fred W Berry US Army WW II 1916 - 1981
Annie Berry 1880 - 1973
Harriet S Berry 1923 - 1988
Warren D Thompson b. Jun 17 1882 d. Jan 16 1965
  Mass Pvt Eng Off Tng School WW I marker
Ruth Adams Thompson b. Mar 9 1893 d. Nov 23 1977
Annotte T Durkee b. Jan 3 1921 -
Forrest J Durkee US Navy WW II b. Aug 31 1920 d.
  Jul 20 1988
George R Spence 1939 - 1968
Robert E Spence 1912 - 1990
Ellen S Allen Sp5 US Army Vietnam b. Nov 1 1941
d. Aug 18 1991

Row #2

Wolte Saltzman b. Dec 25 1868 d. Nov 2 1943
Ida J Saltzman h/w b. Aug 11 1872 d. Jun 16 1950
Merton E Aspinwall b. Oct 21 1894 d. Oct 20 1980
Elizabeth F Aspinwall h/w b. Jan 1 1894 d. Aug 6
  1972
Walter C Mulvey 1896 - 1934
Robert Mulvey Co G 389 Inf Regt WW II marker b.
  Aug 12 1920 d. May 21 1971
Lucey A Sylvester d/o C B & G F Sylvester d. Aug
  17 1901 ae 3y 6m 5d
Charles W Kimball d. Dec 4 1906 ae 32y 10m 22d
Loren F Kimball 1849 - 1936
Sarah E Hodgdon Kimball h/w 1849 - 1936
Moses H Chesley b. Dec 6 1817 d. May 4 1897

Sarah E Chesley h/w b. Jan 7 1841 d. Mar 11 1875
Eliza Estella Chesley d/o Moses H & Sarah E
   Chesley b. Apr 2 1887 d. Feb 15 1927
   He that keepeth thee will not slumber
Moses M Chesley b. Jan 7 1863 d. Feb 18 1948
Carrie B Chesley h/w b. Jan 28 1868 d. May 22
   1944
Fred A Berry b. Aug 17 1869 d. Apr 25 1943
Fannie E Berry h/w b. May 19 1868 d. Dec 18 1900
John M Berry b. Aug 16 1846 d. Mar 24 1898
Lucy A Berry h/w b. Dec 25 1847 d. Jun 5 1929
Mary S Edgerly d/o William A & Sarah F Edgerly
   d. Oct 10 1880 ae 2y 2m 3d
William A Edgerly d. Dec 9 1914 ae 73y 8m 18d
Cpl Charles F Corson 1923 - 1944
Frank R Corson b. Dec 10 1871 d. Sep 1 1924
Etta F Edgerly Corson h/w b. Mar 23 1870 d. Feb
   18 1941
Lottie May Corson t/d d. Oct 27 1895 ae 7w
Guy W Corson 1893 - 1945
Zaida D Corson h/w 1903 - 1963
Henry H Chase b. Aug 29 1846 d. May 27 1926
Mary A Chase h/w b. Mar 18 1841 d. Mar 7 1908
Grace M Chase b. Mar 24 1876 d. Feb 24 1909
George W Chase b. Jun 5 1833 d. Sep 16 1912
Abbie B Chase h/w b. Sep 11 1834 d. Jan 16 1903
Sadie A Chase b. Oct 30 1874 d. Jan 15 1905
Rosamond M Hersom b. Jan 1887 d. May 26 1905
Charles I Piper 1897 - 1973
Ursula F Piper h/w 1911 - 1980
Mildred G Londo 1892 - 1966
Nellie R Corson 1872 - 1959
June G Farnham Pfc Army Air force WW II 1923 -
   1975

Row #3

Lorenzo A Johnson d. Jul 6 1904 ae 60y 1m 7d
Helen F Johnson h/w d. Aug 20 1887 ae 46y 3m 14d
Edna May Johnson t/d d. Sep 8 1868 ae 2y 22d
   Our little one is sleeping,
   Waiting till Jesus come;
   When you will clasp your darling
   forever safe at home.
Carrie B Tilton w/o J W Tilton d. Mar 21 1919 ae
   55y 12d

Willie A Wiggin b. Jul 14 1862 d. Nov 14 1940
Cora E Wiggin h/w b. Jan 11 1872 d. Apr 15 1949
Leonard F Hubbard 1910 - 1978
Albion P Johnson 1831 - 1907
Clara B Johnson h/w 1855 - 1937
Charles H Tebbetts d. Jan 16 1910 ae 61y 1m 5d
  GAR Post #61
Harriet E Tebbetts h/w d. Sep 4 1911
Alvah Warren d. Dec 24 1877 ae 69y 1m
Martha Warren h/w d. Mar 9 1888 ae 71y 8m 5d
Daniel Deland a soldier of the Revolution 1744 - 1840
Mary Starbird Deland h/w 1760 - 1830
Samuel Deland t/s 1771 - 1818
Mary Willey Deland h/w 1779 - 1859
James Deland their nephew 1802 - 1858
Dea Benjamin Trickey 1775 - 1829
Olive Hussey Trickey h/w 1776 - 1835
William Deland Trickey s/o William H & Celestia
  Deland Trickey 1866 - 1936
Minnie B Owen Trickey h/w 1867 - 1943
Alvaro A Perkins 1873 - 1959
Bertha E Perkins h/w 1873 - 1952
Raymond A Perkins t/i/s d. Apr 10 1898
Lester J Perkins t/i/s d. May 19 1894
Priv C L Perkins Machine Gun Co 103rd US Inf
  b.Nov 23 1899 d. in France May 10 1918 WW I
Leslie W Weston b. Jan 1 1887 d. Mar 29 1952
Alice R Weston h/w b. Jul 5 1893 d. Mar 22 1971
Annie M Walsh w/o Frank Walsh d. Jul 6 1898 ae
  22y 9m 10d
George O Hatch d. Dec 5 1908 ae 63y 2d
Harriet Hatch h/w d. Dec 6 1909 ae 59y 4m 11d
Chaney E Perkins 1870 - 1943
Hattie B Perkins h/w 1874 - 1963
Annie J Perkins t/d d. Apr 10 1901 ae 7y 9m 19d
Julia Londo 1854 - 1931
Nelson Londo 1865 - 1941

Row #4

William Deland 1803 - 1892
Sarah Deland h/w 1808 - 1898
Mary A Deland 1838 - 1872
George W Deland 1844 - 1847
John S Deland 1846 - 1852

Hattie E Deland 1850 - 1905
William H Trickey Major 3rd NH Vol 1841 - 1931
Celestia Deland Trickey h/w 1839 - 1915
John Henry Trickey b. Oct 23 1868 d. Jul 18 1869
Levi B Sanborn d. Apr 20 1873 ae 64y 8m 10d
Sarah A Sanborn h/w d. Mar 19 1886 ae 77y 3m 12d
Polly Jane t/d d. May 24 1852 ae 12y 9m
   Thou like an angel's smile was given,
   To glance on earth but live in Heaven.
Frances Ellen t/d d. Dec 12 1855 ae 17y 11m 17d
   Let us look up with faith to heaven,
   Our loved one is with God.
Mamie J Adams d. Oct 13 1894 ae 21y 3m
   Sleep thou on, dear Mamie,
   And take thy rest;
   We ought not to wish thee here,
   When thou art so blest.
Frank Adams d. Jul 23 1904 ae 71y 2m 14d
Mary A Adams h/w d. Mar 1 1899 ae 65y 10m 21d
Arthur J Adams t/s d. Jun 20 1864 ae 8y 3m 6d
   Asleep in Jesus, blessed sleep.
Roland H Rogers 1900 - 1964 WW II marker
Gladys R Rogers h/w 1902 - 1933
Nathaniel J Rogers b. Jul 24 1873 d. Oct 24 1926
Gertrude E Rogers b. Mar 18 1878 d. Oct 1 1900
Larkin H Rogers b. Jan 1 1826 d. Oct 19 1897
   Asleep in Jesus, blessed sleep.
Lucinda A Rogers h/w b. Oct 20 1830 d. Feb 3 1912
James Daly Co C 84th NH Inf d. Jan 23 1901 ae 70y Post #61 GAR marker
Matthew Hannon d. Feb 5 1911 ae 65y Post #61 GAR marker

Row #5
Frances R Skellinger 1904 - 1988
Audrey L Skellinger 1926 -
Christina H Wiggin 1912 - 1986
John A Wiggin 1912 -
Infant boys 1945 & 1947
James B Johnson d. Feb 4 1880 ae 69y
   Jesus loves the pure & holy.
Abigail Johnson w/o James B Johnson d. Oct 9 1876 ae 67y 5m 6d

Sarah A Johnson t/d d. Dec 26 1868 ae 24y 8m 20d
   Rest darling, rest in peaceful sleep,
   No more to suffer or to weep,
   Until the Savior's from his home,
   Shall come to claim thee for his own.
Jane H Johnson d. Apr 18 1910 ae 68y 6m 9d
   The dead shall be raised to life,
   And the blind shall receive their sight.
Josiah Thurston d. Mar 25 1867 ae 82y 9m 26d
Abigail Thurston h/w d. Aug 2 1857 ae 70y 3m 21d
   Lifes work was well done and her spirit has
   flown,
   Where sorrow and death cannot come.
   Let our tears be suppressed for the weary
   finds rest,
   And the pilgrim a glad welcome home.
   She has gone to her rest,
   On the Savior's kind breast,
   In that region where storms never rise,
   Yet her spirits seem near
   And her whispers we hear
   Gently calling us up to the skies.
Jonathan Chase 3rd NH Regt Rev War Marker
Andrew J French 1865 - 1949
Clara A French h/w 1874 - 1912
Fred E Varney 1903 - 1957
Louise I Varney w/o Fred E Varney 1906 - 1982
Kenneth W Judson b. May 18 1923 d. Jul 17 1942
Raymond A French 1907 - 1985
Dorothy L French 1910 - 1985
Edwin Paul Hudson 1872 - 1956 Spanish War Vet.
Evangeline Eddy Hudson h/w 1886 - 1975
Florence E Pratt 1870 - 1954
George E Glidden MM2 USNR WW II b. Jun 12 1912
   d. Jun 12 1954
Clara B Glidden b. Oct 13 1917 d. Jan 4 1980

Row #6

John Herbert Chesley s/o John F & Lydia F
   Chesley d. Sep 24 1858 ae 13m 8d
   This lovely boy has gone to rest,
   He sleeps in peace at Jesus breast.
   Why did he make so short a stay,
   To . . . .
Jennie P Chesley d. Nov 19 1873 ae 13y 9m

Lizzie L Chesley d/o John F & Lydia F Chesley d.
  Sep 2 1873 ae 19y 2m
Lydia F Chesley w/o John F Chesley d. Oct 26
  1873 ae 38y 8m
Herbert J Chesley 1864 - 1939
Annie M Chesley h/w 1876 - 1967
Charles F Jones d. Aug 18 1894 ae 68y
Susan Jones h/w d. Jun 2 1868 ae 41y 8m
Samuel Jones d. Feb 4 1871 ae 71y
  In that great cloister, still and seclusion,
  By guardian angels led,
  Safe from temptation, safe from sins
  pollution,
  He lives whom we call dead.
Eleanor R Jones h/w d. Sep 12 1888 ae 86y
Richard P Jones t/s d. Jan 26 1824 ae 6w
Crawford Jones t/s d. Sep 14 1829 ae 1y 4m
Mary E Jones t/d d. Sep 23 1828 ae 8y
Ebenezer Place d. Aug 3 1841 ae 76y
Mary Place h/w d. Aug 4 1847 ae 83y
Richard Place t/s b. Nov 19 1793 d. Sep 19 1819
Dudley T Chase d. Sep 19 1851 ae 51y 4m 25d
Thomas W Chase d. Apr 29 1866 ae 85y 10m 12d War
  of 1812 marker
Nancy Chase h/w d. Apr 24 1859 ae 72y 10m
Mary J Roberts w/o Isaac Roberts d. Jan 1 1887
  ae 62y 2m
Samuel R Geary b. Jun 6 1865 d. Mar 21 1927
Anthony Geary 1889 - 1963
John W Strickland d. May 4 1889 ae 43y 4m
Sarah F Horne Strickland h/w d. Jul 1 1919 ae
  71y 10m 8d
Headley A McBride b. Mar 17 1886 d. Oct 7 1944
Kate M Strickland McBride h/w b. Jun 17 1884 d.
  Mar 15 1978
John S McBride 1912 - 1985

Row 7

Ralph C Poelman Jr b. Mar 8 1954 d. Sep 16 1959
  Romans: 1:16
Charlotte I Poelman b. Sep 15 1932 d. May 8 1986
  "II Timothy 2:15"
Benjamin Edgerly d. Aug 30 1879 ae 60y 5m 7d
Sarah Ann Edgerly h/w d. Mar 6 1901 ae 78y 8m
  27d

George W Edgerly t/s d. Jun 1 1851 ae 2y 7m 12d
Adieu, sweet gentle one, farewell!
Beyond the tomb in endless joy,
Through sovereign grace we hope to dwell,
And clasp again in our cherub boy.
Ursula Westcott w/o Charles Westcott d. Dec 17 1867 ae 62y
Strength and honor were her clothing.
She shall rejoice in time to come.
Isaac Jones d. Dec 22 1816 ae 43y
Polly Jones w/o Isaac Jones d. Feb 19 1817 ae 42y
Louise Jones t/d d. Oct 8 1826 ae 15y
Very pleasant was't thou unto us.
John Willey d. Oct 25 1840 ae 40y 8d
Betsey Willey h/w d. Jan 20 1844 ae 42y 6m 5d
Louisa E Willey t/d d. Nov 7 1845 ae 18y 9m 15d
Nancy E Willey t/d d. Aug 24 1845 ae 20y 6m 5d
Mary Helen Willey t/d d. May 11 1842 ae 2y 5m 14d
Sophia A Willey t/d d. Jan 26 1842 ae 20y 7m 23d
Mary J Willey t/d d. Sep 21 1840 ae 21y 9m 19d
Susan Rendall d. Jul 18 1830 ae 41y
Woodbury H Kimball 1850 - 1916
Lucy E Chase Kimball h/w 1852 - 1943
Mattie E Kimball t/s 1872 - 1872
Lester W Kimball t/s 1881 - 1885
Effie P Hammond t/d 1888 - 1917
Stanley R Edwards 1892 - 1968
Jessie V Edwards h/w 1891 - 1987
Doris C Edwards b. Sep 17 1916 d. Feb 21 1941
Irma Francis Edwards t/d d. Sep 21 1915 ae 1y 1m 2d
Charles W Emery b. Sep 20 1852 d. Aug 4 1906
Sarah A Emery h/w b. Jun 6 1853 d. Jan 28 1924
Moses Emery b. Aug 20 1826 d. Aug 31 1863 Post #61 GAR marker
Mary J Emery h/w b. Sep 18 1831 d. Jul 13 1904
Sadie Emery t/d d. Jul 6 1878 ae 6d
Winnie J Emery t/d d. Apr 16 1882 ae 1y 4m 3d
John B Roberts b. Apr 28 1822 d. Jul 7 1904
Maria T Roberts h/w b. Feb 3 1849 d. Nov 17 1885

Row #8

Harry Sargent
Mother Sargent 1850 - 1924
Solomon Giles d. Dec 20 1852 ae 62y 6m 11d
Lovey Giles h/w d. Mar 16 1877 ae 86y 1m 6d
Sophronia C Giles t/d d. Oct 17 1848 ae 18y 7m
Alonzo I Orne d. Sep 29 1893 ae 67y 8m
Sarah P Orne his w/o d. Sep 4 1871 ae 45y 3m
Harriet L Orne t/d. d. May 7 1851 ae 4y 11m
Medora F Orne t/d. d. May 12 1851 ae 3y
  Rest sweet babies your days are ended,
  Quick your passage to the tomb;
  Gone, by Angel bands attended;
  To your everlasting home.
Thomas H Johnson d. Feb 27 1897 ae 62y 7m 23d
Mary E Johnson h/w d. Mar 4 1916 ae 77y 8m 10d
Flora M Johnson t/d d. Mar 9 1883 ae 24y 5m 14d
  (erected as a token of esteem by her friends
  in Central Church Sabbath School in Attleboro
  Falls Mass
Albert B Rust 1833 - 1913
Lucinda F Rust h/w 1840 - 1930
Josephine M Rust t/d 1879 - 1946
Ethel Willand 1894 -1975
Matthias H Webster 1795 - 1881
Mary T Webster h/w b. 1807 d. 1870
Phebe Webster w/o M H Webster 1794 - 1829
Three Webster children: Benjamin, Sarah, & Mercy
  Webster
Frank Albert Webster s/o M H & Mary T Webster
  1853 - 1855
Mercy & Henrietta Webster children of M H & Mary
  T Webster
Lt Henry B Rendall 1846 - 1862 Post #61 GAR
  marker
Ira A Wentworth d. Nov 1 1879 ae 29y
Ellen M Wentworth h/w & d/o William & Huldah
  Palmer d. Apr 22 1889 ae 46y
  She hath done what she could
Hattie Hatch d/o Jacob L & Mary A Hatch d. Sep
  27 1856 ae 1y 11m 19d
  Beneath this stone in sweet repose,
  Is laid a mothers dearest pride,
  A flower that scarce had waked to life,

And light and beauty ere it died.
Ida C Hatch d. Dec 9 1862 ae 2y 7m
  Asleep in Jesus

Row #9

John W Avery 1830 - 1892
Susan M Avery h/w 1830 - 1897
John Avery 1790 - 1871
Lucinda Avery h/w 1790 - 1873
Susan E Jones t/d 1830 - 1900
Elbridge T Avery 1836 - 1910
Everett J Avery 1856 - 1926
Phebe Avery h/w 1856 - 1888
Bertha F Avery h/w 1871 - 1922
Fred A Avery 1857 - 1917
Minnie R Avery h/w 1866 - 1886
Cora E Avery h/w 1874 - 1940
Edward E Avery b. Jun 22 1891 d. Jul 30 1962 WW I Vet
Elbridge F Avery b. Jun 30 1910 d. Nov 16 1958
Mildred B Avery b. Apr 21 1895 d. Jul 23 1980
Clarence Johnson b. Oct 8 1832 d. Jun 1 1921
Maria Wiggin w/o James B Wiggin d. in Lawrence Mass Oct 27 1882 ae 44y 8m
  She faltered by the wayside,
  And the angels took her in."
Ezra Johnson d. Jan 2 1876 ae 70y 8m
Nancy Johnson h/w d. Jan 12 1862 ae 51y
Edwin Johnson t/s d. Aug 10 1840 ae 1m 22d
Samuel Getchell 1836 - 1881
Olive A Getchell h/w 1841 - 1919
Walter Getchell t/s 1868 - 1919
Thomas Chase d. Dec 9 1888 ae 69y 8m 16d GAR Post #61 marker
Mary E h/w d. Jun 29 1861 ae 37y 7m 29d
  Dear sister Mary, has gone to rest,
  Her weary head on the Savior's breast;
  Too pure for earth, from sin secure,
  An angel now forever more.
Betsey h/w d. Sep 25 1886 ae 62y 7m 20d
Katy E Mignowitz beloved w/o James Mignowitz d. Jan 7 1877 ae 32y 5m 22d
  Rest dearest wife, forever rest,
  While I must weep below;
  Safe in the bosom of the God,

No sorrow shall thou know.
John Perry d. Apr 6 1872 ae 83y 2m 6d Post #61
GAR marker
   Asleep in Jesus, blessed sleep,
   From which none ever wakes to weep;
   A calm and undisturbed repose,
   Unbroken by the last of foes.
Abigail h/w
Wilder T Perry t/s d. Feb 12 1835 ae 1y 10m 13d
Samuel F Perry drowned Aug 10 1846 ae 17y
   Thou didst not sink by low decay,
   Like some who live the longest,
   But every lie was wrenched away,
   When life and hope were strongest
Nancy Fabre w/o William Fabre d. in Harlem NY
Feb 12 1870 ae 79y
   No night of sorrow, none of pain,
   But perfect peace and rest;
   Redeemed and saved she sweetly sleeps,
   Upon the Savior's breast.
Ezra F Johnson d. Feb 14 1889 ae 56y 3m 22d Post #61 GAR marker
Elizabeth W Sanborn h/w d. Feb 21 1920 ae 83y 9m 6d
Frank E Johnson t/s d. Oct 24 1878 ae 16y 6m
Seth H Johnson d. Jan 1872 ae 4w
Solon Johnson d. Oct 4 1878 ae 1y
Albino Johnson d. Oct 16 1878 ae 8y
Hosea W Tinker 1808 - 1890
Charles A Tinker 1854 - 1937
Elizabeth A Tinker h/w 1857 - 1923
Elsie M Clough 1891 - 1910
Charles A Tinker Jr 1901 - 1904
Abbie W Tinker 1884 - 1885
Florence A Tinker 1898 - 1899

Row #10

Raymond S Kimball 1911 - 1990
Grace J Kimball 1913 - 1978
Alan Halstead Richardson 1904 - 1976
Clara Marie Richardson 1904 - 1978
   The fragments of my song will come at last
   finer melody in you
Thomas Lemery 1880 - 1960

SOUTH WOLFEBORO 193

Edith W Lemery h/w 1888 - 1952
Clyde M Lemery t/s 1913 - 1958
Carrie L Osgood 1860 - 1901
Frank H Osgood 1860 - 1945
Elizabeth I 1882 - 1979
Harold G Osgood b. Mar 15 1897 d. Aug 20 1967
  Sgt Motor Trans Corps WW I Vet
Loretta A Osgood h/w 1897 - 1980
S(tephen) J Dealand 1824 - 1913 Post #61 GAR
  marker
  I hope to meet dear friends in the world to
  come
Mary C Dealand h/w 1825 - 1901
  Weep not for me, I long to be at rest
Fred J Dealand 1862 - 1919
Lorenzo T Grant 1843 - 1897 Post #61 GAR marker
Mary S Grant 1847 - 1908
Charles R Grant 1870 - 1922
Clara A Grant 1870 - 1958
Wilma I Grant 1913 -
Rollin M Corson 1871 - 1910
Mary E Nutter 1872 - 1900
Mary L Ruddy 1908 -1978
Thomas R Horne d. Aug 19 1868 ae 44y 4m Post #61
  GAR marker
  At rest
Sally Horne h/w d. Nov 27 1894 ae 76y 4m
  Weep not she is at rest
Cora M Horne d/o Thomas R & Sally Horne d. Mar 8
  1875 ae 16y 11m 17d
  What to us is life without thee,
  Darkness and despair above
  When with sighs we seek to find thee,
  This tomb proclaims that thou art gone.
Oliver Champaigne d. Mar 4 1911 ae 64y 1m
Emma Champaigne d. Aug 1 1932 ae 85y 11m
Herbert Champaigne 1877 - 1945
Gladys Adjutant h/w 1891 - 1957
Irene Champaigne Braem b. Apr 8 1916 d. Nov 5
  1933
George H Hicks d. Sep 16 1869 ae 27y 6m
  This loved form now free from all pain,
  No longer by sickness oppressed;
  Thy voice so familiar will greet us no more,

In accents of kindness and love.
Nathaniel Hicks d. Feb 17 1885 ae 71y 6m
A light has from our household gone.
A loving voice is stilled;
A chair is vacant at our hearth,
That never can be filled.
Betsey J Hicks h/w d. May 1 1892 ae 78y 3m 17d
Garfield Hicks s/o Frank W & Carrie S Hicks d. Oct 10 1880 ae 2m 23d
Arthur Hicks s/o Frank W & Carrie S Hicks d. Sep 27 1880 ae 2m 10d
Happy infants early blest,
Rest in peaceful slumbers, rest.
Josie T Hicks d/o Frank W & Carrie S Hicks d. Oct 6 1883 ae 2y 2m 29d
Angels called thee little darling,
Called thee to their sunny home.
Carrie S Tabor b. Jan 12 1857 d. Dec 11 1945
Frank L Chase s/o Charles F & Sarah E Chase d. Dec 27 1863 ae 2y 2m 16d
How fading are all earthly things,
Each joy its train of sorrow brings,
Pain follows ease, Tears follow joys,
And death the brightest hope destroys.
Charles F Chase b. Sep 19 1829 d. Oct 20 1902
Sarah E Chase h/w b. Mar 14 1837 d. Feb 17 1909
Revilo G Houghton 1857 - 1927
Blanche L Chase h/w 1870 - 1955
Charles S Chase 1857 - 1924
Jennie Chase h/w 1882 - 1963
Sarah E Chase 1904 - 1906
Henry W Chase 1913 - 1980
Lillian F Chase 1918 -
Alice G Sherman 1866 - 1947
Charles F Rand d. Oct 7 1869 ae 54y 7m
James R Corson b. Oct 21 1856 d. May 18 1929
Annie L Corson h/w b. Sep 4 1865 d. Feb 16 1937
Susie Corson b. Feb 1 1876 d. Apr 11 1941
Cora M Hicks b. Feb 23 1863 d. Mar 28 1932
Walter O Corson 1867 - 1941
Mabel G Corson 1876 - 1944
Isaiah Piper d. Nov 12 1894 ae 77y 7m 8d Post #61 GAR marker
A precious one from us is gone,

A voice we loved is stilled,
A place is vacant in our hearts,
That never can be filled
Mary Ann Chase h/w d. Sep 26 1909 ae 71y 5m 26d
Fred Piper d. Sep 23 1887 ae 24y 5m 15d
  Beloved one, farewell
Freddie Perkins s/o Charles E & Jennie M Perkins ae 4d
George H Piper 1864 - 1957
Annie R Piper h/w 1867 - 1952
James E Piper t/s 1890 - 1977
Edwin J Piper Pvt US Army WW I b. Sep 14 1890 d. Mar 7 1977
George E Kimball 1844 - 1915
Nancy J Kimball h/w 1844 - 1937
Arthur F Kimball 1881 - 1943
Henry H Kimball d. Aug 12 1895 ae 25 y 11 m
John E Christian MAM3 US Navy b. Jul 26 1912 d. Aug 3 1970

BREWSTER GRAVEYARD
SOUTH MAIN STREET (#67)

Daniel Brewster 1736 - 1815
Abiah Flagg h/w d. 1820
Daniel Brewster Jr d. Jan 10 1849 ae 86y
Mary h/w d. Apr 17 1860 ae 91y 7m 21d
Sally Brewster w/o Nathaniel Piper d. Apr 9 1863 ae 73y 7m 17d
George F Brewster d. Mar 3 1874 ae 78y 3m 6d
Joanna D Brewster h/w d. Jan 7 1890 ae 87y 10m 18d
Abeah Brewster d/o Daniel Jr & Mary Brewster d. Jan 10 1807 ae 15y 1m 25d
Daniel W Brewster s/o George F & Joanna D Brewster d. Apr 16 1843 ae 14y 2m 26d
Simon T Roberts d. May 22 1819 ae 22y
Harriet D Brewster d. Sep 27 1865 ae 51y 2m 21d
George Brewster d. Sep 15 1856 ae 85y 8m 3d
Dorcas H (Connor) Brewster w/o George Brewster d. Nov 18 1811 ae 35y 8m 5d
Betsey Brewster w/o George Brewster d. May 14 1841 ae 64y 1m

Daniel Brewster d. Dec 27 1873 ae 73y 1m 8d
"An honest man has passed away"
Sarah McDuffee Brewster h/w d. Feb 28 1858 ae 59y 10m
George Brewster d. Dec 12 1854 ae 44y
Sarepta Coffin d/o Deborah & Stephen Coffin d. Mar 27 1857 ae 1y 11m
Deborah P Coffin w/o Stephen Coffin d. Oct 4 1838 ae 38y 13d
James H Brewster s/o George & Betsey H Brewster d. May 5 1837 ae 16m 1d
Infant son Brewster d. Jan 4 1840
Angie Lizzie Brewster d/o H H & M M Brewster d. Dec 23 1862 ae 5y 4m
Cordelia (Brewster) Clark w/o Rev. Sumner Clark b. Oct 16 1827 d. Mar 28 1885
Rev Sumner Clark b. Oct 4 1812 d. Dec 20 1887
Ellen D Brewster d. Jan 16 1866 ae 22y 8m 6d
Nathaniel T Brewster d. Jan 9 1910 ae 79y 4m 18d
Mary E (Chesley) Brewster d. Mar 29 1890 ae 60y 6m 21d
Sarah Brewster d/o Nathaniel T & Mary E Brewster d. Jan 16 1913 ae 55y 4m 4d
Belle Brewster d/o Nathaniel T & Mary E Brewster d. May 10 1892 ae 32y 9m 11d
George Brewster s/o Nathaniel & Mary E Brewster d. Oct 11 1862 ae 1y 3m 17d
Mary (Hawksworth) Brewster b. Sep 18 1866 d. Dec 15 1928
Evelyn Brewster d/o George L & Mary H Brewster b. Dec 30 1894 d. Jan 22 1933
Robert C Brewster Jr s/o Robert C & Bertha Bruce Brewster b. Feb 24 (1919) d. Feb 25 1919
William A Brewster d. Concord NH Jul 1910
Bruce Rawson Steele b. Apr 14 1947 d. Jul 5 1958
Bertha Bruce Brewster 1892 - 1975

WILLEY GRAVEYARD
OFF STONEHAM ROAD (#22)

Amy May Tibbetts d/o Thomas & Ella J Tibbetts d. Sep 6 1882 ae 2m 18d

Josiah Willey d. Jan 19 1839 ae 76y Rev Soldier marker
Sarah h/w d. May 15 1847 ae 82y
Josiah Willey d. Sep 29 1864 ae 65y 4m
Abigail w/o Josiah Willey and consort of Samuel Nudd d. Sep 30 1879 ae 78y 4m 11d
Timothy Watson d. Aug 24 1844 ae 46y 24d (War 1812 flag marker)
Sally Watson h/w d. Nov 10 1887 ae 87y
Josiah W t/s d. Mar 16 1857 ae 25y 2m 17d
Timothy t/s d. May 29 1858 ae 24y 6m 18d
Levi W t/s d. Apr 29 1859 ae 24y 2m 17d
Lydia Ann t/d d. Oct 14 1861 ae 22y 8m
Elizabeth E t/d d. Mar 16 1832 ae 2y 1m 14d
William Tibbetts d. Mar 18 1851 ae 67y War 1812 marker
Mary E h/w d. Mar 14 1867 ae 84y
Mary Hoyt

AVERY GRAVEYARD
OFF STONEHAM ROAD (#16)

Mark W Avery d. May 25 1883 ae 82y 4m 24d
Dorcas Avery h/w d. Aug 26 1890 ae 79y 3m 10d
Caroline A t/d d. Jan 8 1858 ae 17y 20d
James M t/s d. Mar 29 1838 ae 13m 3d
Charles F t/s d. Apr 27 1863 ae 30y 6m 19d Civil War marker
James E Avery s/o Nathaniel & Anna Avery d. Aug 14 1850 ae 3y 6m 14d
Alonzo Avery s/o Nathaniel & Anna Avery d. Mar 1 1838 ae 2y 1m 15d
George Avery s/o Nathaniel & Anna Avery d. Mar 29 1838 ae 4m
Walter Avery d. Apr 28 1831 ae 64y 4m 4d
Mary Wiggin Avery h/w Mar 24 1851 ae 80y 10m 17d
Walter Avery d. Jun 7 1874 ae 78y 4m 8d War of 1812 marker
Sally A Cotton h/w d. Jul 24 1869 ae 74y 10m 9d
Leonidas C Avery t/s d. Mar 10 1838 ae 5y 5m 25d
Thomas J Avery t/s d. Apr 2 1838 ae 7y 9m 15d
Elizabeth F(ernald) w/o Benjamin Sherburne d. Sep 15 1901 ae 79y 5m

John W C Avery d. at Anderson Ga Jul 25 1864 ae
  29y 4m 13d 1st Mass H A
Leonidas J Avery d. at Port Hudson LA Jul 26
  1863 ae 24y 1m 26d - 16th N.H. Vol

RUST GRAVEYARD
HILL CAMP ROAD (#69)

Mary E Rust d/o Henry L & Lucinda Rust d. Feb 11
  1843 ae 2y 18d
Sylvester R Chase s/o Richard & Mary T Chase d.
  Sep 10 1851 ae 18y 2m
Henry L Rust d. Oct 5 1854 ae 36y 2m 25d
Betsey Anna Dixon w/o James F Dixon & d/o Hon
  Henry Rust d. Oct 2 1847 ae 26y 1m
Eliza Cecilia Rust d/o H B & Hannah S Rust d.
  Nov 8 1856 ae 25y 10m 10d
Harriet J Rust d/o H B & Hannah S Rust d. Sep 20
  1847 ae 6y 7m
Augustus J Rust s/o H B & Hannah S Rust d. Sep 6
  1836 ae 8y
Joanna A Rust d/o H B & Hannah S Rust d. May 15
  1826 ae 1y 10m
Caroline P Pinkham w/o Ezra Pinkham & d/o Hon
  Henry B Rust d. Sep 6 1868 ae 52y 22d
Henry R Pinkham s/o Ezra & Caroline Pinkham d.
  May 17 1870 ae 33y 2m 23d
Hannah Rust w/o Henry Rust d. Oct 4 1843 ae 81y
Henry Rust d. Nov 12 1844 ae 90y
Hon. Henry B Rust d. Jan 27 1876 ae 82y 2m 16d
Pamela Rust h/w d. Feb 28 1822 ae 28y 6m
Hannah S Rust h/2w d. May 29 1888 ae 90y 1m 16d
Charlotte E Wood w/o Daniel Wood & d/o Hon Henry
  B & Hannah S Rust b. Aug 30 1826 d. Mar 29
  1905
Daniel Wood b. Weare NH Mar 25 1822 d. at Boston
  Mar 26 1892
James H Jewett s/o James & Sophia P Jewett d.
  Aug 23 1848 ae 2m 2d
James Jewett d. Jun 13 1861 ae 60y 6m 18d
Sophia P Jewett h/w d. Oct 29 1875 ae 64y

NUTE'S RIDGE GRAVEYARD
PORK HILL ROAD (#7)

Luigi Lasella 1888 - 1953
Maud Young b. Aug 14 1879 d. Jan 3 1956
Charles W Young b. Jan 24 1828 d. Nov 17 1889
Mary A Fowles h/w Aug 14 1831 d. Jun 27 1868
Mattie M Torrey h/w b. Aug 22 1838 d. Dec 1927
James Young b. Mar 27 1787 d. Aug 16 1873
Nancy Nudd h/w b. May 19 1789 d. May 1 1869
Lucretia Young b. Sep 4 1814 d. Aug 24 1851
James Bickford b. Aug 26 1802 d. Nov 7 1883
Eleanor Johnson h/w d. Mar 30 1897 ae 88y 6m 8d
Mary E Bickford w/o I O Severance d. Oct 30 1867 ae 36y 6m 13d
Cora May Severance d/o Mary E Severance d. Mar 18 1859 ae 4y 5m
Joseph H Bickford b. Feb 1 1833 d. Mar 15 1913
Eliza Cotton h/w b. Mar 6 1847 d. Sep 20 1878
Elizabeth A Tebbetts d. May 8 1865 ae 19y
Hezekiah Willand d. Apr 7 1892 ae 71y 11m 4d
Abigail h/w d. Apr 1 1895 ae 78y 9m 23d
James F Nudd s/o Samuel & Nancy Nudd d. Apr 7 1846 ae 17y 11m 3d
Lettie C Nute d/o E S & C A Nute d. Sep 18 1883 ae 9m 6d
Thomas Nute d. Jan 27 1880 ae 70y 7m 12d
Adaline S Nute h/w d. May 12 1869 ae 42y 8m 17d
Mary A Nute h/w d. Aug 14 1897 ae 82y 10m 28d
Lydia J Nute h/d d. Oct 14 1855 ae 12y 7m 16d
Thomas F Nute h/s d. Aug 10 1849 ae 1y 9m
Adelia A Nute h/d d. Oct 4 1840 ae 1y 11m 5d
Ira B Nute h/s d. May 10 1871 ae 20y 9m 25d
Endicott Willand b. Dec 5 1852 d. Nov 14 1914
Della Nute h/w b. Oct 26 1856 d. Feb 15 1915
Abiathar Nute b. Sep 13 1819 d. May 23 1878
Almira King h/w b. Mar 1 1818 d. Nov 22 1896
Adison S Nute d. Jun 25 1880 ae 33y 11m 9d
   Child of Abiathar & Almira Nute
Ellen F Nute b. May 23 1854 d. Aug 5 1857
Frances Nute b. Feb 6 1844 d. Apr 6 1854
Alonzo D Nute b. Jan 16 1851 d. Apr 18 1854
Susan E Nute b. May 24 1848 d. Aug 3 1849

Thomas Nute Apr 15 1842 ae 77y
Eunice Nute h/w d. Oct 22 1868 ae 87y
Jesse Nute t/s d. Dec 18 1841 ae 35y
Jonathan Tibbetts d. Oct 25 1857
Arvilla h/w d. Jun 2 1864 ae 49y 7m 7d
Jonathan Tibbetts d. Jan 10 1838 ae 66y
Mehitable h/w d. Aug 29 1853 ae 77y
James H Abbott 1861 - 1884
Delia P h/w d. Dec 7 1876 ae 44y
Harriet w/o David Haskins d. May 26 1876 ae 74y 2m 8 d
Joseph Haley d. Jul 31 1856 ae 69y
Andrew B Tebbetts b. Sep 12 1825 d. Sep 21 1919
Sarah F h/w b. Jan 8 1843 d. Nov 30 1924
Bessie A t/d d. Mar 29 1897 ae 16y 4m
Ebenezer Tibbetts d. Dec 31 1873 ae 70y 3m 18d
Lydia F Fall h/w d. Apr 24 1883 ae 72y 11m 20d
Leander A t/s d. Sep 6 1849 ae 1y 10m 18d
John Tibbetts d. Feb 7 1892 ae 71y 3m 22d
Frances A h/w Jan 2 1896 ae 64y
Albert Horne 1854 - 1919
Woodbury P Horne 1825 - 1906
Augusta A Horne h/w 1834 - 1885
Benjamin Philbrick d. Jan 20 1872 ae 64y 7m 16d
Mary h/w d. Oct 15 1855 ae 44y 11m
Benjamin F t/s b. May 25 1842 d. Apr 11 1878
Ebenezer Tibbetts d. Sep 10 1832 ae 68y
Abigail h/w d. Oct 5 1838 ae 76y
Ezra Smith d. Mar 10 1884 ae 79y
Sally Smith h/w d. Jun 10 1882 ae 43y
Eliza Smith d. Mar 16 1884 ae 51y
Alfred J Nute b. Apr 7 1860 d. Mar 30 1929
Albert B Reeves Aug 13 1865 -
Mary S h/w b. Jun 18 1864 d. Sep 17 1917

PERKINS GRAVEYARD
PORK HILL ROAD (#8)

Izaac s/o Thomas & Mehitable Perkins d. Mar 1 1826 ae 11y 8m 7d

YOUNG GRAVEYARD
BROWN'S RIDGE ROAD (#1)

William Folsom d. Nov 16 1821 ae 22y
Samuel B Young d. Apr 2 1834 ae 50y
Nancy Young h/w d. Mar 31 1860 ae 72y
Rachel Taylor d. 1830
O B 1893 (hand cut)
C B (hand cut)
D O (hand cut)
John Young d. Mar 9 1819 ae 68y
Mary Young h/w d. Sep 1 1838 ae 81y
Nathaniel Young d. Dec 15 1862 ae 67y
Martha Young h/w d. Sep 16 1877 ae 80y
J G Young d. Apr 16 1860 ae 40y
Jane S Young h/w d. Oct 11 1859 ae 31y
Vinah M w/o Nathaniel Young d. May 5 1862 ae 32y

MOSES BROWN GRAVEYARD
BROWN'S RIDGE ROAD (#2)

Moses P Brown b. Apr 9 1797 d. Mar 6 1881
Lydia V Brown b. Aug 3 1801 d. Aug 13 1878
Lydia Maria Brown b. Aug 15 1840 d. Jul 16 1875
Porter W Brown b. Dec 14 1827 d. Feb 8 1910
Oliver Brown b. Dec 22 1790 d. Aug 15 1873
Clarissa Smith h/w b. Apr 29 1796 d. Apr 15 1874
Capt. Moses Brown d. Aug 3 1809 ae 51y
Mrs Lydia h/w d. Dec 3 1834 ae 74y
Thomas Kimball Brown t/s d. Jun 12 1804 ae 15d
Polly Brown t/d d. Aug 17 1797 ae 8y
Cyrus T Lougee d. Sep 16 1857 ae 26y
Frank P his son d. Dec 21 1856 ae 8m 11d
Ezekiel Leighton d. Nov 15 1862 ae 82y
James L Leighton d. Apr 25 1861 ae 43y
(Also in Early Cemetery Records of Ossipee NH by
  Loud & Blake 1976 p. 147)

ADAMS-BROWN GRAVEYARD
BROWN'S RIDGE ROAD (#3)

Samuel C Adams d. May 1880 ae 72y

Frances Adams Halstead
Theodate D P Adams d. May 1889 ae 82y
Harriet Narcissa Adams d. Sep 1850 ae 12y
Susan Plummer Brown d. Nov 1829 ae 35y
Adam Brown d. Nov 1880 ae 87y
Sarah Pickering Brown d. Feb 1880 ae 81y
Adam Plummer Brown d. Apr 1838 19y
Adams Brown Adams d. Feb 1887 ae 21y
Francis Page Adams d. Jun 1914 ae 78y
Judith Dearborn Jun 1906 in her 99th yr A
  faithful domestic in this family for 75y

SMITH GRAVEYARD
BROWN'S RIDGE ROAD (#4)

Sarah E Smith b. Jul 5 1854 d. Feb 18 1933
William A Smith b. Aug 2 1818 d. Apr 8 1893
Sophia S Smith h/w b. Mar 31 1823 d. Apr 28 1887
George Y Smith t/s b. May 28 1851 d. Mar 3 1873
Ella B Smith t/d b. Feb 12 1862 d. Jun 23 1866
Betsey Ella t/d d. Jun 23 1866 ae 4y 4m 11d
  In vain the father's eye will seek
  For Ella in her vacant chair
  In vain too are the sighs that break
  The mother's heart, she is not there.
Benjamin B Smith t/s b. Mar 7 1859 d. Aug 9 1866
Albert Smith b. Oct 25 1857 d. Feb 14 1936
Betsey Ella Smith d/o Benjamin B & Elizabeth M
  Smith b. Sep 8 1851 d. Sep 19 1859
Benjamin B Smith b. Oct 1 1821 d. Sep 2 1859
Benjamin Smith b. Jul 5 1792 b. Oct 16 1859
Betsey Smith h/w b. Nov 21 1796 d. Oct 30 1859
Zachariah Young d. Jan 31 1851 ae 85y 11m 22d
Nancy d/o Zachariah & Nancy Young d. May 23 1842
  ae 38y
William B Young d. Jan 25 1862 ae 25y

WIGGIN GRAVEYARD
TRASK MT ROAD (#5)

Samuel Jenness b. Dec 3 1839 d. Jun 2 1918

Bartholomew Gilman b. Exeter NH Nov 9 1772 d.
  Sep 9 1853
Eliza Murry h/w b. New Durham Jul 14 1782 d. Jun
  15 1828
Rufus Wiggin b. New Durham March 21 1769 d. Feb
  28 1815
Daniel Jenness b. Jan 4 1806 d. Mar 30 1885
Eliza Jenness h/w b. Feb 23 1811 d. Sep 14 1844
Joseph Jenness b. Mar 26 1841 d. Jan 1 1860

JENNESS-HAWKINS GRAVEYARD
NORTH WAKEFIELD ROAD (#6)

Joseph Hawkins d. Oct 21 1858 ae 82y 5m 9d
  The Lord is my shepherd, I shall not want
Abigail Hawkins h/w d. Apr 5 1842 ae 62y 8m 10d
Joseph Jenness b. Sep 13 1813 d. Feb 27 1886
James I Stevens b. Jun 25 1837 d. Oct 4 1897 ae
  60y
Eliza J Stevens h/w and d/o Joseph & Elisa J
  Jenness b. Nov 9 1849 d. Sep 22 1880

TEBBETTS GRAVEYARD
PORK HILL ROAD (#10)

John Tebbetts d. Mar 13 1868 ae 84y 3m 5d
Mary Bodge Tebbetts h/w d. Mar 25 1858 ae 72y
  11m 23d

HAINES-NUDD GRAVEYARD
PENN AIR ESTATES (#11)

Joseph R Haines 1830 - 1898
Sally Goldsmith 1790 - 1877
Betsey Haines 1797 - 1843
Joseph Haines 1798 - 1833
Joseph Haines 1759 - 1846
Polly A Haines 1759 - 1842
William Nudd d. Dec 25 1837 ae 74y 8m 15d
Mary Nudd h/w d. Oct 5 1844 ae 65y 8m
Alice M Haines w/o George A Haines 1873 - 1947

Louise M Haines 1886 - 1971
Patience A Haines 1824 - 1876
S N (Footstone)
George Haines 1821 - 1859
George A Haines 1858 - 1904
John L Haines 1824 - 1880
Addie F Haines 1865 - 1888
Margaret Haines 1821 - 1903
Susan M Whitton 1845 - 1902
Richard Nudd Jun 6 1857 (Broken Headstone)
E N (Footstone)
Thomas L Nudd d. Nov 15 1846 ae 32y 8m
Richard P Nudd d. Oct 28 1851 ae 27y

HAINES GRAVEYARD
HAINES HILL ROAD (#12)

Matthias Haines d. Aug 17 1881 ae 85y
Hannah h/w d. May 10 1873 ae 73y
Phineas Johnson d. Jan 2 1811 ae 35y 2m 2d
Mary h/w d. Nov 17 1851 ae 66y 2m 10d
Hannah Johnson d. Aug 16 1891 ae 84y 8m 12d
Mehitable Haines b. Apr 10 1755 d. Nov 23 1850
Jacob Haines b. 1757 d. 1848
Ruth h/w b. 1761 d. 1847

NUTE GRAVEYARD
COOPER ROAD (#14)

Moses Nute d. Apr 26 1869 ae 66y 7m 7d
  Having a desire to depart and be with Christ
Betsey B Nute h/w d. May 1 1881 ae 83y 2m
  Mother thou art gone before
Brackett Nute d. Nov 11 1875 ae 41y 10d
  Loving hearts could not detain him,
  Jesus whispered and the brow
  Paler grew, the hands were folded,
  He is crowned with glory now.
Stephen Nute d. Aug 3 1871 ae 39y 6m 29d
  Blessed are dead which die in the Lord
Jotham Nute d. Aug 28 1817 ae 39y
  Thou art not here, my Father;

> Oh, no! thou art not here,
> Tho' they say'neath this grassy mound,
> Thou hast slumbered many a year.

Stephen Nute d. Oct 28 1843 ae 64y
> Soon shall the great arch angels voice,
> Make all that die in Christ rejoice;
> May we like him be found prepared,
> To meet our savior's great reward.

Anna Nute h/w d. Dec 2 1847 ae 73y
Francis Nute d. Apr 9 1867 ae 55y 8m
> Friends nor physicians could not save,
> His mortal body from the grave;
> Nor can the grave confine him here,
> When Christ His Savior doth appear.

Belinda Nute h/w d. Aug 15 1874 ae 53y 11m
> Mother, thou art gone to rest,
> And this shall be our prayer,
> That when we reach the journey's end,
> Thy glory we will share.

Adda M Nute t/d d. Jul 17 1862 ae 15y 9m 2d
Munroe F Nute d. Apr 20 1888 ae 39y 6m
Sally Nute d. Dec 1 1880 ae 79y 6m
Stephen Nute d. Feb 7 1866 ae 59y 6m
> Dear brother, beneath the trees of life,
> Rest upon that blessed shore;
> Where pain and toil and storm and care
> Shall never reach thee more.

I/d/o Stephen & Anna Nute no date
Ellen E Nute w/o Daniel A Nute d. Sep 19 1869 ae 26y 1m 28d
> My flesh shall rest in hope.

Louise A Hersey w/o Woodbury L Hersey b. Aug 28 1830 d. Jun 15 1892
George E Nute b. Dec 3 1842 d. Apr 16 1902
> His record is above.

Asenath M Nute h/w b. Apr 26 1835 d. Mar 6 1919
Nicholas Nute d. Feb 9 1862 ae 80y 8m
Elizabeth Nute h/w d. Nov 29 1868 ae 80y 7m
Samuel Nute d. Jan 13 1892 ae 80y 7m 11d
Olive Nute h/w d. Dec 8 1878 ae 66y 11m 18d
> I trust in the Lord.

Mary U Nute d. Oct 30 1897 ae 58y 5m 9d
James Sceggel d. Mar 3 1881 ae 63y 8m 14d
Sophia Sceggel h/w d. Jul 19 1888 ae 74y 8m

Francis N Sceggel t/s d. Mar 7 1853 ae 3y 7m
George M Sceggel t/s d. Jan 16 1879 ae 21y 8m

BRACKETT COTTON GRAVEYARD
NORTH WAKEFIELD ROAD (#23)

Brackett F Cotton d. Mar 6 1906 ae 80y 5m 3d
Susan H Cotton h/w d. Jan 10 1911 ae 74y 1m 6d
Eliot A Cotton t/s d. Sep 4 1875 ae 1y
Nathaniel F Cotton t/s d. Sep 29 1872 ae 4m
Sarah A Cotton t/d d. Sep 24 1865 ae 1y 4m
Clark Cotton t/s d. Jul 17 1895 ae 28y 1m 23d
Samuel Cotton d. Feb 8 1852 ae 72y
Sally Cotton h/w d. Jun 15 1830 ae 40y
Abigail Cotton h/w d. Feb 22 1864 ae 66y 5m 22d
I/d/o Samuel & Abigail Cotton d. Nov 15 1836
Sarah M Cotton d/o Samuel & Abigail Cotton d.
  Aug 1 1845 ae 15y 8m
Samuel C Cotton s/o Samuel & Sarah Cotton d. Mar
  12 1838 ae 18y

FIRNALD GRAVEYARD
AVERY ROAD (#15)

Polly Firnald d. Apr 1855 ae 52y
Betsey Firnald d/o John W & Mary Firnald d. Mar
  20 1803 ae 1y
Betsey A Firnald d. Jan 20 1844 ae 28y
Susan Firnald d/o John W & Mary Firnald d. Mar
  17 1821 ae 9y
John Firnald d. Mar 17 1821 ae 21y
Mary Firnald w/o John W Firnald d. Jan 14 1842
  ae 65y
John W Firnald d. Jun 1 1854 ae 82y

CANNEY - COTTON GRAVEYARD
BURWELL ROAD (#17)

James Canney d. Jul 15 1884 ae 71y 5m 20d
Betsey Canney h/w d. Aug 16 1893 ae 71y 2m 27d

Susan R Canney t/d d. in Great Falls Nov 27 1865 ae 21y
John W Cotton d. May 24 1896 ae 72y 7m 4d
Betsey M Cotton h/w d. Apr 13 1876 ae 46y 5m
Elvena Abby Cotton t/d d. Jan 6 1865 ae 4y 10m 22d
Lewis B Canney d. Dec 18 1867 ae 51y
Mary A Canney h/w d. Jun 6 1897 ae 85y 9m 9d
John B Cotton b. Aug 26 1867 d. Oct 25 1943
Jesse W Cotton b. May 12 1871 d. Jan 15 1954
Hattie M Varney h/w b. Oct 26 1863 d. Aug 6 1921
BMC
John C Canney b. Jun 14 1840 d. Dec 29 1923
Annie E h/w b. May 28 1842 d. Sep 26 1910

BROWN GRAVEYARD
BEACH POND ROAD (#18)

Avery Brown d. May 20 1887 ae 89y 7m 13d
Sally h/w d. Sep 20 1875 ae 75y 6m

NUDD GRAVEYARD
HAINES HILL ROAD (#19)

Benjamin Nudd d. Aug 1 1824 ae 75y Civil War marker
Rachel h/w d. May 10 1836 ae 81y
Lucretia Nudd d. Apr 2 1856 ae 73y
Mary A w/o Paul Nute d. Oct 12 1854 ae 48y
Benjamin Nudd Jr. d. May 1 1818 ae 40y
Capt George E Nudd d. Jul 26 1849 ae 56y 6m War of 1812 Vet marker
Abigail h/w d. Jan 24 1861 ae 67y 11m
George V B Nudd d. Mar 28 1855 ae 19y 3m
Sara Aba w/o John Wingate d. Nov 25 1864 ae 32y 5m
John Wingate only c/o John & Sara Aba Wingate d. Aug 17 1864 ae 1y 8m
Charles O Randall member of Co B 16th Reg NH Vol d. of fever and was buried in New Orleans Jul 2 1863 ae 42y 1m Vet 1861-1865 marker

PHILBRICK GRAVEYARD
HAINES HILL ROAD (#20)

Levi Philbrick d. Jan 27 1845 ae 67y 8m 21d
Polly h/w d. Sep 5 1851 ae 72y 7m 3d
Levi Philbrick d. Feb 17 1879 ae 73y 9m 5d
Lydia Philbrick h/w d. Jul 26 1889 ae 89y 2m 11d
Mary Philbrick t/d d. Jul 5 1859 ae 28y 4m 9d
Lydia Jane Philbrick d. Jun 21 1840 ae 7y 5m 22d
 (Also underneath tree in front of house)

BABAYAGA GRAVEYARD
HAINES HILL ROAD (#21)

Fieldstones, 5 unmarked

THOMAS COTTON GRAVEYARD
STONEHAM & COTTON MT ROAD (#25)

Addie S Young b. Jan 18 1869 d. Oct 6 1952
Dea Thomas Cotton d. Aug 5 1847 ae 80y
Martha h/w d. May 14 1857 ae 89y
Saloma Cotton t/d d. Jan 28 1823 ae 15y
Daniel Cotton d. Oct 20 1865 ae 62y 3m 15d
 Oh husband dear and father kind,
 Farewell, a long farewell;
 'Tis hard to part with those we love,
 But Christ does all things well.
Eliza K h/w d. Mar 11 1878 ae 64y 4m
 She resteth, why weep.
t/i/s d. Jul 21 1843 ae 3d
John F Cotton 1800 - 1855
Eunice Cotton h/w 1803 - 1828
Mercy Cotton h/w 1813 - 1863
Isaiah Wiggin b. Mar 19 1836 d. Jan 10 1913
Mercy Cotton h/w b. Dec 22 1839 d. Oct 3 1919
Elder Mark Stevens b. Apr 22 1835 d. Dec 22 1915
Priscilla D h/w b. Jul 13 1845 d. Jan 13 1877
George A Stevens t/s d. Aug 25 1886 ae 11y 9m 9d
John H Stevens t/s d. Oct 25 1890 ae 19y 1m
John C Cotton 1844 - 1872

Abbie M Cotton 1851 - 1867
Alzira S Cotton 1838 - 1855
Mary Cotton 1834 - 1854
Memorial stone to John F & Mercy Cotton, parents of above four children.
Timothy Y Cotton 1841 - 1929
Ada M Cotton h/w 1855 - 1913
Phebe Cotton h/w d. Jul 30 1885 ae 44y 25d
Alzira Cotton s/o Timothy Y & Ada Cotton 1867 - 1886
Leslie D Cotton b. May 28 1881 d. Jul 29 1970
Daniel J Cotton b. Mar 26 1849 d. Mar 2 1928
Hattie S Cotton h/w b. Apr 12 1854 d. Mar 29 1928
T/i/s d. Jul 8 1876
Susan L Cotton t/d b. Sep 3 1839 d. Mar 20 1906
Phebe E Cotton d/o Timothy & Phebe Cotton 1880 - 1900
Mertie I Cotton w/o C L Jenness 1871 - 1891
Zillah Cotton d/o Timothy & Phebe Cotton d. Feb 3 1890 ae 15y
Lydia Cotton 1800 - 1865
Henry D Cotton b. Jun 30 1851 d. Nov 19 1925
Abbie Mason Cotton h/w b. Apr 13 1854 d. Dec 6 1944
Rev Edward Shannon Cotton b. Aug 30 1854 d. Apr 24 1915
Addie Louise Cotton b. Dec 20 1856 d. Sep 16 1936
Rev Edward Howe Cotton b. Nov 22 1880 d. Sep 5 1981
t/s Dr Webster Eliot Cotton Mar 23 1925 -

DUDLEY COTTON GRAVEYARD
COTTON MT ROAD (#26)

Dudley P A Cotton b. in Wolfeboro Mar 1 1814 d. in Barbadoes W. I. Jul 30 1880
Rebecca Jane Roach (Cotton) b. Sep 20 1828 d. in Dresden Germany May 9 1907
Daniel Page Cotton b. in Barbadoes W.I. Feb 20 1848 d. in Boston MA Nov 30 1910

Mary Cotton Redpath b. Nov 3 1823 d. Aug 20 1914
William Page d. Jan 14 1839 ae 82y 2m
Sarah Dudley relict of William Page d. Jul 4
    1854 ae 100y 5m
Samuel Lisle Cotton s/o Dudley & Rebecca Cotton
    d. Mar 30 1863 ae 2y 6m.
Edward Clive Cotton s/o Dudley & Rebecca Cotton
    d. Apr 2 1863 ae 5y 4m
Mary Rebecca Cotton d. at Barbadoes W.I. Feb 3
    1855 ae 7m 8d Interred here Jun 1873
William Cotton Esq d. Jul 10 1824 ae 39y
Mary Page Cotton d. Jun 29 1859 ae 65y
Capt Wilmot Siders b. Jun 28 1806
Matilda Henrietta Cotton h/w b. 1815
Both lost at sea in a gale on the way to Roanoke
    Oct 1844
Daniel Cotton b. Jan 4 1817 d. in Barbadoes W.I.
    of yellow fever Sep 28 1842 ae 25y 8m 24d.
    Interred here Jun 1873
Joel Cook d. Jul 14 1844 ae 40y
Mrs Mary Cook d. Jun 29 1859 ae 65y
Mary dau. of William & Mary P Cotton d. Apr 13
    1818 ae 2d
James Cotton b. Nov 12 1802 d. Jul 12 1867
Josiah Robinson b. 1736 d. Jul 14 1805
Anna Neal Robinson h/w b Nov 13 1736 d. Oct 6
    1828
Samuel K s/o James & Abigail Cotton d. May 2
    1832 ae 3y 4m
i/c/o James & Abigail Cotton d. Nov 21 1845
James S Cotton s/o James & Abigail Cotton d. Feb
    10 1839 ae 3y 7m
Sally A L d/o James & Abigail Cotton d. Mar 24
    1842 ae 2y

JOHN COTTON GRAVEYARD
STONEHAM ROAD (#27)

John P Cotton d. May 6 1841 ae 76y
Betsey h/w d. Aug 27 1848 ae 74y
Sophia J Cotton d. Jan 2 1895 ae 90y 4m 10d
Eliot Cotton d. Apr 9 1874 ae 67y 9m 5d

Sarah Libby h/w b. Nov 20 1810 d. Mar 18 1889
   Work all done
Leonard P t/s b. Jun 20 1837 d. Jul 29 1884
   Weary
Mary E t/d b. Jun 20 1839 d. Jan 29 1892
   Peaceful rest.
Dudley L t/s b. Sep 11 1848 d. Mar 20 1899
Caroline C Cotton d. Feb 9 1907 ae 73y 7m 11
Dana Cotton d. Jun 11 1903 ae 52y 4m 11d
John P Cotton Esq. d. Nov 11 1866 ae 65y 2m 25d
   We miss thee.
Mary B h/w d. Jan 10 1883 ae 83y 1m 17d
   We loved her
Celestria A w/o A L Rice d. Aug 26 1865 ae 31y
   11m 16d
   Many fond hopes lie buried here;
   Fold her, O Father in thine arms,
   And let her henceforth be,
   A messenger of love between
   Our human hearts and thee.
Jeremiah T Cotton b. Aug 22 1829 d. May 11 1897
   He spoke no evil.
Mary F h/w b. May 25 1841 d. Mar 7 1908
   Gone but not forgotten.
John H Rendall b. Jun 23 1823 d. Aug 8 1895
   To know him was to love him.
Mary w/o William Cotton d. May 4 1841 ae 30y
Angeline Burleigh b. Sep 8 1846 d. Apr 8 1915

WILLEY-LUCAS-BENNETT-GRAVEYARD
HAINES HILL ROAD (#30)

Albert Bennett d. Jul 2 1867 ae 41y 1m 9d
Hannah Bennett-Evens w/o Albert Bennett and
   afterward w/o J B Evens d. Oct 29 1881 ae 53y
Isaac Willey d. Mar 8 1867 ae 82y 2m 27d
Asa Morgan d. May 9 1859 ae 47y
Susan Morgan h/w d. Dec 27 1874 ae 74y 7m
Joseph E Lucas d. Oct 21 1881 ae 43y 8m 22d
Melissa J Lucas h/w d. Feb 28 1879 ae 37y 2m
Joseph W Lucas t/s d. Jun 14 1867 ae 7m 9d

TIBBETTS GRAVEYARD
STONEHAM & BURWELL ROAD (#28)

Edmund Tibbetts d. Dec 7 1844 ae 87y
Margaret Tibbetts h/w d. Feb 19 1849 ae 94y 4m
Ann Reynolds w/o Job Reynolds d. Sep 10 1863 ae 68y 3m 15d
Isaac Tibbetts d. of consumption Jan 25 1829 ae 39y 10m

HIGHLANDS GRAVEYARD
BEACH POND ROAD (#29)

Polly w/o John Doe d. Aug 6 1857 ae 72y 4m 9d
John M Whitten d. Oct 2 1845 ae 23y
Sally w/o Levi Towle d. Mar 12 1832 ae 32y
Elijah Thompson d. Jan 26 1870 ae 76y 5m 20d Veteran of War of 1812 Marker.
Sally h/w d. Mar 30 1876 ae 86y 7m
Susan S Thompson d. Sep 5 1848 ae 23y
Sarah J w/o D W Welch & d/o Elijah and Sally Thompson d. Jan 21 1873 ae 44y 5m
Alvah Geralls d. Jul 26 1857 ae 48y 3m
Russell W Geralls s/o Alvah & Lucinda Geralls d. Dec 10 1850 ae 2y 7m 22d
Field stone marker both head and foot with GAR Post # 61 marker

FROST-STODDARD GRAVEYARD
BICKFORD ROAD (#32)

Loring Stoddard Co K 12th NH Inf. GAR Post #61 marker
Elmer E Stoddard b. Jan 15 1863 d. Dec 1930
Elmer Loren Stoddard b. Oct 29 1899 d. May 21 1945
Aaron Frost First Settler here 1786 d 1840
John Frost 1804 - 1884
Loring Deland h/w 1806 - 1863
George W Frost t/s 1841 - 1863 a soldier in Co B 16th Regt NH Vol GAR Post # 61 marker

BURKE GRAVEYARD
COLLEGE ROAD (#33)

Hannah w/o Stephen Burke d. Sep 29 1830 ae 33y 9m
*She has gone from this world of pain and woe,
To dwell above with the blest;
Where all pure in heart will go,
And be forever at rest.*
Hannah D w/o Stephen Burke d. Dec 19 1874 ae 66y 11m 21d
*She was a tender mother here,
And in her life the Lord did fear;
We trust our loss will be her gain,
And that with Christ she's gone to reign.*
R Annie d/o Stephen & Hannah Burke d. Oct 22 1865 ae 25y 4m 19d
*Memory loves to linger here,
Around the object once so dear.*
Hannah J w/o Reuben H. Copp d. Dec 13 1865 ae 33y 3m
She said 'I trust in God, He will provide for my children'
S B (Foot stone)

JENNESS GRAVEYARD
DALLAS ROAD (#35)

Johnson Jenness b. May 16 1818 d. Jan 21 1888
Elizabeth Jenness b. Sep 19 1821 d. Feb 3 1916
John A Jenness t/s d. Mar 3 1859 ae 15y 1d
I/s/o Johnson & Elizabeth P Jenness
Emma E Jenness t/d d. Jul 12 1854 ae 1y 26d
Emma E Jenness t/d d. Oct 26 1859 ae 3y 9m 26d
Nathan Jenness d. Jun 13 1877 ae 69y 6m 8d
Joseph Jenness d. May 12 1860 ae 82y 9m 17d
Betsey Jenness h/w d. Apr 2 1847 ae 57y
Cornelius Jenness d. Sep 15 1837 ae 91y
Patience Jenness h/w d. May 25 1797 ae 57y
Deborah Jenness h/w d. May 14 1830 ae 74y.
John A Jenness b. Jul 23 1859 d. Sep 24 1904.
Rockwell Plumer Churchill 1844 - 1903

Lucy Jenness Churchill 1848 - 1925
John Stanton Nicholson 1850 - 1926
M Etta Jenness h/w
Lerie A Dame 1846 - 1938
Hattie A Jenness h/w 1846 - 1925

CHAMBERLIN GRAVEYARD
COTTON VALLEY ROAD (#34)

Dudley Chamberlin d. Oct 26 1861 ae 83y 8m 17d
 Father, Thy labor is o'er,
 Thy reign of probation is run;
 Thy soul now reigns with the blest,
 In heaven a mansion of rest.
Abigail Chamberlin d. Aug 13 1862 ae 81y 11m 9d
 She's where the weary are at rest,
 From every mortal trouble free,
 To dwell with Christ forever blest;
 And there his bright jewel to be.
 May her precepts and examples given,
 Guide her children home to heaven.
John Chamberlin 1804 -1882
Lydia C h/w 1810 - 1897
Marcia A w/o Joseph W Chamberlin d. Nov 2 1868
 ae 29y 9m 1d
Winnie M d/o J W & M A Chamberlin 1867 - 1886
J S Chamberlin 1852 - 1897
Joseph H Nudd d. Jul 1 1876 ae 57y 8m 25d
 At home in heaven.
Eliza A h/w d. Jul 16 1883 ae 61y 1m 4d
 He giveth his beloved sleep.
Mary w/o Stephen Nute d. Jun 27 1862 ae 54y
Abbie J w/o John Coburn d. Aug 11 1839 ae 33y
John H Chamberlin 1837 - 1899
Lucinda M Chamberlin d. Sep 3 1847 ae 1y 10m 5d
George H Chamberlin d. Nov 9 1862 ae 21y 11m 2d
Lucinda M Chamberlin d. Jun 12 1869 ae 20y 9m 4d
 all children of John & Lydia Chamberlin
Wilhelmina Welch d. Mar 24 1919 ae 82y 5m 10d
William Welch d. Jun 2 1870 ae 60y
 Not lost but gone before.
Lucinda h/w d. Jul 13 1890 ae 80y
 Yet again we hope to meet thee.

Emma Mitt Welch t/d d. Oct 26 1851 ae 11y 7m
  Sister, thou art gone to rest,
  Thy sins are all forgiven;
  And saints in light have welcomed thee,
  To share the joys of Heaven.
  Child thou art gone to rest
  And this shall be our prayer,
  That when we reach our journey's end,
  Thy glory we may share.
Ann Maria t/d d. Oct 9 1846 ae 1y 2m
  We trust she is with the angels now,
  In brighter realms above;
  That glory crowns her youthful brow,
  In paradise of love.
George Henry Welch t/s d. Aug 18 1837 ae 1y 1m
  Sweet one, thine hour hath come,
  Thy God hath called thee home,
  To heavenly joys and perfect bliss,
  of pure unclouded happiness.

CHARLES COTTON GRAVEYARD
COTTON VALLEY ROAD (#37)

Charles O Cotton b. Jul 4 1851 d. Oct 30 1903
John D Cotton b. Aug 29 1860 d. Mar 12 1900
Francis E Simpson b. Oct 12 1852 d. Feb 2 1914
Sargent George P Cotton Co B. 16th Reg N.H. Vol
  GAR Post #61 b. Jan 19 1823 d. Aug 19 1895
Rebecca A Cotton h/w b. Apr 2 1823 d. Jan 19
  1907
Orrin Cotton 1867 - 1920

WILLIAM COTTON GRAVEYARD
COTTON VALLEY ROAD (#38)

Charles A Cotton s/o Albert & Charlotte Cotton
  b. Aug 6 1874 d. Jul 29 1910
Edgar F Cotton s/o Albert & Charlotte Cotton b.
  Mar 7 1889 d. Dec 29 1921
Willard C Cotton b. Aug 17 1907 d. Oct 22 1934
Albert W Cotton b. Aug 30 1846 d. Jan 6 1918
Charlotte M h/w d. Mar 10 1886 ae 32y 2m 3d

Helen A h/w b. Dec 10 1849 d. Jun 9 1932
Lucy M. d/o Albert W & Charlotte M Cotton d. Sep 8 1878 ae 1m 26d
Gone to rest with little brother
Arthur T s/o Albert W & Charlotte M Cotton d. Sep 10 1877 ae 10m 19d
Safe in the arms of Jesus
William J Cotton d. Jul 25 1872 ae 36y 1m 22d
Though when he here he was good and beloved,
Yet now he is called for and taken above;
How little he thought summoned so soon,
Or that his bright sun would be darkened ere noon.
Everett R Cotton 1891 - 1950
Mary J h/w b. Oct 5 1885 d. Nov 24 1935
T/i/s b. Feb 4 1818 d. Feb 6 1918
Annah L d/o Albert W. & Helen A. Cotton b. Jun 3 1888 d. May 13 1922
Mary Bell d/o Thomas M & Mary L Cotton d. Jan 2 1869 ae 7wk
Johnie F Cotton d. Jan 7 1862 ae 2y 5m 8d
Nancy A Cotton d. Jan 11 1862 ae 4y 7m 17d, children of Dea. Thomas & Hannah C Cotton
George L Rendall d. Jan 5 1887 ae 29y 14d
Annah M w/o George L Rendall d/o I W & V A Cotton d. May 5 1890 ae 28y 3m 16d
Hannah C Cotton w/o Dea Thomas Cotton d. Oct 17 1891 ae 76y 1m 17d
William Cotton 1738 - 1821 Soldier of Revolutionary War
Thomas Cotton d. Sep 28 1875 ae 78y 3m
Whilst in this tomb our father lies,
His Spirit rests above;
In realms of bliss it never dies,
But knows a Savior's love.
Nancy h/w d. Mar 8 1848 ae 44y
The grave now a favored ---
----saints who sleep in Jesus -- ssed,
---there the wicked, there the weary are at rest.
Betsey D t/d d. Jun 16 1827 ae 3y 7m
Nancy t/d d. Feb 2 1832 ae 1m 22d
Albert t/s d. May 15 1844 ae 11m 12d

J Freeman Cotton t/s d. Apr 7 1857 ae 28y 9m
Martha E w/o James H Tibbets d. Jul 6 1864 ae
   31y 7m 15d
   Farewell dear friends, a long farewell,
   I've gone from earth with saints to dwell;
   Prepare to meet with me on high,
   And reign with Christ above the sky.
Freeman D s/o J Freeman & Virena S Cotton d. Jul
   20 1856 ae 5m 20d
Isaac W Cotton d. in Waldo FL Jan 17 1891 ae 51y
   7m 26d
Laura A h/w d. Dec 30 1870 ae 26y 8m
Ida Bell t/d d. Aug 8 1871 ae 1y 1m 14d

SHORTRIDGE GRAVEYARD
STONEHAM ROAD (#24)

Eliza Shortridge

RENDALL GRAVEYARD
COTTON VALLEY ROAD (#39)

Miles Rendall d. Apr 18 1824 ae 33y 3m
Miles Rendall d. Sep 14 1890 ae 71y 7m 25d
Adeline E h/w d. Nov 26 1864 ae 48y
James B t/s d. Dec 6 1864 ae 1y 6d
Nathan A t/s d. Nov 29 1864 ae 2y 1m 15d
Arietta t/d d. Nov 22 1864 ae 10y 7m 7d
Helen M t/d d. Nov 18 1864 ae 9y 4m 4d
Elzira E t/d d. Nov 15 1864 ae 5y 17d
Edwin M t/s d. Nov 12 1864 ae 7y 2m 12d
Mary P h/2w d. Sep 29 1876
Oran D t/s d. Sep 6 1867
Albert F t/s d. Sep 13 1870 ae 6m

PERRY GRAVEYARD
COTTON VALLEY ROAD (#40)

John Perry b. Mar 1 1837 d. Dec 21 1898
Priscilla A Perry b. Aug 1 1847 d. Aug 11 1916
Edgar C Perry d. May 14 1945 ae 62y 6m 10d

MALEHAM-KIMBALL GRAVEYARD
TIBBETTS ROAD (#41)

Mary Bee Maleham h/w d. Nov 27 1858 ae 74y 22d
William Maleham d. Jul 31 1865 ae 79y 1m 5d GAR Post #61 marker.
Fieldstone marked 1813-1814 JM
Fieldstone marked 1819-1843 WM
I Frank Kimball Jun 13 1837 -
Lucy Maleham Kimball h/w b. 1852 d. Mar 29 1916
Fieldstone marked JM
Sarah N Kimball w/o George F Kimball d. Nov 16 1870 ae 21y 5m

MARTIN GRAVEYARD
CLOW'S HILL RTE 109 (#45)

Dea. James Fernal d. Sep 1823
Mary Fernal h/w d. Dec 2 1831
James Fernal b. Jun 24 1779 d. Jun 4 1861
Betsey B Fernald h/w b. Jan 8 1774 d. Jun 6 1861 [Parents of Sophia W. Martin]
Daniel Martin b. Mar 26 1802 d. Jun 7 1874
Sophia W Martin h/w b. Feb 25 1810 d. Feb 24 1849
Isaac Martin b. May 26 1774 d. Jun 9 1865
Lois Martin h/w b. May 14 1779 d. Oct 26 1832
Maria M Martin b. Jan 25 1810 d. Oct 14 1811
Hannah Martin w/o John Martin & Mother of Isaac Martin d. Apr 25 1814 ae 82y
George Martin b. Feb 12 1805 d. Feb 12 1817
 [Maria M and George were children of Isaac and Lois Martin]
Almena Martin b. Sep 15 1833 d. Mar 21 1852
Leander Martin b. May 1 1839 d. Oct 25 1842
Edgar L Martin b. Dec 19 1835 d. Mar 23 1839
 [Three children above were of Daniel and Sophia W. Martin]
[George B Martin b. Sep 15 1830 d. Oct 8 1873 bur. in Brewster MA]
[James E Martin b. Aug 17 1841 d. Feb 5 1928 bur. in Wolfeboro NH]

[Elizabeth Martin Newell b. Jun 19 1843 d. Jan 24 1924 bur. in Mt. Auburn]
[Lois Martin Eaton b. Jan 6 1846 d. Apr 27 1925 bur. in Wolfeboro NH]
Joseph Eaton d. Jan 19 1861 ae 88y 4m
Sarah Eaton h/w d. Sep 14 1855 ae 87y
Mary E Eaton s/o Samuel S & Mary E Eaton d. Jun 1 1870 ae 12y 6m
Mary J Eaton w/o Chandler Eaton d. Mar 29 1882 ae 75y 5m
Chandler Eaton d. Nov 13 1886 ae 82y
Orin J Eaton d. Nov 26 1878 ae 39y 3m 20d
George E Adjutant d. Mar 14 1887 ae 22y
Everett C Adjutant s/o G E & E H Adjutant d. Nov 19 1889 ae 2y 4m 2d
Blanche L Hanson s/o John E & Abbie Hanson d. May 5 1888 ae 2y 8m 20d
Sarah Rust w/o Nathaniel P Rust d. Oct 19 1851 ae 25y
William Stoddard s/o Loring & Frances Stoddard d. Jul 12 1835 ae 1y 6m
Frances Stoddard h/w d. Feb 15 1868 ae 67y
Loring Stoddard d. Aug 18 1842 ae 55y
Mrs Elisabeth Stoddard h/w d. Jan 12 1809 ae 51y
Mr Deren Stoddard d. Oct 16 1829 ae 67y

DUDLEY CHAMBERLIN GRAVEYARD
ROUTE 28 (#42)

Dudley Chamberlin d. Sep 27 1874 ae 74y 2m 16d
Lydia N h/w d. Nov 26, 1888 ae 84y 11m 26d
Hannah Frances t/d d. Nov 11 1830 ae 7m
Lydia Ann t/d d. Aug 27 1840 ae 4y
John F i/s/o Frank B & Clara B Kenney d. Aug 6 1878

CHAMBERLIN GRAVEYARD
COLLEGE ROAD (#43)

John Chamberlin d. Jan 9 1826 ae 74y
Lydia Ann w/o Charles H Nudd d. Nov 16 1863 ae 25y 10m 23d

David Chamberlain d. Feb 11 1881 ae 83y 5m 10d
Hannah S h/w d. Aug 8 1902 ae 87y 11m 16d
Hannah A d/o David & Hannah S Chamberlain b. Aug
   29 1845 d. Jun 24 1914
H E N & C G N (Foot stones 2 Nudd graves)

JUDKINS GRAVEYARD
COTTON VALLEY ROAD (#44)

Ebenezer Judkins d. Feb 11 1865 ae 75y
Abigail h/w d. Mar 21 1826 ae 32y

STOCKBRIDGE GRAVEYARD
NORTH LINE ROAD (#46)

Josiah Stockbridge d. Dec 22 1843 ae 61y
Merry h/w d. Mar 28 1838 ae 61y
Mr Joe Langley d. Mar 23 1830 ae 70
Susan d/o John Hill (illegible)
Martha d/o John Hill d. May 20 1827 ae 6m 18d
Emily C d/o John Hill d. Dec 13 1831 ae 3y 2m
   14d
c/o John Hill d May 1837 ae 6m 18d

VALENTINE WILLEY GRAVEYARD
ROUTE 109 NEAR FERNALD CROSSING (#48)

Valentine B Willey 1836 - 1913
Emma F Willey h/w 1847 - 1924
John Willey 1835 - 1848
Dea. Valentine Willey d. Jan 12 1874 ae 79y 6m
   5d
   Dearest Father thou hast left us-
   Here thy loss we deeply feel;
   But 'Tis God that hath bereft us,
   He can all our sorrows heal
Abigail h/w d. Jan 16 1885 ae 90y 5m 8d
   Dear Mother thou art gone to rest.
   Thy toils and cares are o'er;
   All Sorrow, pain and suffering now,

Shall ne'er distress thee more.
John J. Chamberlin d. Jul 1 1882 ae 54y 10m 11d
Rest, husband, in the silent tomb,
Lonely is our home today;
For the one whose smiles did cheer us
Has forever passed away.
Mary E h/w d. Feb 21 1902 ae 73y 6m 2d

WHITTON GRAVEYARD
ROUTE 109 CLOW'S HILL (#49)

William M Whitton 1845-1913
Daniel H s/o James & Ruth Thurston d. Dec 22 1877 ae 17y 2m 22d
Sally w/o Thomas Whitton d. Mar 20 1894 ae 81y 8m 2d
Thomas L Whitton b. Aug 8 1811 d. Dec 2 1903
Charles A Whitton d. Mar 18 1916 ae 81y 9m 8d
Annie E h/w d. Apr 6 1889 ae 49y 5m 11d
George Whitton d. Dec 17 1852 ae 79y 8m 4d
Esther h/w d. Sep 5 1857 ae 87y 5m 16d
George W G Whitton d. Jul 18 1860 ae 50y 10m
David C Whitton d. Nov 3 1836 ae 21y
Daniel Page d. Aug 23 1828 ae 29y 9m 14d
Elizabeth w/o Ebenezer Morse d. Oct 20 1858 ae 78y
Daniel P Purington d. May 21 1875 ae 73y
Helen Arietta Richardson w/o Harold Stead d. Jul 26 1980 ae 70y

TOWN HOUSE CEMETERY
ROUTE 28 (#50)

S. C. (Slate marker)
A W (Foot stone)
d. 1820 (Field stone)
E D d. 1817 (Field stone)
A B (Foot stone)
Almena Sargent d. May 2 1870 ae 2y 1m 10d
Stone with marker United Army USA Peurto Rico Cuba Philippines Islands

John Marden and wife d. 1815
Charles H Kimball Co D 6th NH Inf GAR Post 61
Mary h/w b. Mar 13 1835 d. May 13 1877
Emma Kimball t/d ae 12y
Freddie Kimball t/s ae 7y
Willie Kimball t/s ae 8m
Rev Eben Allen first Town minister 1792 - 1806
  d. Jul 27 1806 ae 60y
Betsey h/w d. Jan 24 1810 ae 33y
marked DG (Foot stone)
GHE (Foot stone)
JPG (Foot stone)
FJH (Foot stone)
HGM (Field stone)

FURBER GRAVEYARD
PLEASANT VALLEY ROAD (#52)

Zacheus Furber d. Aug 9 1811 ae 9m
Phebe Furber d. Dec 9 1816 ae 3y
Daniel Furber d. Oct 8 1857 ae 69y 5m 11d
  *The grass wilteth, the flower fadeth, but the
  Word of our God shall stand forever.*
Sally Furber h/w d. Dec 6 1822 ae 36y
Nancy Furber h/w d. Apr 29 1872 ae 66y 9m
John Furber d. Mar 1 1829 ae 79y
Abigail Furber h/w d. Dec 25 1815 ae 63y
Martha C Furber d. Apr 24 1843 ae 28y

COLMAN GRAVEYARD
ROUTE 28 (#51)

Daniel H s/o George H & Hallie M Waldron d. Oct.
  30, 1873 ae 3m
Daniel Colman d. Dec 15 1887 ae 75y 4m 2d
Mary A h/w d. Sep 20 1870 ae 58y 1m
Mary E h/w d. Sep 4 1895 ae 70y 8m 22d
Henry J Colman 1836 - 1915
Adda s/o Daniel & Mary A Colman d. Feb 2 1851 ae
  7wk
Joseph Coleman d. Nov 12 1859 ae 81y 6m
Ebenezer Colman d. May 23 1875 ae 64y 9m 19d

FAMILY GRAVEYARDS 223

Sarah F d/o Daniel & Mary A Coleman d. Aug 23
  1841 ae 13m
Ann h/w d. Aug 1 1841 aet 67y 10m
Charles R Colman d. Jul 29 1873 ae 53y 4m 1d
Clara A d/o Charles R & Olive Colman d. Jan 1883
  ae 25y 22d
George F B s/o Joseph L & Mary E Dixon d. Dec 3
  1860 ae 7y 2m 9d
Joseph L Dixon d. May 8 1859 ae 37y 10m 22d

DANIEL CATE GRAVEYARD
PLEASANT VALLEY ROAD (#53)

Albert L Cate d. Aug 17 1856 ae 27y 4m 11d
Daniel Cate d. Jun 11 1873 ae 87y 11m 20d
Mary Cate h/w d. Jun 17 1870 ae 81y 2m 15d
Albert Cate t/s d. Oct 7 1816 ae 1y 8m 20d
Nathaniel Willey b. in Somerslark
Dorothy Willey h/w b. Wakefield Jun 30 1768 d.
  Sep 14 1862 ae 94y
Moses Cate b. Dec 30 1788 d. Dec 16 1828 ae 40y
James Fogg d. Feb 6 1885 ae 76y 6m 23y
Betsey L Fogg h/w d. ____ ae 72y 5y
Olive Ann Fogg t/d d. Oct 6 1841 ae 1y 10m 25d
George N Tabor b. May 18 1849 d. Jan 14 1941
Josephine E Tabor h/w d. Mar 18 1895 ae 44y 23d
Annie T Maye d/o Betsey & John Maye d. Mar 31
  18__ ae 20y 6m
Joseph F Edgerly d. Oct 13 1899 ae 78y 10m 18d
Jane A Edgerly h/w Sep 24 1899 ae 72y 1m 22d
John F Furber s/o John L & Sarah P Furber d. Apr
  16 1862 ae 24y
Freddie E Cate s/o Daniel P & Caroline M Cate d.
  Apr 22 1865 ae 1y 3m 20d
Annie M Cate d/o Daniel P & Caroline M Cate d.
  Sep 1 1872 ae 20y 4m 15d
Pamela J Clark b. Feb 3 1847 d. Aug 18 1909
Edward E Cate b. Jan 9 1856 d. Feb 2 1908
Lizzie A Cate h/w b. Sep 16 1855 d. Jul 5 1896
Fred A Edgerly b. Feb 16 1859 d. Jun 19 1921
Annie M Edgerly h/w b. Mar 7 1865 d. Dec 17 1937

Zada Lee Edgerly t/d d. May 30 1890 ae 9m 8d
Everett M Edgerly t/s d. Feb 3 1887 ae 1y 6m 15d
Dana N Edgerly s/o Freeman & Nellie M Edgerly d.
   Feb 23 1880 ae 2y 2m 15d
Statira Giles b. Jul 7 1804 d. Feb 28 1892
Stephen Giles b. Sep 23 1787

JAMES CATE GRAVEYARD
PLEASANT VALLEY (#54)

James M Cate b. Oct 18 1825 d. Aug 21 1905
Sarepta P Cate h/w b. Oct 10 1828 d. Sep 21 1909
Eva F Cate t/d. d. Jan 24 1874 ae 1y 2m 24d
Clara V Cate t/d. d. Sep 16 1854 ae 1y 2m 17d
Charles G Cate b. Mar 5 1822 d. Apr 30 1896
Catherine Kendall Cate h/w b. Oct 9 1822 d. Feb
   7 1902
Frank Irving Cate t/s d. Jan 16 1852 ae 1y 10m
   23d
James C Cate Jr. d. Oct 26 1820 ae 9y 10m
William Cate d. Nov 26 1834 ae 29y 9m
James Cate d. Dec 30 1824 ae 58y 5m
Betsey Cate h/w d. Jan 24 1849 ae 78y 1m 16d
John Cate d. Oct 16 1877 ae 77y 4m 27d
Hannah Giles Cate h/w d. Mar 25 1839 ae 38y 10m
   16 d

EDGERLY-BRACKETT CEMETERY
PLEASANT VALLEY ROAD (#56)

James Edgerly d. Aug 18 1815 ae 80y 4m SAR
   marker
Daniel Edgerly d. Nov 25 1847 ae 70y 1m 9d
Abigail Edgerly h/w d. Mar 27 1838 ae 61y 5m 7d
Sarah Edgerly b. Nov 12 1813 d. Dec 24 1897
Hannah Edgerly d. Apr 19 1833 ae 26y 3m 8d
Abigail Edgerly d. Nov 16 1869 ae 58y 8m
John Brackett d. Mar 6 1842 ae 74y
Betsey Brackett h/w d. Aug 3 1859 ae 84y 2m
Hannah Brackett t/d d. May 11 1844 ae 28y 7m
Elijah F Young b. Sep 22 1826 d. Apr 29 1894
Ann F Young h/w b. May 22 1835 d. Mar 16 1926

Betsey A Brackett d. Nov 27 1874 ae 65y 2m 7d
Joshua Brackett b. Oct 13 1804 d. Feb 14 1895
Mary Alice Fairbanks d/o Rev A D & A J Fairbanks
    d. Aug 15 1873 ae 1y 9m
Arletta L Fairbanks d/o Rev A D & A J Fairbanks
    d. Aug 30 1875 ae 6y 6m
Alonzo Nutter b. Mar 16 1836 d. May 1 1907 Post
    #61 GAR marker
Maria A Nutter h/w b. Jun 2 1841 d. Aug 22 1908
Jeremiah Young d. Sep 26 1862 ae 45y 5m 26d Post
    #61 GAR marker
Adaline Young h/w d. May 30 1871 ae 58y 10m 10d

HAYES GRAVEYARD
PLEASANT VALLEY ROAD (#55)

Elenor Hayes w/o Joshua Hayes d. Feb 10 1863 ae
    84y 6m
Joseph Hayes d. Oct 18 1874 ae 65y
Lucretia Hayes h/w d. Dec 15 1893 ae 76y
Charles W Hayes t/s d. Oct 15 1869 ae 27y 3m 19d
Ichabod Hayes t/s d. Aug 22 1853 ae 13y 23d
Abbie A Hayes t/d d. May 20 1857 ae 5y 11m 3d

NEAL CATE GRAVEYARD
PLEASANT VALLEY ROAD BROOKFIELD (#57)

Abbie M Sawyer 1879 - 1942
Martin H Sawyer 1867 - 1940
William Cate d. Sep 11 1858 ae 64y
Abigail Willey w/o Eliphalet Willey d. Oct 16
    1871 ae 75y 9m
Eunice Hersom d. Sep 29 1851 ae 86y 16d
O P D A P --- GAR Post #61 marker (Fieldstone)
George W Sawyer b. Oct 22 1837 d. Jun 12 1913 ae
    76y 8m 12d m. Christine C Cate May 1 1864
Christine C Cate Sawyer h/w b. Jun 2 1842 d. Jun
    14 1908 ae 66y 1m 12d
Little Arthur t/s d. Jan 31 1871 ae 5m 13d
I C A P B 1803 (Field Stone)
Benjamin H Warren d. Nov 25 1851 ae 57y

Jane Cate d/o Neal & Jane Cate d. May 9 1802 ae 4y 10m 12d
Jane Cate w/o Neal Cate Esq d. Oct 20 1840
ICADI T+C JI (Field stone)
Charles Giles d. Aug 16 1833 ae 62y 10m
Mary Giles h/w d. Sep 28 1879 ae 91y 11d
Chandler Giles d. Dec 31 1886 ae 58y
Mahala G Ford w/o Thomas B Ford died Jun 10 1906 ae 81y 5m
Lavonia Giles d. Feb 22 1926 ae 94y 8m 27d
Mary J Giles w/o Sias M Giles d. Sep 8 1881 ae 63y 1m 17d
Sias M Giles d. Mar 8 1874 ae 55y
Little Cora Giles d/o Sias M & Mary Jane Giles d. Sep 18 1854 ae 5y 1m 1d
M Alice Giles (our little Allie) d/o Walter C & Mary E Giles d. Feb 23 1888 ae 3y 6m 23
Neal Cate Esq d. Jun 14 1846 ae 85y 9m SAR Vet 1775 a soldier of the Revolution
Sally Cate h/w #2 d. Sep 16 1854 ae 62y 3m 27d
William T Cate b. Jan 8 1802 d. Aug 4 1890
Betsey Cate h/w b. May 2 1807 d. Oct 12 1854
B Abby Cate w/o J Neal Cate d. May 18 1882 ae 50y 7m 22d
J Neal Cate d. Feb 4 1903 ae 75y 5m 10d
Charles E Prescott b. Apr 30 1854 d. Apr 17 1921
Nellie M Giles Prescott h/w b. Apr 22 1854 d. Sep 19 1925

H B WILLEY GRAVEYARD

WHITTON NECK ROAD (#61)

Howard B Willey b. Sep 27 1830 d. Jan 7 1916
Martha A h/w b. May 30 1827 d. Aug 3 1877
Harriet h/w b. Jan 6 1840 d. Feb 18 1901
Sarah E Fernald b. Nov 15 1850 d. Feb 17 1902
Alexander H Willey b. Jan 30 1854 d. Nov. 29 1928
Belle R h/w b. Feb 10 1859 d. Sep 10 1883
[Note: This cemetery appears to be on top of the Whitton cemetery as there are Whitton stones in Willey foundations and walls.]

ROCKWELL-FRANGES GRAVEYARD
PLEASANT VALLEY ROAD (#58)

Stephanie Franges 1879 - 1966
Otto Franges 1870 - 1945
Ivan Franges 1899 - 1972
Justine Corby Franges 1908 -
Dragoslav M Protitch cacak 1902 - Wolfeboro 1974
George Helm Rockwell b. Aug 27 1891 d. Sep 6 1967

THOMPSON GRAVEYARD
PLEASANT VALLEY ROAD (#62)

Elizabeth J Roswell w/o James Roswell d. Jun 11 1904 ae 66y 21d
John M Thompson s/o Benjamin F & Mary A Thompson d. at Harwood Hos. Jun 13 1864 ae 30y Vet of Co K 12th Reg NH Vol
Benjamin F Thompson d. Jun 21 1869 ae 68y 7m 28d
Mary A Thompson h/w d. Aug 27 1846 ae 52y 5m 19d
William P Adams b. Mar 24 1827 d. Jan 13 1900
Sarah E Adams h/w b. Sep 30 1830 d. Sep 5 1903
Frank W Edgerly b. Oct 4 1855 d. Nov 6 1899
Mary A Edgerly h/w b. Dec 1 1858
Hannah Thompson d. Jun 11 1874 ae 71y 7m 10d
3 infant children
Moses Thompson d. Feb 1809 ae 2m
Aaron Thompson d. Apr 1811 ae 6w
Moses Thompson d. Sep 11 1846 ae 71y
Sarah Thompson h/w d. Feb 14 1818 ae 40y
Charles G Hasty b. Sep 5 1847 d. Jan 23 1915
Eliza J Hasty d/o Charles G & Eliza J Hasty b. Oct 16 1853 d. Sep 30 1935
Gracie Hasty d/o Charles G & Eliza J Hasty d. Sep 14 1873 ae 3m 5d,
Hattie Hasty d. Jul 18 1872 ae 3w 5d
Fred E Thompson 1857 - 1932
Ada F Thompson 1852 - 19--
Moses Thompson b. Mar 4 1811 d. Dec 11 1897
Hannah M Rust h/w b. Feb 23 1821 d. May 19 1908

William Rust Thompson t/s d. May 24 1865 ae 24y
2m 20d
Alberta A Thompson t/d d.Dec 20 1860 ae 6y 5m 7d
Elder William Thompson d. Aug 29 1882 ae 77y 8m
25d
Maria Brackett d. Jun 29 1895 ae 86y
William Charles Thompson d. May 21 1920 ae 87y
4m 19d
Corrine Thompson Hardon b. Jul 8 1875 d. Dec 13
1962
George Y Furber d. Sep 6 1873 ae 59y 11m 21d
Jane T Furber 1813 - 1900
John T Furber 1846 - 1912
W T
Ivory P Keniston b. Jan 8 1829 d. Mar 13 1906
Mary J Keniston h/w b. Mar 12 1827 d. Mar
17 1906

WARREN GRAVEYARD
NEW GARDEN ROAD (#63)

George W Warren d. Mar 10 1874 ae 77y 11m
Mary F Warren h/w d. May 3 1887 ae 90y 3m 2d
George K Warren d. Sep 22 1885 ae 59y 4m 18d
Sarra F Warren h/w d. Apr 10 1895 ae 55y 2m 2d
Charles A Warren d. Mar 20 1891 ae 55y 7m 5d
  Post #61 GAR marker
Sarah A Warren h/w d. Apr 18 1924 ae 88y 2d

RUST-LEAVITT GRAVEYARD
NEW GARDEN ROAD (#64)

William Rust Jr d. Sep 25 1848 ae 60y
John C Leavitt d. Sep 3 1864 ae 47y 5m 6d
Betsey S Leavitt h/w d. Mar 29 1890 ae 66y 6m
11d
Charles E Leavitt d. Oct 26 1897 ae 40y 5m 10d
Joseph Leavitt d. Jun 10 1867 ae 79y 4m
William Rust d. Oct 11 1850 ae 85y
Hannah Marble Rust w/o William Rust d. Sep 20
1811 ae 40y
Hannah Rust t/d d. Oct 17 1815 ae 15y

Joseph L Leavitt b. Mar 12 1834 d. Jul 21 1917
   ae 83y
Harry R Leavitt d. Apr 26 1936 ae 75y 8m 14d

RICKER GRAVEYARD
PLEASANT VALLEY ROAD (#65)

Lucy H Ricker d/o B A & Fanny J Ricker d. Sep 1 1853 ae 1y 10m
Joseph Ricker d. Feb 7 1838 ae 76y SAR marker
Sarah H Ricker h/w d. Oct 23 1841 ae 77y
Benjamin F Ricker d. Apr 17 1853 ae 48y 4m
Susan C Ricker h/w d. Mar 23 1882 ae 80y 3m 18d
Lucy W Ricker t/d d. Aug 18 1848 ae 10y 10m
Sarah H Ricker t/d d. Dec 23 1842 ae 9m 11d
Chester R Ricker s/o Joseph & Fanny Ricker d. Dec 30 1830 ae 4y 2m

HAYES-BURLEIGH GRAVEYARD
ROUTE 109 (#66)

Samuel Hayes d. Apr 22 1854 ae 65y
Leah h/1w d. Jul 16 1843 ae 59y
Abigail R Bickford h/2w d. Oct 18 1881 ae 73y
Abiah B Hayes w/o John R. Hayes d. Nov 21 1890 ae 80y 1m 7d
Addison S Burleigh d. Aug 22 1885 ae 80y
Olive h/1w d. Jun 28 1849 ae 37y
   If heaven be thus so glorious Lord
   Why should I stay from thence
   What folly's this that I should dread
   To die and go from hence
Caroline D h/2w d. May 19 1865 ae 48y

SEAVEY GRAVEYARD
CAMP ROAD (#68)

Moses Seavey d. Oct 13 1851 ae 84y
Ruth h/w d. Nov 2 1846 ae 77y 5m
Abby Seavey d. Aug 30 1861 ae 60y 3m 23d

Mathilda K w/o Frances Plaisted d. Oct 14 1863
    ae 52y 3m
Polly Seavey 1793 - 1875

ORNE-HORNE GRAVEYARD
NORTH MAIN ST (#70)

Laura A Horne d. Oct 12 1827 ae 3y 3m
Mary M Horne d. Jul 7 1823 ae 2d
Caroline W Horne d. Oct 20 1827 ae 4m
    [Three children of Napoleon & Deborah Horne]
Mr Stephen W Horne d. Mar 26 1823 aged 69y
Mrs Mary Horne h/w d. Jun 6 1823 ae 62y
Henry H Orne d. Dec 12 1861 ae 74y
Mary Ann Orne d. Oct 16 1808 ae 20y
Isaiah Orne Esq d. Oct 22 1808 ae 51y
Solomon Chaplin d. Mar 8 1844 ae 80y
Reuben S Ricker d. Jun 8 1871 ae 25y 6m
Isaiah G Orne Esq d. Dec 24 1867 ae 83y 4m 25d
Sarah R Orne h/w b. Apr 29 1796 d. Oct 3 1885
Daniel R Orne s/o I G & S R Orne d. Sep 15 1838
    ae 6y

ALL SAINT'S CHURCH CREMAINS
SOUTH MAIN STREET (#72)

Robert Morrison 1885 -1975
Jane Brokaw 1906 -1975
Ethel Holmes 1883 - 1975
Waitstill Buckingham 1902 - 1976
Albert F Auderer Sr 1885 - 1978
Louisa Auderer 1895- 1978
Coy Hartman 1901 - 1978
Benjamin Hadley Jr 1920 - 1980
Frank W Redding 1905 - 1980
Katherine R Redding 1907 - 1981
Grace S Tisdale 1894 - 1981
Harden V Tisdale 1895 - 1981
Jessica Colby 1981 -1981
Norman C Walpole 1924 - 1981
Natt Leslie Hodgdon 1903 - 1982
John Gill Metcalf Sr 1906 - 1983

Russell E Dorr Sr 1912 - 1983
John C Hodges 1934 - 1984
Barbara B Sawyer 1926 - 1984
Fred Brokaw 1903 - 1984
Albert F Auderer Jr 1918 - 1985
Ruth Davis Countway 1915 - 1988
Jeffrey Allen Stevens 1965 - 1988
Francis N Haley 1901 -1988
Ruth C Dodier 1924 - 1989
Marion R Purinton 1904 - 1990
Doris Mae Nardello 1920 - 1990
Albert J Feeley 1917 - 1991
Arthur Farr 1903 - 1991

BANFIELD GRAVEYARD
ANAGRANCE LANE (#73)

Addison W Banfield b. Jul 22 1829 d. Mar 9 1887

JOHN HORNE GRAVEYARD
KEEWAYDIN ROAD (#75)

Frederick W Horne d. Mar 10 1886 ae 61y 5m
Sarah E h/w d. Mar 16 1888 ae 64y 1m 14d
Lloyd W t/s d. Feb 10 1879 ae 21y 4m
George A Horne d. Jul 6 1906 ae 46y 4m
Jerome B s/o Esq William B & Nancy Edgerly d.
  Sep 4 1839 ae 26y 7m
John Horne d. May 12 1858 ae 69y
Harriet S h/w & d/o Isaiah Orne Esq d. Sep 19
  1844 ae 53y
John H t/s d. May 20 1865 ae 46y 8m
Emily Harriet t/d d. May 14 1836 ae 19y 2m

PERKINS GRAVEYARD
ROUTE 28 NEAR OAKWOOD (#76)

Thomas Perkins d. Jun 18 1834 ae 65y
EP Dec(eased) Apr 17 1807 ae 34y
Betsey Perkins h/w d. Sep 23 1865 ae 77y 7m

Rachel Perkins w/o Andrew Pray d. Mar 12 1892 ae 77y 2m 12d

KIMBALL GRAVEYARD
KEHONKA HILL (#77)

P K d. 1859 ae 84y (field stone)
Nathaniel Kimball d. Jun 11 1874 ae 51 y
Abigail Kimball h/w d. Mar 6 1856 ae 26y 9m 15d

JOSEPH EDMUNDS GRAVEYARD
WOLFEBORO NECK (#78)

Joseph Edmonds d. Oct 15 1811 ae 81y
Lydia h/w d. May 7 1797 ae 37y
Ruth h/w d. Sep 13 1813 ae 80y

The following graveyards are not located within the political boundaries of Wolfeboro but the families in question are closely related to Wolfeboro families or the graves are accessable only through Wolfeboro.

EDGERLY GRAVEYARD
OLD HORNE'S HILL ROAD, NEW DURHAM

Charles B Edgerly d. Apr 21 1911 ae 87y 3m 6d
Livonia E Horne h/w d. Oct 16 1903 ae 80y 8m 6d
Curtis C Edgerly d. Sep 10 1837 ae 39y 11m 5d
Hannah Edgerly h/w d. Dec 27 1885 ae 86y 7m 20d
Benjamin G Edgerly s/o Curtis S & Carrie E
    Edgerly d. May 1 1909 ae 32y 4m 21d
Thaniel H Edgerly s/o Charles B & Livonia E
    Edgerly d. Mar 10 1906 ae 44y 8m 11d
John B Edgerly s/o Charles B & Livonia E Edgerly
    d. Dec 19 1870 ae 20y 4m

Charles E Edgerly s/o Charles B & Livonia E
   Edgerly d. Nov 16 1867 ae 21y 9m 13d
Betsey E Nutt w/o Henry Nutt d. Jun 10 1875 ae
   37y 9m

MARTIN GRAVEYARD
PLEASANT VALLEY ROAD, BROOKFIELD

Timothy Martin d. Feb 12 1808
Mary Martin h/w d. Sep 21 1846 ae 75y
Abigail A Pearson w/o Charles E Pearson d. Aug 4
   1854 ae 26y
Betsey d. Oct 20 1803 ae 7y 1m 23d
BM   EM   DM (Foot stones)
A A P (Foot stone)
T M (Foot stone)

PERKINS GRAVEYARD
MIDDLETON ROAD, NEW DURHAM

Benjamin F Perkins d. Jan 4 1889 ae 39y 7m 16d
George A Perkins b. Sep 22 1847 d. Mar 10 1921
Clara A Perkins b. Aug 7 1857 d. Sep 28 1932
   The lovely form reposes here;
   But the Spirit has flown to a happier place,
   Too pure, too bright for a world like this.
   God called her to dwell in the realms of
     bliss.
Benjamin C Perkins d. Mar 29 1893 ae 75y
Olive Perkins h/w d. Jul 17 1904 ae 83y 8m 13d
Clara A Perkins t/d b. Jul 30 1851 d. Sep 20
   1856 ae 5y 1m 21d
Charles W Perkins MD t/s d. Jan 31 1880 ae 36y
   5m

DELAND GRAVEYARD
OLD HORNE'S HILL ROAD, NEW DURHAM

Samuel Deland d. Mar 18 1818 ae 50y 5m
Mary Deland h/w d. Dec 30 1858 ae 80y 9m 20d

John Deland d. Oct 7 1845 ae 78y 2m
Betsey his consort d. Feb 19 1853 ae 66y
Benjamin Deland d. _____
Susan J Deland h/w d. April _____
Charlot Deland t/d d. Feb 17 1853 ae 17y 3m

EDGERLY GRAVEYARD
OLD HORNE'S HILL ROAD, NEW DURHAM

Dudley Edgerly d. Oct 25 1880 ae 67y 11m 26d
Eliza Edgerly h/w d. Jun 12 1854 ae 48y 11m 20d
Sophia Edgerly h/w d. Nov 23 1878 ae 67y 5m 6 d
Mary Edgerly w/o Nathaniel G Edgerly d. Aug 5 1847 ae 39y 9m 22d
Oscar Edgerly d. Jul 13 1847 ae 1y 7m 10d

HORNE GRAVEYARD
OLD HORNE'S HILL ROAD NEW DURHAM

William N Clark d. May 5 1880 ae 83y
Sally Clark h/w d. Aug 2 1861 ae 64y
William Horne d. Nov 13 1855 ae 72y 3m
Sally Horne h/w d. Apr 20 1864 ae 78y
Jethro Horne d. Feb 4 1846 ae 96y
Mrs Mary Horne h/w d. Oct 30 1808 ae 56y
Mrs Nancy Langley d. Nov 25 1845 ae 45y

GLEASON GRAVEYARD
FARMINGTON ROAD, NEW DURHAM

Fred J Gleason 1873 - 1943
Elizabeth S Gleason h/w 1878 - 1957
John O Gleason d. Sep 20 1935 ae 88y 4m 7d
John F Trowbridge s/o John T Trowbridge 1931 - 1947
John T Trowbridge 1884 - 1949
John L Gleason d. Jan 27 1894 ae 78y 1m 7d
Almira A h/w d. Jan 5 1901 ae 80y 11m 21d
George A Gleason t/s d. Dec 18 1868 ae 26y 7d

Laura L Gleason t/d d. Oct 31 1869 ae 24y 11m 20d
Charles E Gleason t/s d. May 14 1870 ae 19y 8m 10d
Laura F Gleason t/d d. Mar 1876 ae 22y 7m
Lillian J t/d d. Sep 14 1888 ae 25y 3m 3d
Lauranan P t/d d. Nov 18 1894 ae 38y 7m 18d
William J Gleason t/s d. Jan 7 1896 ae 46y 7m
Helen L Gleason h/w d. Apr 13 1930 ae 78y 4m 5d

DELAND GRAVEYARD
OLD HORNE'S HILL ROAD, NEW DURHAM

Robert Deland d. Jun 12 1867 ae 86y 3m 16d
Hannah Deland h/w d. Aug 31 1873 ae 85y 10m
Ann Willson w/o Aaron Willson d Nov 16 1851 ae 36y 6m 13d
Charles W Dealing d. Mar 17 1853 ae 31y 11m 4d

PERRY HOLLOW GRAVEYARD
BEAVER POND DAM NEW DURHAM

John Chesley d. May 7 1866 ae 84y
Lucy M Chesley h/w d. Aug 4 1869 ae 74y
Elizabeth A Chesley t/d d. Nov 5 1849 ae 18y 8m
Lemuel C Chesley d. Aug 9 1854 ae 34y 8m
Lucy M Chesley h/w d. Aug 12 1856 ae 31y
George W Chesley t/s d. Nov 9 1851 ae 5w 4d
Daniel Lucas b. 1818 d. 1885
Sarah F Chesley h/w b. 1822 d. 1892
Charles E t/s d. Oct 12 1847 ae 2y 11m 11d
Laura J Chesley d/o James C & Sarah A Chesley d. Sep 2 1845 ae 1y 5d
James A Chesley s/o James C & Sarah A Chesley d. Dec 30 1840 ae 1y 5m

MITCHELL GRAVEYARD
FARMINGTON ROAD, NEW DURHAM

Medga Brown d/o Albert & Nellie Brown b. Jul 17 1904 d. Oct 10 1905

Thomas E Mitchell 1831 - 1905 Sergt Co H 5th
Regt NH Vol Post #61 Marker
Lydia A Mitchell h/w 1833 - 1903
Sadie A t/d d. Nov 30 1874 ae 1y 7m 12d
Lizzie Mitchell w/o Samuel J Mitchell d. Dec 8
  1886 ae 24y 2m 10d
William P Mitchell b. May 25 1855 d. Nov 22 1936
Eugene F Lehner Sr 1903 - 1969
Rena B Lehner h/w 1907 - Sep 21 1977
Albert C Brown 1877 - 1958
Nellie M Brown h/w 1871 - 1946
Sadie A Perkins w/o Walter P Perkins & d/o
  Thomas E & Lydia A Mitchell b. Jun 23 1878 d.
  Sep 6 1911
Laurel Perkins s/o Walter P & Sadie Perkins b.
  May 10 1908 d. Sep 22 1908
Nelda A Brown d. Dec 27 1978 ae 73y

PLUMMER-TIBBETTS ROAD GRAVEYARD
STONEHAM ROAD, BROOKFIELD

Reuben Plummer d. Oct 31 1873 ae 86y 3m 19d
Mary Plummer h/w d. Dec 12 1863 ae 75y 2m
William Tibbetts d. Jan 2 1894 ae 71y
Lucinda G Tibbetts d. Oct 12 1872 ae 61y
Samuel Plummer d. Mar 3 1915 ae 86y 3m 16d
Jane W Plummer d. Jul 19 1886 ae 58y 4m 21d
Almon R t/s d. Mar 9 1889 ae 33y 6m 16d
Margaret S Tobin 1875 - 1940
Thomas E Plummer d. Dec 14 1896 ae 39y 4m 6d
Eliza M h/w d. May 23 1890 ae 32y 8m 26d

COTTLE GRAVEYARD
COTTON VALLEY ROAD, BROOKFIELD

Abby Cottle d. Apr 27 1863 ae 52y
Abbie Cottle w/o Joshua Cottle d. Mar 28 1847 ae
  71y
Joshua Cottle d. Mar 15 1865 ae 86y
Nancy H d/o Joshua & Martha Cottle d. Dec 13
  1864 ae 10y 11m 3d

Moses s/o Joshua Cottle d. Nov 1864
William Cottle d. Apr 11 1884 ae 69y 3m 16d

GLIDDEN GRAVEYARD
DREW'S HILL ROAD, EAST ALTON

Mrs Sarah w/o Mr. Moses Glidden d. Aug 15 1825 ae 47y

MCDONALD GRAVEYARD
OLD STONE ROAD OFF ROUTE 16, WAKEFIELD

Peter E Livine 1857 - 1950
Alice J Livine 1863 - 1926
Carrol W McDonald b. Jan 14 1893 d. Feb 20 1962
Alice J h/w b. Apr 14 1894 d. Jun 18 1966
Lester H Reed Jr b. Mar 28 1912 d. Jan 28 1957
Malcom McDonald b. Aug 15 1841 d. Sep 29 1919
Amanda D McDonald b. May 21 1852 d. Aug 27 1929
Alexander McDonald
Eva McDonald
John A McDonald
Malcolm McDonald Jr
Ethel McDonald
Evelyn L McDonald d/o Arthur & Leona McDonald d. Mar 12 1905 ae 8m 12d
Alick Martin 1853 - 1932
Georgia A R Martin h/w 1859 - 1903
James W Kendall 1836 - 1904
Abbie H Kendall h/w 1847 - 1924
Lulu F Kendall 1880 - 1883
Elmer C Kendall 1870 - 1896
Thayer S Trott b. Jun 4 1849 d. Feb 4 1922
Ica E Trott h/w b. May 28 1855 d. Jun 16 1927
Charles B Brown 1868 - 1939
Mabel F Brown h/w 1873 - 1963
Hazel B Stitt 1897 -
Freddie 1924 - 1926
Leander M Trott 1884 - 1941
Chester M Trott h/s 1910 - 1943
Frank L Page 1865 - 1952
Annie E Page 1875 - 1948
Elizabeth A Mathews 1826 - 1895

John W Mathews 1826 - 1927
Mary S Mathews 1847 - 1853
Herbert E Mathews 1857 - 1890
Flora A Trott 1851 - 1896
Charles Trott 1852 - 1893
Joseph Bickfort b. Jan 6 1771 d. Sep 4 1857
Polly Bickfort b. Dec 2 1770 d. Dec 1 1874
Joseph S Mathews b. Dec 28 1794 d. Oct 25 1840
Mary Mathews b. Oct 27 1793 d. Mar 2 1881
Winfred L Trott Oct 6 1881
Effie May Trott b. Aug 27 1886 d. Jun 14 1958
Mary E Mathews b. Mar 31 1831 d. Nov 16 1844
Ruth W Mathews b. May 5 1820 d. Oct 10 1841
Job Mathews b. Jun 8 1829 d. Jul 7 1831
John W Mathews b. May 19 1824 d. Mar 9 1826
Mary Mathews b. Nov 20 1827 d. Sep 10 1828
Augusta M w/o Lorenzo Williams d. Jan 25 1908 ae
    53y 2m 21d
Isaac D Watson b. May 2 1828 d. Aug 2 1890
Esther J Watson h/w Apr 4 1833 -
John E t/s d. Dec 31 1864 ae 3y 3m 25d
Nettie H Watson 1866 - 1940
John M Watson 1864 - 19 --
Orin H Wentworth b. Apr 16 1850 d. Aug 30 1933
Mary A Wentworth h/w b. Apr 4 1848 d. Jan 2 1921
Harry D Wentworth b. Sep 9 1876 d. Aug 6 1944
Royal S Howe b. Oct 6 1874 d. Feb 6 1965
Vivian O Howe h/w b. May 22 1874 d. May 26 1961
Greta ____
Fred E Hall s/o Edward & Mary Hall d. Oct 15
    1908 ae 17y 5m 15d
Aimee H Robertson b. Jul 1 1888 d. Jan 1 1970
Arthur H Robertson Dec 18 1917
Frederick H Davis 1861 - 1948
Bertha F Davis 1870 - 1936
Byron C Osgood 1890 - 1956
Maria L Osgood wife 1878 - 1972
Arthur E Smith 1904 - 1969
Verna M Smith 1912 - 1966
Vincent McDonald NH Tec 5 297 Gen Hospital WW
    II b. Aug 2 1921 d. Jun 30 1968
Frank W Wilbur b. Dec 8 1858 d. Sep 7 1898
Nellie E David 1870 - 1891

Daniel W Emerson 1832 - 1895 (1861 - 1865 vet)
Mary A Emerson h/w 1834 - 1866
Adelia F Emerson h/w 1850 - 1904
Minnie C Lougee t/d 1882 - 1897
Cora A Emerson t/d 1858 - 1883
George O Emerson t/s 1861 - 1885
George F Sceggell d. Apr 25 1888 ae 73y 4m 19d
Sara K Simpson 1882 - 1968
Lora A Morgan 1871 - 1971
Hugh Thompson 1902 - 1972
Rena C Mowrey 1897 - 1974

LAKE VIEW CEMETERY
WOLFEBORO NEW HAMPSHIRE
PLOT PLAN OF OLD YARD

PAVED DRIVE

------(NEW YARD)------

APPENDIX *241*

LAKE VIEW CEMETERY
WOLFEBORO NEW HAMPSHIRE
PLOT PLAN OF NEW YARD

			PAVED DRIVE									
		13a	36a	37a	60a	61a	84a	TOMB		109a	132a	
12		13	36	37	60	61	84			109	132	
11		14	35	38	59	62	83	86	107	110	131	
10		15	34	39	58	63	82	87	106	111	130	
9		16	33	40	57	64	81	88	105	112	129	
8		17	32	41	56	65	80	89	104	113	128	
7		18	31	42	55	66	79	90	103	114 &127		
6		19	30	43	54	67	78	91	102	115	126	
5		20	29	44	53	68	77	92	101	116	125	
4		21	28	45	52	69	76	93	100	117	124	
3		22	27	46	51	70	75	94	99	118	123	
2		23	26	47	50	71	74	95	98	119	122	
1		24	25	48	49	72	73	96	97	120	121	
				NORTH MAIN STREET								

(NOT DRAWN TO SCALE)

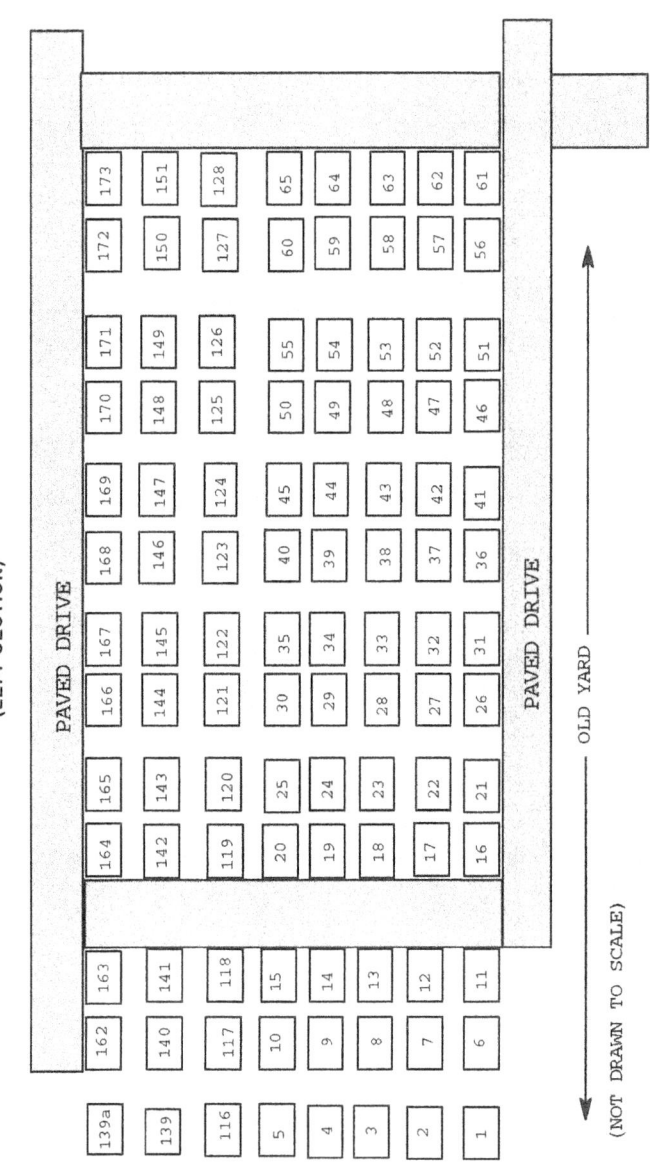

APPENDIX 243

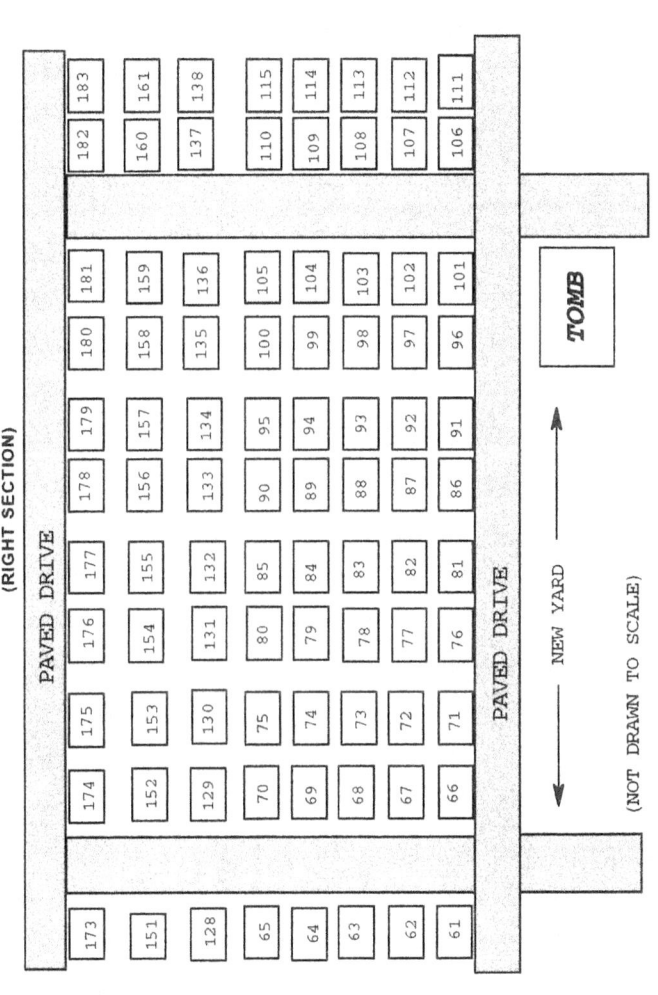

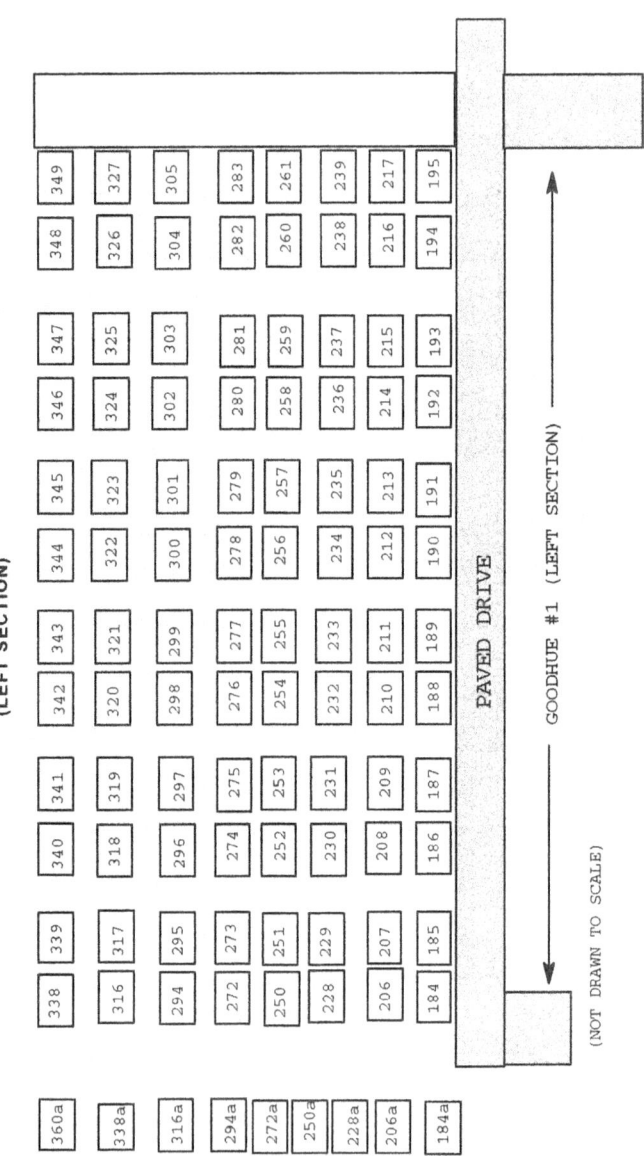

APPENDIX 245

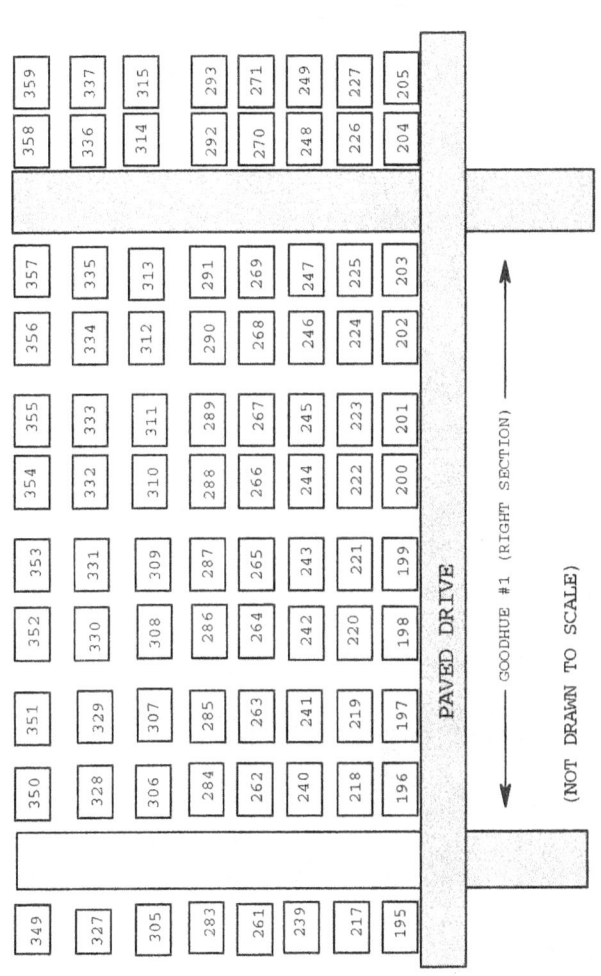

CEMETERY LOCATIONS
TOWN OF WOLFEBORO, NH
Northwesterly Quadrant
with identifying numbers from text

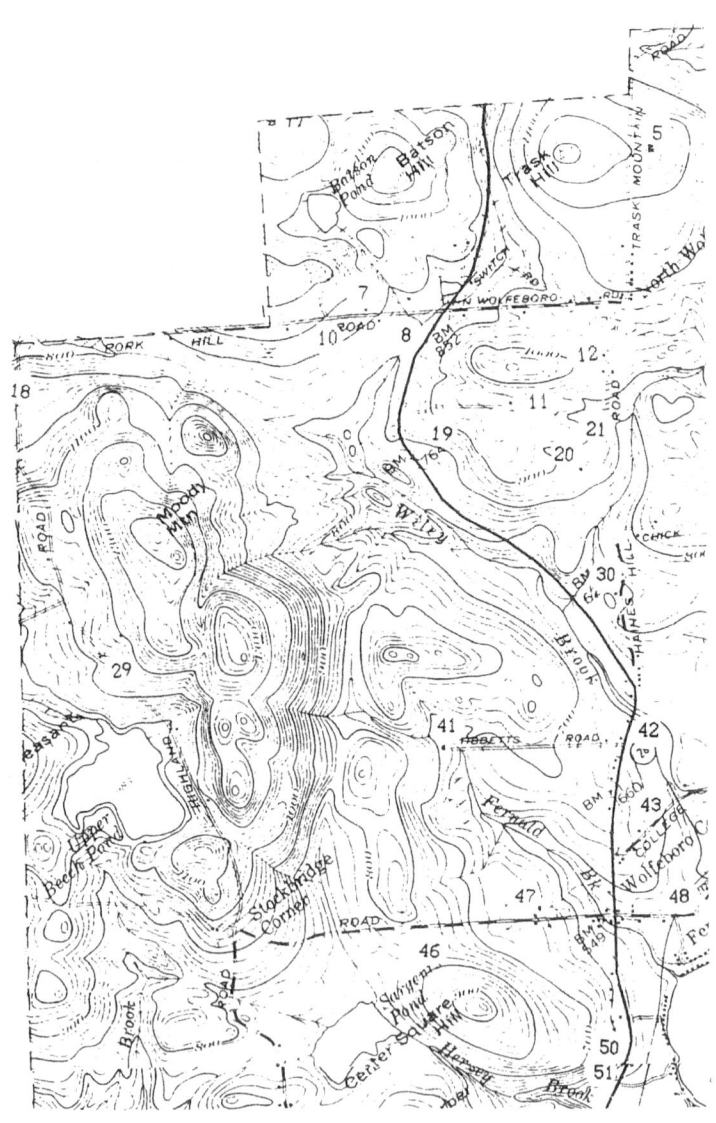

APPENDIX 247

CEMETERY LOCATIONS
TOWN OF WOLFEBORO, NH
Northeasterly Quadrant
with identifying numbers from text

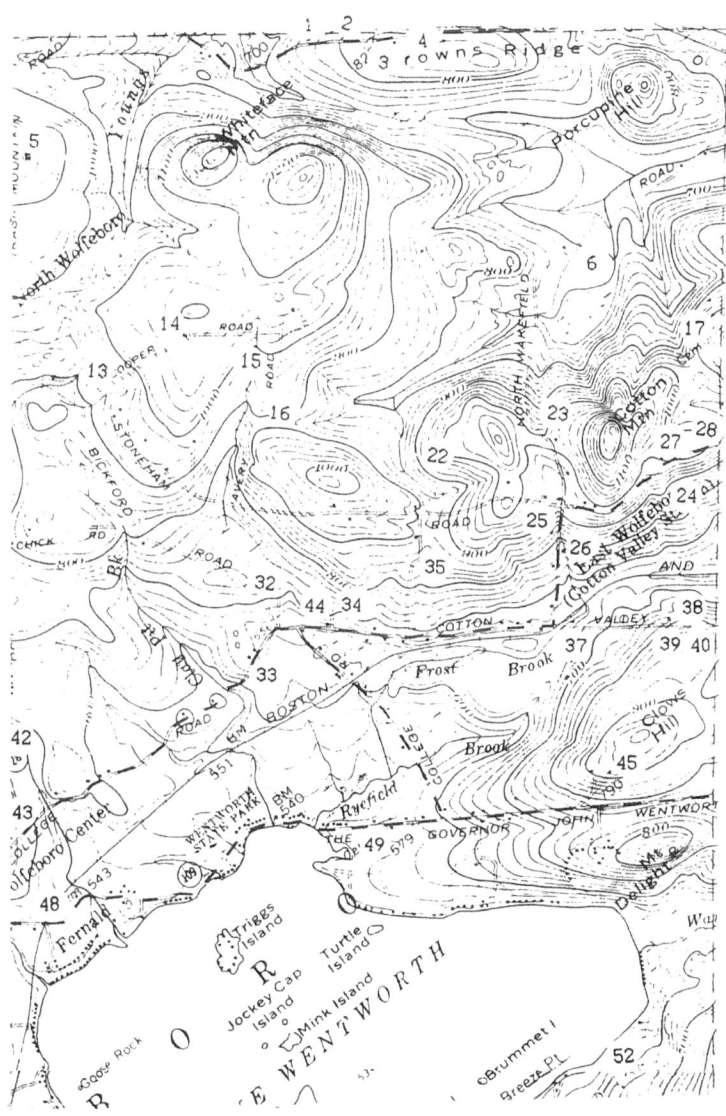

CEMETERY LOCATIONS
TOWN OF WOLFEBORO, NH
Southeasterly Quadrant
with identifying numbers from text

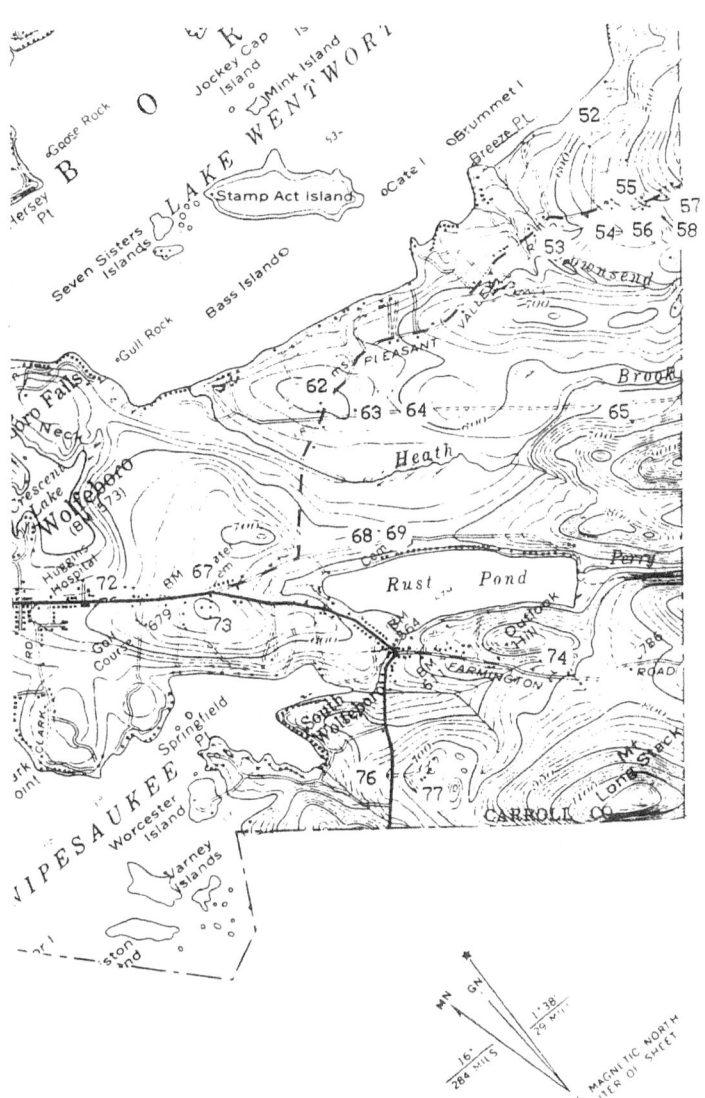

APPENDIX 249

CEMETERY LOCATIONS
TOWN OF WOLFEBORO, NH
Southwesterly Quadrant
with identifying numbers from text

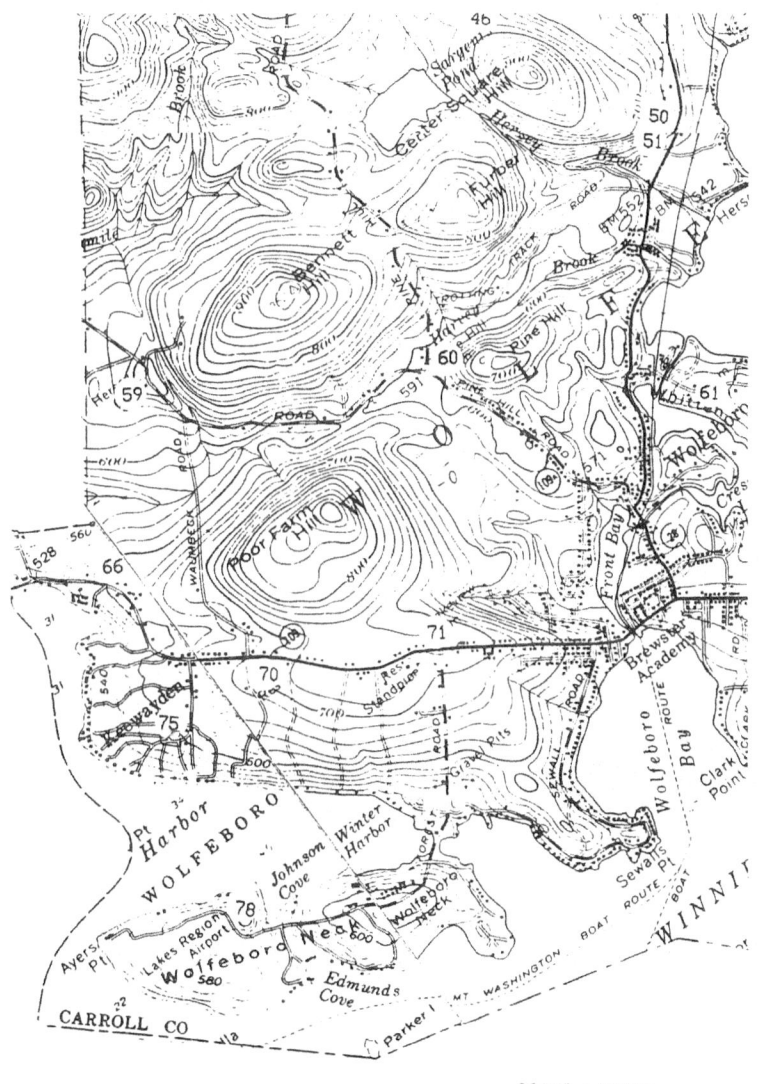

SCALE 1:62500

INDEX

Abbott
  Alice, 41,136
  Blake, 126
  Carrie, 150
  Catherine, 126
  Charles, 100
  Chester, 66
  Clara, 154
  Delia, 200
  Elizabeth, 100
  Emma, 150
  Ephraim, 135
  Evelyn, 66,80, 158
  Everett, 136,171
  Florence, 42
  Gladys, 136
  Herbert, 126
  Idelah, 31
  James, 200
  Joseph, 150
  Laura, 170
  Lena, 128
  Linley, 80
  Louisa, 100
  Mark, 31
  Martha, 126
  Osborne, 128
  Perley, 136
  Ralph, 135
  Sewall, 59
  Soliman, 150
  Tracy, 100
  Wallace, 158
  Wilbur, 136
Aberle
  Madelon, 77
  Norman, 77
Ackley
  Ralph, 68
Adams
  Adams, 202
  Amy, 157
  Arthur, 186
  Charles, 25
  Dorothy, 101

Adams
  Everett, 99
  Francis, 202
  Frank, 186
  Harriet, 202
  Helen, 169
  Jessie, 99
  Lester, 169
  Mamie, 186
  Mary, 186
  Roger, 157
  Ronald, 101
  Samuel, 201
  Sarah, 227
  Theodate, 202
  William, 227
Adjutant
  Albina, 172
  Earl, 170
  Ella, 170
  Ernestine, 134
  Ethel, 70,73
  Everett, 219
  Everlyne, 134
  Forest, 70
  Frank, 134
  George, 219
  Harold, 172
  Harry, 180
  Harvey, 171
  Hattie, 172
  Hope, 171
  Lydon, 73
  Martin, 170,172
  Robert, 171
  Wilbur, 134
  Wilfred, 73
Albee
  Allen, 87
  Everett, 19
  Jessie, 19
  Lillian, 87
Algeo
  Blanche, 100
Allard
  Addison, 23

Allard
  Aura, 23
  Emma, 123
  Lettie, 23
  Preston, 123
Allen
  Betsey, 222
  Caroline, 172
  Eben, 222
  Ebenezer, 164
  Ellen, 183
  Hannah, 164
  Hattie, 60
  Mary, 164
  Nancy, 164
Aloise
  Brian, 107
Ames
  Charles, 70
  Grace, 71
  Hattie, 71
Andrews
  James, 48
  William, 75
Annable
  Beatrice, 114
  Stanley, 114
Antonucci
  Richard, 75
Argersinger
  Hyacinth, 91
  Roy, 91
Armour
  Susan, 111
Arnold
  Sarah, 84
  William, 84
Arsneault
  Evelyn, 72
  Frank, 72
Ashby
  Dorothy, 171
Aspinwall
  Elizabeth, 183
  Merton, 183

INDEX

Atherton
  Irene, 172
Atwater
  Constance, 50
Auderer
  Albert, 230,231
  Louisa, 230
Austin
  Elizabeth, 106
  Robert, 106
Averill
  Olive, 104
Avery
  Alonzo, 64,197
  Ann, 179
  Annas, 179
  Annie, 64
  Armenia, 156
  Augustine, 7
  Belle, 7
  Bertha, 191
  Bessie, 64
  Burrill, 179
  Caroline, 197
  Charles, 197
  Clara, 165
  Clifton, 7
  Cora, 191
  Dorcas, 197
  Dudley, 7
  Edward, 169,191
  Elbridge, 191
  Elvira, 38
  Emma, 165
  Ernest, 156
  Everett, 191
  Fred, 191
  George, 179,181, 197
  Helen, 7
  Howard, 38
  Inez, 168
  James, 168,197
  Jane, 1
  John, 179,191,198
  Joseph, 7
  Leonidas, 198
  Lillian, 64

Avery
  Lucinda, 179,191
  Lydia, 64
  Mark, 197
  Mary, 7,51,197
  Maurice, 64
  Melvina, 181
  Mildred, 191
  Minna, 7
  Minnie, 191
  Nathaniel, 64
  Phebe, 191
  Sally, 197
  Samuel, 7,51
  Sarah, 7
  Susan, 191
  Thomas, 179,197
  Vina, 65
  Walter, 197
Ayers
  Barbara, 71
  Catharine, 16
  Charles, 36,62,110
  Helena, 71
  John, 16,71
  Joseph, 71
  Josephine, 110
  Joshua, 15
  Levi, 76,110
  Lydia, 16
  Mary, 15,62
  Ruth, 77
  Stephen, 16
  Tamson, 16
  Thomas, 16
Babineau
  Bella, 82
Bacon
  Mary, 144
Bagge
  Frances, 77
Baggs
  Alice, 99
Bailey
  Allan, 97
  Alta, 31
Baker
  Elizabeth, 171

Baker
  Gordon, 111
  Hannah, 115
  Helen, 111
  Howard, 171
  Ida 86
  William 86
Baldauf
  Richard, 107
Baldwin
  Earl, 172
Ballard
  Ila, 98
  John, 98
Ballentine
  Allan, 84
  Joseph, 84
  Robert, 84
  Winifred, 84
Banfield
  Addison, 231
  Anne, 51
  Edith, 51
  Ernest, 157
  Everett, 51
  Florence, 157
  Herbert, 54
  Ira, 54
  Laura, 54
  Nathan, 51
  Richard, 51
  Rose, 54
  Stanley, 54
Barker
  Arthur, 110
  Thaddeus, 25
Barnard
  Mary, 132
  Morrill, 132
  Priscilla, 133
  Sherburn, 132
Barnes
  Alice, 76
  Bertha, 77
  Clarence, 77
  Everett, 76
  Virginia, 76
Barrett
  Marie, 74

Barrett
  Wilmer, 74
Barry
  Sarah, 76
  William, 76
Bartlett
  Della, 6
  Franklin, 6
Bassett
  Abigail, 33
  Annie, 75
  Carrie, 16
  Charles, 75
  Daniel, 33
  Ellen, 15
  Emma, 16
  George, 16
  James, 16
  Jane, 15
  John, 14,16,33
  Lydia, 15
  Roancy, 16
  Ruth, 16,33
  Susanna, 33
Batchelder
  Zachariah, 31
Battles
  Frank, 103
Bauer
  James, 65
Beach
  Clarence, 78
  Hazel, 78
Beacham
  Fronie, 59
  George, 38
  Herbert, 82
  John, 59
  Lilian, 38
Bean
  Arthur, 73
  Baby, 40
  Doris, 73
  Edgar, 97
  Ida, 89
  Iris, 73
  Mattie, 152

Bearce
  Ellen, 73
  Ralph, 73
  William, 73
Beardsley
  Alonzo, 15
  George, 15
Beaulieu
  Hildreth, 102
  Ludger, 90
  Mary, 102
  Rosie, 90
Beaumont
  Ann, 173
  Lillian, 173
  William, 173
Beemer
  Mary, 57
Beers
  Mildred, 95
  Stanley, 95
Belknap
  Maude, 80
Bell
  Geraldine, 94
  Hugh, 94
  Judith, 94
Bennett
  Albert, 211
  Amos, 33
  Anna, 133
  Brian, 109
  David, 133
  Donald, 137
  Dorothy, 137
  Eleanor, 33
  Hannah, 211
  Maurice, 131
Benson
  Robert, 118
  Scott, 118
Bentley
  Bradford, 84
  Harriet, 84
  Walter, 84
Bergeron
  Lillian, 129
  Paul, 129

Bergeron
  Therese, 129
Berry
  Ada, 86
  Aileen, 61
  Albert, 70,86
  Alcide, 97
  Alphonse, 82
  Althea, 77
  Ann, 61
  Annie, 183
  Aries, 61
  Barbara, 111
  Claire, 82
  Clarence, 81
  Edith, 70
  Fannie, 184
  Florence, 183
  Frank, 61
  Fred, 183,184
  George, 77
  Grace, 81
  Harriet, 183
  Hosea, 81
  Irene, 97
  John, 25,184
  Katharine, 77
  Kenneth, 77
  Leonard, 126
  Lizzie, 132
  Lois, 81
  Lucy, 184
  Margaret, 126
  Olive, 26
  Phyllis, 77,101
  Raymond, 97
  Rosie, 82
  Ruth, 82,86
  Thaddeus, 77
  Theodore, 82
  Virginia, 77
  Wildred, 82
  William, 111,132
Bickford
  Abiah, 2
  Abigail, 179
  Ada, 42,176
  Alonzo, 119

INDEX

Bickford
  Alvah, 173
  Amanda, 42
  Andrew, 42,72
  Apphia, 173
  Blanche, 84
  Carroll, 84
  Charles, 2,38,176
  Dorothy, 176
  Eleanor, 199
  Elise, 69
  Eliza, 199
  Elizabeth, 38
  Elsaphia, 176
  Everett, 69
  Helen, 72,90,173
  Ida, 119,123
  Idella, 2
  Infant, 173
  Jackson, 90
  James, 199
  John, 2,38,90
  Jonathan, 179
  Joseph, 199
  Leon, 119
  Lyford, 119
  Marcia, 72
  Maurice, 72
  Mehitable, 2,179
  Nellie, 2,42
  Newell, 126
  Richard. 179
  Ruth, 179
  Sarah, 179
  Sophia, 176
  Thomas, 2,176
  William, 123
  Wilmot, 176
Bickfort
  Joseph, 238
  Polly, 238
Biehl
  Clarence, 119
Bilodeau
  Dorothy, 96
  Joseph, 96
Birdsted
  Betsey, 126

Bixby
  Sarah, 27
  William, 27
Black
  Cecil, 78
  Ethel, 78
  Gordon, 78
  Nellie, 78
Blaisdell
  Ann, 123
  Cyrus, 23
  Diana, 152
  Fred, 154
  Israel, 152
  Jemina, 154
  Luella, 47
  Mark, 47
  Polly, 144
  Richard, 147
  Ruth, 147
  Sarah, 23,123
  Thomas, 123,144, 147
  Una, 147
  Vena, 147
  William, 154
Blake
  Abiah, 11
  Abigail, 180
  Alice, 11
  Benjamin, 9
  Carrie, 61
  Charles, 13,180
  Clarissa, 11
  Daniel, 9,11
  David, 11
  Frank, 9,11,13
  Fred, 181
  George, 11,61
  James, 11
  Jonathan, 9
  Levi, 9,11
  Maria, 13
  Martha, 11
  Mary, 9
  Nellie, 181
  Samuel, 11
  Sarah, 9,11,13
  Susan, 180

Blake
  Thomas, 180
Blanchard
  John, 45
  Marjorie, 45
Blunt
  Niles, 109
Bodge
  Adelia, 170
  Alfred, 122
  Andrew, 122
  Etta, 123
  Harold, 89
  Infant, 122
  Mabelle, 89
  Mary, 122
  Susie, 123
Bodwell
  Florence, 95
  Raymond, 95
Bookholz
  Ethel, 53
  Frederick, 53
  Hester, 53
Bookstaver
  Mary, 40
Boornazian
  Zaven, 110
Bosher
  Hannah, 38
  Joseph, 38
Boston
  Annie, 65
  Asa, 65
  Henry, 65
Bosworth
  Alice, 96
Bourdon
  Vina, 43
  Walter, 43
Bovard
  Dorothy, 88
  James, 88
Bowles
  Henry, 13
Brackett
  Albert, 105
  Ann, 17

Brackett
 Betsey, 224,225
 Cora, 105
 Hannah, 224
 John, 17,224
 Joshua, 225
 Maria, 228
 Sarah, 17
Bradeau
 Joseph, 156
 Mary, 156
Bradford
 Exilda, 84
 Katherine, 84
 Ottillie, 84
 William, 84
Bradley
 Amos, 137
 Clarissa, 125
 Ephraim, 125
 Frank, 148
Braem
 Irene, 193
Braun
 James, 107
Breed
 Charles, 33
Brennan
 Helen, 81
Bresnahan
 Annie, 41
 Emma, 41
 Flora, 41
 Freddie, 41
 George, 41
 Harry, 41
 Hattie, 41
 James, 41
 Mildred, 41
Breuninger
 Dorothy, 107
 Lewis, 107
Brewster
 Abeah, 195
 Abiah, 195
 Angie, 196
 Belle, 196
 Bertha, 196

Brewster
 Betsey, 195
 Dana, 147
 Daniel, 195,196
 Dorcas, 147,195
 Elizabeth, 147
 Ellen, 196
 Evelyn, 196
 Fred, 54
 George, 78,195,
  196
 Harriet, 54,195
 Infant, 196
 Irene, 78
 James, 196
 Joanna, 195
 Mary, 195,196
 Nathaniel, 78,196
 Robert, 196
 Sarah, 196
 William, 196
Bridges
 Marion, 109
 Styles, 109
Briggeman
 Gerald. 102
 Gretchen, 102
Briggs
 Everett, 93
Britton
 Bernardette, 90
 Bertha, 43
 Dorothy, 92
 Esther, 43
 George, 43
 John, 43
 Joseph, 92
 Margaret, 43
 Napoleon, 90
 Robert, 43
 Ruth, 157
 William, 43
Brixner
 George, 111
Brock
 Clarence, 57
 Cyrus, 46
 Fran, 56

Brock
 Freddie, 46
 Helen, 56
 Mabelle, 57
 Mary, 46
 Minnie, 56
Brokaw
 Fred, 231
 Jane, 230
Brooks
 Hazel, 134
 Luetta, 123
 Madeleine, 72
 Norman, 72
Brown
 Adam, 202
 Albert, 236
 Alfred, 64
 Andrew, 155
 Anne, 98
 Avery, 207
 Bradley, 153
 Charles, 149,237
 Clarissa, 201
 Crystal, 59
 Elizabeth, 96
 Elva, 157
 Ethelyn, 157
 Florence, 64
 George, 4,119
 Harold, 157
 Hortense, 155
 John, 62
 Katie, 149
 Lucretia, 10
 Luzilla, 153
 Lydia, 201
 Mabel, 126,237
 Martha, 155
 Mary, 10
 Medga, 235
 Morrill, 157
 Moses, 39,201
 Nelda, 236
 Nellie, 119,236
 Nettie, 40
 Oliver, 201
 Paul, 10

INDEX

Brown
  Philip, 99
  Polly, 201
  Porter, 201
  Rachel, 62
  Robert, 97
  Rosa, 4
  Sally, 207
  Sarah, 202
  Susan, 64,202
  Thomas, 201
  Walter, 153
  William, 59,126
Brummitt
  Adaline, 123
  Harriett, 79
  Joseph, 123
  Mary, 79
  Nathaniel, 79
  Norton, 79
  Sherman, 79
  Stanley, 79
Brunt
  Arthur, 112
  Marjorie, 112
Bryant
  Charles, 127
  Edward, 104
  Julia, 127
  Ruth, 104
  Susan, 91
Buckingham
  Alfreda, 99
  Kenneth, 99
  Waitstill, 230
Budroe
  Edward, 125
  Sadie, 125
Bullock
  Charles, 97
  Herbert, 114
  Phyllis, 97
  Thurza, 114
Bunce
  H, 129
  M, 129
Bunker
  Alice, 120
  Anne, 41

Bunker
  Frank, 120
Bunny
  Cyrus, 157
  Isabelle, 157
Burk
  Charles, 163
  Hannah, 163
  John, 163
Burke
  Annie, 213
  Betsey, 181
  Franklin, 163
  George, 181
  Hannah, 213
  Isaac, 51
  James, 56
  Mary, 40
  Nathaniel, 40
Burleigh
  Addison, 229
  Angeline, 211
  Benjamin, 69
  Caroline, 229
  Clara, 69
  Corinne, 80
  Frank, 80
  Mary, 69
  Olive, 229
  Paul, 79
Bursaw
  Burton, 89
Busby
  Maria, 159
Bushman
  Amanda, 57
  Faye, 57
  Herschel, 57
  Robert, 57
Butler
  Annie, 155
  Helen, 157
  Maynard, 171
  Richard, 155,157
Butterfield
  Levi, 124
  Nellie, 124

Butterworth
  Jessie, 92
Butts
  Grace, 61
Byron
  Harriet, 23
Caldor
  Donald, 65
Cameron
  Alexander, 98
  Jonathan, 98
Campbell
  Mary, 5
Camroux
  Alice, 106
Candage
  Lucinda, 91
  Percy, 91
Canney
  Anna, 128
  Annie, 207
  Bertie, 128
  Betsey, 206
  Charles, 121
  Ella, 121
  Emma, 66
  Herbert, 121
  Infant, 128
  James, 206
  John, 207
  Lewis, 207
  Mary, 207
  Susan, 207
  Thomas, 128
  Warren, 66
Cantwell
  Edward, 99
  Erma, 99
Carlile
  Allan, 25
  John, 25
Carpenter
  Abby, 122
  Anne, 94
  David, 94
  Emma, 49
  George, 48
  Harold, 48

Carpenter
  Isabel, 94
  Lavonia, 49
  Ralph, 49,94
  Raymond, 94
  Rita, 49
  William, 94
Carr
  Edith, 90
  Emery, 90
Carter
  Robert, 111
Carville
  Jean, 111
  John, 111
  Rose, 96
Casebolt
  Harry, 107
  Margaret, 107
Casey
  Alice, 57
  Raymond, 57
Cate
  Abby, 226
  Agnes, 80
  Albert, 223
  Anne, 46
  Annie, 27,223
  Arthur, 49
  Betsey, 224,226
  Caroline, 27
  Catharine, 224
  Charles, 224
  Clara, 224
  Daniel, 27,223
  Edith, 39
  Edward, 49,223
  Eva, 224
  Florence, 49
  Frank, 224
  Fred, 27,223
  George, 71, 90
  Hannah, 224
  Helen, 71
  James, 71,224
  Jane, 226
  John, 46,224
  Josephine, 90

Cate
  Lizzie, 223
  Mary, 49,223
  Maude, 47
  Moses, 49,223
  Nathan, 27
  Neal, 226
  Sally, 226
  Sarah, 47
  Sarepta, 224
  William, 27,39,
    224,225,226
Celeste
  Joseph, 103
Chadwick
  Gretchen, 96
  Walter, 96
Chamberlain
  Betsey, 166
  Clara, 120
  David, 220
  Dudley, 37,214
  Edith, 166
  Edwin, 56,166
  Eliza, 156
  Fannie, 164
  Fanny, 56
  Frank, 117
  Freeman, 117
  George, 36
  Gertrude, 137
  Hannah, 166,220
  Herbert, 120
  Ira, 166
  John, 120,166
  Joseph, 166
  Josiah, 164
  Kate, 172
  Leslie, 126
  Lester, 166
  Lydia, 174
  Mary, 166
  Matilda, 117
  Nellie, 117
  Robert, 137
Chamberlin
  Abigail, 214
  Belle, 167

Chamberlin
  Bessie, 170
  Dudley, 219
  Edwin, 170
  Eleanor, 4
  George, 214
  Hannah, 219
  Howard, 170
  J, 214
  John, 167,214,
    219,221
  Joseph, 174
  Lilla, 170
  Lucinda, 214
  Lydia, 214,219
  Marcia, 214
  Mary, 221
  Winnie, 214
Champagne
  Albena, 82
  Albert, 82
  Theodore, 82
Champaigne
  Alice, 100
  Celia, 107
  Emma, 193
  Gladys, 193
  Henry, 100
  Herbert, 193
  Oliver, 107,193
Chance
  Henrietta, 101
Chandler
  Maria, 123
Channell
  Bertha, 20
  Cora, 20
  Fred, 20
  Phebe, 20
Chaplin
  Solomon, 230
Chapman
  Eunice, 1
  J, 1
  Sulema, 4
Charles
  Arthur, 98
  Bernard, 85
  Eva, 85

INDEX

Charles
  Mona, 109
  Richard, 109
  Thomas, 85
Chase
  Abbie, 184
  Albert, 59
  Betsey, 191
  Carrie, 70
  Charles, 194
  Dudley, 188
  Frank, 194
  George, 184
  Grace, 184
  Harry, 70
  Henry, 70,184,194
  Howard, 60
  Jennie, 194
  Jonathan, 187
  Lillian, 194
  Marguerite, 60
  Marion, 44
  Mary, 59,184,191
  Nancy, 135,188
  Rose, 44
  Sadie, 184
  Sarah, 194
  Sylvester, 198
  Thomas, 188,191
Chellis
  Ruby, 125
  Walter, 125
Chellman
  Chester, 169
  Christine, 169
Cheney
  Edna, 118
  Ella, 118
  George, 118
Chesley
  Annie, 188
  Carrie, 184
  Eliza, 184
  Elizabeth, 235
  George, 235
  Herbert, 188
  James, 235
  Jennie, 187

Chesley
  John, 187,235
  Laura, 235
  Lemuel, 235
  Lizzie, 188
  Lucy, 235
  Lydia, 188
  Moses 183,184
  Sarah, 184
Chiapetta
  Michael, 107
Chick
  Albion, 124
  Baby, 120
  Bernice, 132
  Charles, 85,132
  Earl, 85
  Elizabeth, 85,120
  Ella, 169
  Elsie, 131
  Emma, 124
  Ethel, 119
  Frank, 173
  George, 124,131
  Hattie, 124
  Herman, 131
  Howard, 120
  Infant, 124
  Lizzie, 173
  Marion, 85
  Mary, 131,132
  Minnie, 66
  Rodney, 131
  Ruth, 124
  Will, 66
Chitwood
  Raymond, 40
Christian
  John, 195
  William, 98
  Wilma, 98
Christie
  Lauriane, 103
  Thomas, 103
Christopher
  Kevin, 111
Chubbuck
  Annie, 63

Churchill
  Lucy, 214
  Rockwell, 213
Claflin
  Alice, 3
  Clarence, 3
  Jesse, 3
Clark
  Charles, 13
  Comfort, 13
  Cordelia, 196
  Donald, 133
  Eliza, 62
  Enoch, 13
  George, 13
  Greenleaf, 49
  Harriet, 13
  Henry, 13
  Ida, 49
  John, 167
  Joseph, 13
  Loring, 74
  Louise, 74
  Mabel, 74
  Margaret, 25
  Marguerite, 133
  Mary, 13,28
  Mayhew, 62
  Oscar, 74,129
  Pamela, 133,223
  Peter, 110
  Richard, 133
  Sally, 234
  Sarah, 13
  Sumner, 196
  Victorine, 49
  William, 234
Clatur
  Doris, 48
  Dudley, 48
Cleaves
  James, 182
  Marguerite, 182
Close
  George, 120
Clough
  Bert, 131
  Carroll, 125

Clough
Charles, 168
Daisy, 125
Doris, 92
Edna, 131
Elsie, 192
Everett, 131
Fred, 125
Grace, 124,125
Harold, 92
Helen, 168
Irma, 125
Irving, 124
James, 125
Katherine, 131
Madeline, 127
Mary, 125
Olive, 68
Richard, 125
Ruby, 66
Trevor, 127
Willis, 66
Clow
Alice, 171
Anna, 72
Annie, 165
Asa, 171
Bessie, 168
Betsey, 165
Carrie, 169
Clara, 168
Curtis, 165,166
Daniel, 168
Eda, 165
Edna, 165
Edythe, 169
Elizabeth, 72
Fred, 168
Harold, 66
Henry, 72,165
Isaac, 165
Jesse, 169
John, 165,169
Lalia, 66
Lillie, 168
Lydia, 165
Lyman, 66
Mehitable, 169

Clow
Roscoe, 167
Ruth, 165
Stephen, 169
Susan, 168,169
Coburn
Abbie, 214
Gordon, 93
Coffin
Deborah, 196
John, 16
Sarepta, 196
Cohen
David, 123
Eunice, 123
Colbath
Betsey, 99
Frank, 74
John, 43
Colby
Arline, 85
E, 10
Hannah, 29
Ichabo, 29
Jessica, 230
Jonathan, 151
Lyle, 85
Moses, 29
Ruth, 29
Sarah, 10
Thomas, 10
Coleman
Eunice, 91
Leonard, 91
Collette
Grace, 108
Valmore, 108
Collins
Barbara, 103
Billie, 103
Clark, 135
Eliza, 135
Mabel, 94
William, 94
Colman
Adda, 222
Ann, 223
Charles, 223
Clara, 223

Colman
Daniel, 222
Ebenezer, 222
Henry, 222
Joseph, 222
Mary, 222
Sarah, 223
Colt
Alice, 85
Samuel, 85
Conery
Dorothy, 166
Lloyd, 166
Connelly
Ann, 81
James, 81
Connor
Abigail, 36
Albert, 36
Alice, 82
Emma, 37
Frank, 82
Jeremiah, 36
Richard, 94
Conrad
Andrew, 123
Everett, 103
Florence, 103
Gladys, 123
Cook
Betsey, 140
Joel, 210
Mary, 210
Cooke
Francis, 42
Frank, 42,70
Harriet, 140
Ida, 70
Loring, 79
Lucy, 79
Mary, 42
Samuel, 140
Sarah, 42
William, 140
Cooper
Ellen, 49
John, 50
Mildred, 110

INDEX

Cooper
 Norman, 110
Copp
 Arthur, 41
 Clara, 53
 Daniel, 51
 George, 53
 Hannah, 213
 Jane, 51
 Jonathan, 9
 Josephine, 41
 Leonel, 95
 Marion, 97
 Mary, 9
 Natt, 51
 Paul, 41
 Pearliss, 95
Coppen
 Mary, 63
 Myrtle, 63
 Walter, 63
 William, 63
Coppins
 Mildred, 85
Corkum
 Cecil, 91
 Martha, 91
Corliss
 Charles, 68
 Harry, 68
 Margaret, 68
Cormier
 Anna, 68
Corson
 Abigail, 127
 Annie, 194
 Bert, 129
 Betsey, 127
 Charles, 119,183 184
 Cindy, 102
 Ebenezer, 127
 Edith, 183
 Edna, 119
 Effie, 121
 Ella, 42
 Elwood, 183
 Etta, 184

Corson
 Eva, 183
 Fannie, 43
 Frank, 121,184
 Fred, 129
 George, 183
 Guy, 182,184
 Hannah, 43
 Herman, 42
 James, 194
 Jennie, 129
 John, 129
 Joseph, 119
 Lelia, 129
 Lottie, 184
 Mabel, 194
 Mary, 42
 Nellie, 184
 Richard, 129
 Rollin, 193
 Samuel, 43
 Susan, 183
 Susie, 194
 Walter, 194
 William, 183
 Zaida, 184
Corwine
 Emma, 120
 Mortimer, 120
Cottle
 Abbie, 236
 Joshua, 236
 Moses, 237
 Nancy, 236
 William, 237
Cotton
 Abbie, 209
 Abigail, 206
 Ada, 209
 Addie, 209
 Albert, 215,216
 Alice, 50
 Alvin, 50
 Alzira, 209
 Anna, 169,216
 Arthur, 216
 Betsey, 207,210, 216

Cotton
 Blanche, 128
 Brackett, 206
 Caroline, 211
 Charles, 215
 Charlotte, 215
 Clark, 47,206
 Dana, 211
 Daniel, 208,209, 210
 Dudley, 209,211
 Edgar, 215
 Edward, 209,210
 Eliot, 67,206,210
 Eliza, 208
 Elizabeth, 169
 Elvena, 207
 Emma, 67
 Eunice, 208
 Everett, 216
 Freeman, 217
 George, 169,179, 215
 Geraldine, 83
 Hannah, 216
 Hattie, 207,209
 Helen, 216
 Henry, 209
 Ida, 217
 Infant, 206,208, 209,210,216
 Isaac, 217
 Jacob, 83
 James, 210
 Jeremiah, 211
 Jesse, 207
 John, 5,179,207, 208,210,211,215, 216
 Laura, 217
 Leonard, 211
 Leslie, 209
 Lucy, 216
 Lydia, 137,209
 Marjorie, 67
 Martha, 13,208
 Mary, 209,210, 211,216

Cotton
  Mercy, 208
  Minnie, 5
  Nanc, 216
  Nathaniel, 169, 206
  Nina, 62
  Orrin, 215
  Phebe, 209
  Rebecca, 215
  Ruth, 179
  Sadie, 47
  Sally, 179,206, 210
  Saloma, 208
  Samuel, 67,206, 210
  Sarah, 83,101, 206,211
  Sherman, 67
  Sophia, 210
  Susan, 206,209
  Thomas, 208,216
  Timothy, 209
  Webster, 209
  Willard, 215
  William, 210,216
  Zillah, 209
Countway
  Ruth, 231
  Cornelius, 36
Cowan
  Lillian, 2
  William, 2
Cowell,
  Maria, 36
Cowper
  Emma, 174
  Frances, 174
  Frederick, 174
  Henry, 174
  Robert, 174
Cox
  Mary, 81
Coyle
  Arthur, 34
  Dorothy, 34
Craigue
  Daniel, 83

Craigue
  Edwin, 73
  Freda, 83
  Grace, 83
  Hazel, 73
  William, 76
Cram
  Bernard, 111
  Everett, 77
  Lisa, 91
Crane
  Theodore, 37
  Vena, 37
Crawford
  Nancy, 137
Cropley
  Zacheus, 53
Crosby
  Dorothy, 91
  Earl, 91
  George, 64
  Josephine, 64
Cross
  George, 14
  James, 14
  Josephine, 14
  Mabel, 14
  Margaret, 14
  Moses, 27
Croteau
  Constance, 102
  Garland, 102
  Mary, 102
Culick
  Joseph, 168
  Mildred, 168
Cunningham
  Kathleen, 84
  Leaman, 84
Currier
  Angie, 103
  Chell, 103
Curtis
  Jennie, 120
Dale
  David, 161
  Georgia, 161
  Mabel, 161

Dale
  Mattie, 161
  Pliny, 161
  Warren, 161
Dalton
  Herbert, 143
  William, 143
Daly
  James, 186
Dame
  Cora, 5
  Hattie, 214
  John, 178
  Lerie, 214
  Lydia, 178
Danforth
  Carl, 72
  Olive, 19
  Stephen, 19
Davenport
  Anne, 51
  James, 133
  Louise, 133
David
  Nellie, 238
Davis
  Alberta, 131
  B, 39
  Bertha, 238
  Betsey, 39
  Charles, 5,124
  Earl, 57
  Eli, 125
  Ella, 92
  Eva, 124
  Florence, 124
  Fred, 41
  Frederick, 238
  George, 124
  Gertrude, 41,167
  Greenleaf, 39
  Hannah, 39
  Hattie, 57
  Herbert, 57
  Homer, 81
  Joseph, 39
  Mabel, 41
  Maurice, 41

INDEX

Davis
  Mildred, 57
  Nellie, 57
  Nelson, 124
  Richard, 39
  Susan, 39
  William, 167
Dawes
  Alice, 108
  Frank, 108
Day
  Alice, 126
  Arthur, 126
  Patricia, 26
De Zaliwski
  Alexandre, 104
  Rebekah, 104
Dealand
  Fred, 193
  Mary, 193
  Stephen, 193
Dealing
  Charles, 235
Dearborn
  Annie, 153
  Edwin, 153
  Elizabeth, 153
  Estella, 153
  George, 153,177
  Judith, 202
  Mary, 61
  Nathan, 153
  Simeon, 177
Decoste
  Mildred, 118
  Peter, 118
Deland
  Benjamin, 234
  Betsey, 234
  Charlotte, 234
  Daniel, 185
  Elijah, 137
  Emma, 137
  Freddie, 136
  George, 122,185
  Hannah, 137,235
  Hattie, 186
  Infant, 134

Deland
  James, 185
  John, 185,234
  Lorenzo, 137
  Louise, 136
  Marena, 136
  Mary, 185,233
  Robert, 235
  Samuel, 185,233
  Sarah, 136,185
  Susan, 234
  William, 185
Delaney
  Alma, 139
  Arthur, 139
Demerritt
  Augusta, 150
Dempsey
  Ella, 90
  Richard, 90
Denison
  John, 172
  Priscilla, 172
Derose
  Carol, 112
  Joseph, 112
Detcher
  Marion, 80
  Norman, 80
  Richard, 80
Deyak
  Mary, 97
  Michael, 97
Dickson
  Ada, 46
  Benjamin, 46
  Ethel, 46
  Everett, 46
  Leon, 46
  Rhoda, 46
Dixon
  Abigail, 164
  Betsey, 164,198
  Charles, 168
  Etta, 167
  Frederick, 167
  George, 223
  Ichabod, 164

Dixon
  Joseph, 223
  Lizzie, 168
  Maria, 164
  Mary, 164
  Oran, 164
  Uriah, 164
Dockum
  Betsey, 20
  John, 20
  Mark, 20
  Samuel, 20
Dodge
  Beatrice, 96
  Edith, 49
  Herbert, 96
Dodier
  Ruth, 231
Doe
  Andrew, 68,152
  Baby, 152
  Bradstreet, 8,16
  Charles, 16
  Christie, 152
  Edmund, 8
  Esther, 69
  Frank, 152
  Hannah, 8
  Harry, 68
  Irene, 16
  Mary, 68,152
  Mildred, 68
  Osborn, 8
  Polly, 212
  Sarah, 16
  William, 16
Doldt
  Abby, 181
Donohoe
  Beryl, 103
  Herbert, 102
Dore
  Alta, 177
  Annie, 47
  Charles, 127,172
  Clara, 182
  Clifton, 22
  Cyrus, 182
  Ervin, 182

WOLFEBORO CEMETERIES

Dore
  Florence, 22
  Frank, 121
  Fred, 35
  George, 181
  Harriet, 121
  Harry, 22
  Henry, 22
  Howard, 121
  Ida, 35
  James, 47
  John, 22
  Jonathan, 47
  Mamie, 22
  Margaret, 102
  Maude, 172
  Richard, 121
  Ronald, 102
  Roswell, 102
  Russell, 231
  Sarah, 22,47,127
  Walter, 177
Dorr
  Jennie, 165
  Lulu, 165
  Nancy, 165
  William, 165
  Willis, 165
Dorton
  America, 107
Dougherty
  Anna, 95
  John, 95
Douglas
  Bert, 65
  Bruce, 74
  Emily, 26
  James, 26
  Odessa, 65
  Tillman, 65
Douglass
  Barbara, 74
  Edwin, 74
  Florence, 74
  James, 74
Dow
  Abigail, 147
  Harry, 118

Dow
  Wilma, 118
Dowlin
  Mary, 62
  Oliver, 62
Downing
  Elmer, 169
  Finis, 136
Downs
  Geraldine, 110
  Warren, 110
Drew
  Andrew, 179
  Arthur, 116
  Baby, 135
  Burleigh, 180
  Carrie, 66
  Charles, 132,180
  Eliza, 39
  Elwyn, 102
  Ernest, 66
  Eva, 80
  Frank, 80
  Fred, 66
  George, 116,180
  Henry, 180
  Isaiah, 116
  Jennie, 116
  John, 179,180
  Lena, 66
  Lottie, 118
  Lydia, 180
  Mary, 116
  Nancy, 179
  Rita, 66
  Ruth, 66
  Sally, 149
  Samuel, 156
  William, 135
Driscoll
  Veronica, 96
Drown
  Eliza, 123
  Howard, 123
Drummey
  Josephine, 41
  Maurice, 41

Dubuc
  Elaine, 101
  Ernest, 111
  Henry, 101
Dudley
  Anne, 154
  Dorothy, 154
  Guilford, 154
  Jemina, 154
  Mae, 129
  Mary, 129
Duford
  Roger, 96
Dufresne
  Margaret, 109
  Silver, 110
Duggan
  Mary, 98
  Samuel, 98
Dumbrack
  Ernest, 85
Dunau
  Bernard, 89
Dunham
  Edwin, 85
  Ella, 85
  George, 85
  Muriel, 85
Dunn
  Edwin, 108
Durgin
  Caroline, 24
  Chase, 77
  Clara, 46
  David, 24
  Dorcas, 26
  Edith, 5
  Ellen, 77
  Gordon, 77
  Martha, 24
  Mary, 132
  Nathaniel, 24
  Norman, 77
  Silas, 24,26
Durgin
  Stephen, 46
Durkee
  Annotte, 183

INDEX

Durkee
  Forrest, 183
Dye
  Paul, 168
Earle
  Benjamin, 88
Eastman
  Robert, 85
  Robin, 85
Eatock
  Evelyn, 172
  Thomas, 172
Eaton
  Abial, 50
  Agnes, 76
  Almon, 50
  Chandler, 219
  Charles, 75
  Clara, 50
  Florence, 62
  George, 162
  John, 62
  Joseph, 219
  Lizzie, 162
  Lois, 62,219
  Martin, 62
  Mary, 219
  Orin, 219
  Sally, 50
  Sarah, 219
Edgerly
  Abbie, 183
  Abigail, 224
  Agnes, 27
  Albert, 147
  Annie, 48,223
  Anthony, 48
  Arthur, 183
  Benjamin, 188,232
  Betsey, 25
  Charles,28,48,232 233
  Curtis, 28,232
  Dana, 224
  Daniel, 224
  Dudley, 234
  Eldora, 25
  Eliza, 151,234
Edgerly
  Ella, 28,48
  Everett, 224
  Father, 126
  Frank, 137,227
  Fred, 223
  George, 27,189
  Hannah, 48,224, 232
  James, 224
  Jane, 223
  Jerome, 231
  John, 151,232
  Joseph, 13,223
  Livonia, 232
  Marietta, 151
  Marjorie, 125
  Mary, 184,227,234
  Mother, 126
  Nancy, 5,147
  Oscar, 234
  Robert, 126
  Ronald, 125
  Ruth, 48
  Sally, 13
  Sarah, 188,224
  Sophia, 234
  Susan, 137
  Sylvester, 48
  Thaniel, 232
  William, 25,184
  Zada, 224
Edmonds
  George, 10
  Joseph, 232
  Lucy, 10
  Lydia, 232
  Ruth, 232
  Stephen, 10
Edmunds
  Betsey, 9
  Elias, 10
  Isaac, 9
  Joseph, 11
  Mary, 11
Edwards
  Doris, 189
  George, 73
  Irma, 189
Edwards
  Jessie, 189
  Stanley, 189
Eldridge
  Agnes, 122
  Alice, 6
  Annie, 2
  Bert, 122
  Dana, 81
  Lawrence, 81
  Susie, 81
Elkinton
  Helen, 112
  Thomas, 112
Elliott
  Agnes, 125
  Clarence, 69
  Elizabeth, 69
  Henry, 125
  Jeremiah, 152
  Judith, 152
  Justin, 101
  Lizzie, 125
  Maude, 78
  Russell, 69
  Shirley, 125
  Tobias, 152
Ellis
  Charles, 10
  Laura, 10
Elmer
  Charles, 3
  Mae, 3
Emerson
  Adelia, 239
  Cora, 239
  Daniel, 239
  George, 239
  Leonard, 86
  Marguerite, 86
  Mary, 239
  Robert, 90
Emery
  Charles, 189
  Chester, 156
  Cora, 156
  Dana, 131
  Ina, 131

Emery
  Mary, 189
  Moses, 189
  Sadie, 189
  Sarah, 189
  Winnie, 189
English
  Angela, 40
Erskine
  Chester, 130
Estes
  Arthur, 170
  Betsey, 122
  Elijah, 122
  Emily, 113
  Freda, 170
  Hattie, 137
  Infant, 133
  James, 133
  John, 113,122
  Louisa, 133
  Mable, 170
  Martha, 122
  Mary, 122
  Richard, 170
  Robert, 122,137
  Sarah, 113
  Susan, 122
Evans
  Caroline, 10
  Emily, 30
  Mary, 49
  Otis, 30
  Shuah, 30
Fabre
  Nancy, 192
Fairbanks
  Arletta, 225
  Mary, 225
Fall
  Cora, 66
  Eli, 66
  Lura, 66
Fallstich
  Jean, 40
Farmer
  Clinton, 109

Farnham
  June, 184
  Maria, 133
Farr
  Arthur, 231
Farrar
  George, 17
  Joseph, 17
  Mehitable, 17
  Susan, 17
Farrin
  Arthur, 79
  Lucy, 79
Fay
  Anne, 46
  Arthur, 46
  Grace, 46
  Mamie, 46
  Samuel, 46
  Susan, 46
Feeley
  Albert, 231
Ferguson
  Edith, 81
Fernal
  James, 218
  Mary, 218
Fernald
  Adelaide, 139,146
  Albert, 139
  Betsey, 218
  Brackett, 139,164
  Castle, 170
  Everett, 170
  Florence, 139
  George, 139
  Hannah, 162,164
  James, 164
  Jonathan, 164
  Lucy, 139
  Mark, 139
  Mary, 139,164
  Rosamonde, 171
  Samuel, 162
  Sarah, 226
  Vietta, 139
  Willie, 139

Fetzer
  Anne, 101
  David, 101
  Helen, 101
Fickinger
  William, 96
Field
  Edith, 111
  Franklin, 112
  Laura, 1
  Warren, 1
Firnald
  Betsey, 206
  John, 206
  Mary, 206
  Polly, 206
  Susan, 206
Fisher
  Nettie, 80
Fitz
  Leland, 167
  Ruth, 167
Flaherty
  William, 112
Flanders
  Asa, 119
  Carrie, 60
  Ellen, 47
  Etta, 47
  Gilbert, 60
  Phebe, 47
  Roscoe, 47
Fletcher
  Ernest, 80
  Ruth, 80
Fleyer
  Carrie, 172
  Ernest, 172
Floto
  Hanna, 88
  Julius, 88
  Mari, 88
Floyd
  Grace, 121
  Henry, 121
Fogg
  Austin, 126
  Betsey, 223

INDEX

Fogg
  Cyrus, 7
  Eileen, 125
  Elizabeth, 6
  Ellen, 126
  Harry, 7
  Helen, 136
  James, 223
  Livonia, 6
  Mark, 6
  Nancy, 125
  Olive, 223
  Simon, 6,136
  Willard, 125
Folsom
  Amon, 26
  Betsey, 4
  Blake, 11
  Charles, 4
  Elizabeth, 35,175
  Emma, 12
  Frank, 10
  George, 12
  Gilman, 35
  Glenna, 10
  Hannah, 11,175
  Herbert, 12
  Jacob, 4
  John, 10,11,35
  Lucinda, 11
  Lydia, 11
  Martha, 10
  Mary, 35
  Nielsine, 35
  Ruth, 11
  Sally, 4
  William, 175,201
Ford
  Anne, 99
  Mahala, 226
  Molly, 57
Foss
  Albert, 154
  Amanda, 154
  Betsey, 151
  Charles, 97
  Edith, 56
  Emma, 151
  Florence, 97

Foss
  Fred, 56
  George, 151
  Guy, 80
  Herbert, 148
  Ida, 152
  Isaac, 154
  James, 153
  Joseph, 153
  Laura, 152
  Margaret, 131
  Perry, 151
  Ruel, 152
  Thomas, 152
  Violet, 131
  Walter, 131
  William, 151
Foster
  Annie, 75
  Charles, 75
  Florence, 75
  Harriet, 99
  Roy, 75
  Susan, 99
Fournier
  Harold, 84
  Hector, 91
  Lillian, 85
  Louise, 85
  Ralph, 85
Fowler
  Augustus, 113
Fox
  Abbie, 19
  Alice, 19
  Annie, 41
  Asa, 18
  Betsey, 41
  Charles, 18
  Drusilla, 17
  Elizabeth, 18
  Forrest, 17
  George, 17,19,155
  Gracie, 41
  Infant, 18
  John, 18,19,109
  Joseph, 62
  Julia, 18

Fox
  Lettice, 18
  Levi, 18
  Lillian, 19
  Meda, 62
  Oren, 18
  Patience, 18
  Ruth, 18
  Samuel, 18,41
  Sarah, 19
  William, 18
  Willie, 41
Foxhall
  Harry, 101
  Lillian, 101
Franges
  Ivan, 227
  Justine, 227
  Otto, 227
  Stephanie, 227
Fraser
  Edward, 90
Fredericks
  Joseph, 92
Freeman
  Katharine, 106
Freethy
  Lulu, 120
  Wilbert, 120
French
  Andrew, 187
  Clara, 187
  Dorothy, 187
  Elwin, 25
  Levi, 182
  Raymond, 187
  Stephen, 182
Friend
  Elizabeth, 83
  Robert, 83
Frisbee
  Addie, 70
  Eliza, 162
  Ernest, 60
  George, 162
  Ichabod, 162
  Joanna, 162
  Lewis, 70

Fritchie
  Walter, 100
Frohock
  Arthur, 22
  Betsey, 22
  Cora, 115
  Henry, 22
  Lulu, 22
Frost
  Aaron, 212
  Alvira, 140
  Annie, 37
  Athine, 37
  Curtis, 37
  Dudley, 37
  Ella, 174
  George, 212
  Hattie, 140
  Herbert, 37
  James, 162
  John, 37,212
  Loring, 212
  Lucinda, 37
  Lydia, 37
  Mary, 37
  Miriam, 37
  Winifred, 37
Fry
  Margaretta, 93
  Thomas, 93
Fuller
  Frederick, 90
  Marjorie, 90
  Maude, 90
Fullerton
  A, 145
  Abigail, 5
  Andrew, 45
  Anna, 9
  Charles, 45
  Chester, 39
  David, 9,39
  Eliza, 45,145
  Emeline, 39
  Eunice, 10
  James, 9,45
  Jane, 9
  John, 9

Fullerton
  Laura, 39
  Lewis, 14
  Lydia, 10,45
  Mary, 9,45
  Sophia, 45
  Susan, 45
  William, 5,10,39,45
Fulton
  Sarah, 103
Furber
  Abbie, 13
  Abigail, 222
  Adele, 42
  Alice, 62
  Angie, 32
  Annie, 62
  Carrie, 25
  Charles, 25
  Charlotte, 42
  Daniel, 222
  George, 228
  Hannah, 13
  Henry, 42
  Infant, 42
  Jane, 228
  Jethro, 27
  John, 13,222,223,228
  Lillian, 42
  Martha, 222
  Mary, 25
  Mildred, 42
  Nancy, 222
  Nellie, 13
  Nettie, 62
  Phebe, 222
  Priscilla, 13
  Rosa, 27
  Sally, 25,222
  Samuel, 13
  Susan, 27
  Susanna, 42
  Wallis, 42
  William, 25
  Zacheus, 222

Furbur
  Abigail, 27
  Angeline, 28
  George, 28
  John, 27
  Martin, 27
  Mary, 28
  William, 27
Fusi
  Adelina, 34
  Antonio, 74
  Bruna, 74
  Catharine, 74
Gadoury
  Hazel, 148
  Walter, 148
Gage
  Aaron, 177
Gale
  David, 21
  Jonathan, 20
  Mahala, 21
  Nancy, 20
Galvin
  Bernice, 99
  C, 99
  Joseph, 73
  Joyce, 167
  Mamie, 73
  Paul, 167
Gardiner
  Gertrude, 101
  William, 101
Gardner
  Georgia, 139
  Nancy, 106
  Paul, 139
  Robert, 106
Garland
  Allie, 68
  Alta, 132
  Augusta, 68
  Benjamin, 132
  Carrie, 132
  Charles, 114
  Edith, 114
  Georgie, 32
  Ida, 123
  Infant, 1

INDEX 267

Garland
  Jennie, 132
  Joseph, 20
  Josiah, 20
  Lulu, 132
  Maggie, 114
  Mary, 132
  Myrtle, 68
  Nellie, 20
  Rowena, 20
  Sidney, 114,132
  Stanley, 114
  Zemendor, 132
Garner
  Bronson, 100
  Grace, 100
Garney
  Joseph, 121
Gaskill
  Helen, 81
Gaudette
  Arthur, 99
  Kathryn, 99
Geary
  Anthony, 188
  Samuel, 188
Geralls
  Alvah, 212
  Julia, 182
  Layfayette, 182
  Russell, 212
Gerlach
  Ida, 168
  Philip, 168
Gerrish
  Chad, 129
  James, 10
  Rhoda, 10
Gerry
  Ebenezer, 21
  Elbridge, 21
  Hannah, 22
Getchell
  Charles, 47
  Everett, 67
  Mary, 47,67,182
  Olive, 191
  Samuel, 191

Getchell
  Sarah, 47
  Walter, 191
Gilbert
  Howard, 96
Gile
  Ernest, 85
  Isabel, 85
Giles
  Alice, 226
  Chandler, 226
  Charles, 226
  Cora, 226
  Lavonia, 226
  Lovey, 238
  Mary, 166,177,226
  Sias, 226
  Solomon, 190
  Sophronia, 190
  Statira, 224
  Stephen, 224
Gilman
  Alvin, 42
  Ann, 142
  Bartholomew, 202
  Betsey, 142
  C, 46
  Caroline, 51
  Charles, 51
  Clarissa, 142
  Eliza, 203
  Fannie, 51
  Horatio, 51
  James, 142
  Jonathan, 179
  Julia, 46
  Laura, 51
  Mary, 106,142,
    166,179
  Robert, 106
Gilpatrick
  Alfreda, 90
  Almeda, 90
  Lyman, 91
Given
  Arthur, 117
  Carrie, 117

Gleason
  Almira, 234
  Charles, 235
  Elizabeth, 234
  Fred, 234
  George, 234
  Helen, 235
  John, 234
  Laura, 235
  Lauranan, 235
  Lillian, 235
  William, 235
Glidden
  Abbie, 89
  Addie, 67
  Anna, 136
  Arthur, 132
  Bernice, 131,171
  Bertha, 131
  Blanche, 122
  Carl, 171
  Carleton, 122
  Clara, 124 187
  Clifford, 122
  Edgar, 131
  Esther, 94
  Everett, 6
  Frances, 122
  Fred, 64,94
  George, 187
  Gertie, 132
  Gordon, 89
  Harlan, 67
  Harry, 122,166
  Herman, 119
  Irma, 76
  John, 64
  Leland, 122
  Louise, 73
  Luella, 131
  Marie, 122
  Merle, 73
  Myrtle, 119
  Patricia, 67
  Paul, 112
  Sarah, 237
  Stanley, 67
  Walter, 60

Glines
  Apphia, 140
Goldsmith
  Maria, 136
  Sally, 203
Goodhue
  Lewis, 67
  Mildred, 75
  Nathaniel, 75,87
  Sarah, 49
Goodrich
  Alice, 67
  Brenda, 94
  Florence, 95
  Ransom, 95
  Virginia, 95
  William, 94
Goodwin
  B, 24
  Elish, 24
  Elizabeth, 49
  Ellen, 49
  Emily, 150
  Esther, 115
  Frank, 14,59
  Helen, 59
  Hiram, 111
  J, 45
  James, 24,115
  Jeanne, 59
  John, 24
  Joseph, 49
  Maria, 24
  Martha, 45
  Martin, 49
  Mildred, 45
  Nellie, 49
  Ruth, 59
  Sarah, 24
  Willis, 45
Goranson
  Albin, 77
Gorman
  James, 105
  Virginia, 105
Gormley
  James, 69

Gott
  Bertha, 100
  John, 100
Gouin
  Frank, 120
  Harvey, 119
Gould
  Charles, 129
  Dorothy, 75
  Emma, 129
  George, 3
  Harriet, 3,75
  Herbert, 129
  Jesse, 75
Grady
  Marie, 99
  Patrick, 134
  Thomas, 134
Graffan
  Bertha, 108
Graham
  George, 129
  Grace, 65
  Harry, 65
  John, 136
  Laurence, 65
  Mabel, 136
  Melvina, 129
  Thersa, 100
Grant
  Bertha, 168
  Carolyn, 134
  Charles, 193
  Clara, 193
  Clyde, 168
  Earl, 168
  Howard, 134
  Lorenzo, 193
  Mary, 193
  Wilma, 193
Graves,
  Fred, 53
  Mark, 180
  Nellie, 53
  Oliver, 174
Gray
  Emma, 41
  Frank, 119
  Lyman, 119

Green
  Albert, 51
  Arthur, 51
  Sadie, 51
Gregory
  Helen, 99
  Roger, 99
Greim
  Gladys, 170
  Herbert, 170
Grenier
  Aldea, 110
  Alonzo, 81
  Amanda, 80
  Claudia, 80
  Lionel, 103
  Pierre, 80
  Thomas, 110
Gridley
  Allie, 16
  Celia, 72
  George, 37
  Hattie, 37
  James, 37
  Jennie, 16
  Julia, 37
  Lillie, 37
  Mabel, 72
  Mary, 37
  Porter, 37,71
  Wayne, 72
Griffin
  Anna, 110
  Barton, 103
  Charles, 86
  Clara, 86
  Emma, 113
  Warren, 110
Grover
  Edwin, 65
  Jennie, 65
  Rena, 65
Grover
  Willis, 65
Guppy
  Comfort, 22
  Frances, 22
  William, 22

INDEX

Guptill
  Charles, 24
  Harriet, 24
  Martha, 24
  Susan, 24
Hackett
  Arthur, 101
  Constance, 101
Hadley
  Benjamin, 230
Hadlock
  Isabella, 44
Haggard
  Fannie, 69
  Fred, 69
  Roy, 69
Haines
  Ada, 12
  Addie, 204
  Alice, 203
  Anna, 39
  Betsey, 203
  Caroline, 74
  George, 74 204
  Hannah, 39 204
  Herbert, 39
  Jacob, 204
  John, 204
  Joseph, 203
  Joshua, 39
  Louise, 204
  Mae, 74
  Margaret, 204
  Margie, 39
  Mary, 64
  Matthias, 204
  Mehitable, 204
  Patience, 204
  Polly, 203
  Rodney, 171
  Ruth, 204
  Sarah, 171
  Willard, 73
Hale
  Adah, 48
  Charlotte, 68
  Clayton, 48
  Edward, 139

Hale
  Etta, 139
  George, 68
  Norman, 51
  Robert, 68
  Walter, 48
Haley
  Abel, 49
  Albert, 105
  Cynthia, 19
  Enoch, 19
  Francis, 231
  Jennie, 49
  Joseph, 200
  Levi, 49
  Lucille, 75
  Rose, 105
Hall
  Annette, 28
  Frances, 28
  Fred, 238
  Howard, 106
  Infant, 36
  Jeremiah, 28
  Mary, 28
  Walter, 91
Hallowell
  Baby, 81
  Brian, 81
  Fred, 86
  Lena, 86
  Louis, 81
  Virginia, 81
Halstead
  Frances, 202
Ham
  Bertha, 63
  Darius, 62
  Frank, 63
  Lizzie, 112
  Lulu, 63
  Mary, 63
  Ralph, 63
  Susan, 62 112
  Waldo, 63
Hamer
  Charles, 121

Hamilton
  Christie, 95
  Elizabeth, 95
Hamlin
  Carl, 156
  Helen, 156
  Kerry, 156
  Robert, 156
Hamm
  Sarah, 154
Hammer
  Millie, 170
Hammett
  Bernice, 111
  Otis, 111
Hammond
  Effie, 189
  Jacob, 127
  Maria, 127
Hancock
  Albert, 47
  Lucy, 47
Hannon
  Matthew, 186
Hansen
  Nielsine, 174
Hanson
  Arthur, 40,97
  Blanche, 219
  Eliza, 32
  John, 22,32
  May, 32
Hardie
  Irene, 88
  Jane, 88
  John, 88
Hardon
  Corrine, 228
Hardy
  Abigail, 175
  Charles, 173
  Child, 173
  Dudley, 175
  Eliza, 175
  Elizabeth, 173
  Ezra, 175
  Hannah, 175
  Isabelle, 173

Hardy
  James, 175
  Loammi, 173
  Lydia, 175
  Mary, 173
Harriman
  Albert, 118
  Harry, 118
  Jeanne, 98
  Nellie, 118
  Norris, 98
Harrison
  Emily, 60
  John, 60
  Milford, 60
Hart
  Harold, 83
  Jeremiah, 21
  Lucius, 83
  Margaret, 83
  Mary, 21
  May, 83
Hartley
  Richard, 96
  Ruth, 96
Hartman
  Coy, 230
Hartshorn
  Edwin, 136
Harvey
  Leigh, 87
  Margaret, 87
Haskins
  Harriet, 200
Hasley
  Sarah, 127
Hasty
  Charles, 227
  Eliza, 227
  Gracie, 227
  Hattie, 227
Hatch
  Adelma, 70
  Albert, 57
  Alvan, 45
  Delia, 46
  Frederick, 46
  George, 185
  Georgia, 57

Hatch
  Harriet, 185
  Hattie, 190
  Ida, 191
  Mabel, 45
  Marjorie, 169
  Thomas, 70
Hatfield
  Natalie, 110
  Richard, 110
Hawkes
  Herman, 86
  Lillian, 86
Hawkins
  Abigail, 203
  Bertha, 112
  Joseph, 203
Hayden
  Elizabeth, 106
  Grant, 102
Hayes
  Abbie, 225
  Abiah, 229
  Abigail, 229
  Addie, 118
  Ann, 108
  Arthur, 118
  Carrie, 118
  Charles, 225
  Chester, 117
  Clarence, 180
  David, 86
  Elenor, 225
  Elwood, 180
  Estella, 118
  Ethel, 180
  Etta, 180
  Eunice, 54
  Ichabod, 225
  Inez, 86
  Jack, 86
  James, 41
  Joseph, 225
  Leah, 229
  Lena, 118
  Lucretia, 225
  Martha, 127
  Samuel, 54, 229

Hayes
  William, 108
Hayford
  Abbie, 48
  Della, 48
  Eva, 48
  Newman, 48
Haynes
  Henry, 155
  Matthias, 155
  Vianna, 155
Heacock,
  Samuel, 171
Head
  Eugene, 111
  George, 5
  Gertrude, 6
  Julia, 111
  William, 111
Heald
  Byron, 127
  Edith, 170
  Eva, 170
  James, 170
  Marion, 128
Hearn
  Ernest, 38
Heater
  Anne, 101
Heath
  Amy, 81
  Curtis, 81
  George, 81
Heeley
  Norman, 94
Hendry
  Annie, 109
  George, 109
Hennessie
  John, 126
Henshaw
  Hannah, 133
Heppenstall
  Susan, 103
Hepworth
  Edwin, 60
  Ida, 60
  Joseph, 47

INDEX

Hepworth
  Lucy, 47
Herbert
  Alice, 68
  Lewis, 68 129
  Margaret, 75
  Mollie, 105
  Ralph, 105
  Sadie, 129
  William, 75
Hermann
  Stuart, 2
Hersey
  Abigail, 141,143
  Ada, 145
  Alice, 64
  Andrew, 153
  Ann, 17,143
  Annette, 147
  Annie, 75
  Arthalinda, 143
  Asa, 143
  Augustin, 143
  Austin, 156
  Byron, 147
  Caroline, 146,147
  Carroll, 156
  Catharine, 28
  Charles, 51,63, 143,145,151
  Clarina, 156
  Clarissa, 151
  Daniel, 146
  Drusilla, 152
  Eddy, 151
  Edna, 75
  Edwin, 156
  Elijah, 142,151
  Elizabeth, 148, 150,151
  Ella, 155
  Emeline, 153
  Erastus, 142
  Eunice, 146
  Everett, 155
  Ezra, 144
  Francis, 151
  Frank, 117,146,

Hersey
  Frank, 154
  Franklin, 145
  Fred, 63
  George, 17,151, 156
  Georgiana, 63
  Hamilton, 155
  Hannah, 141,142
  Harold, 80
  Hattie, 156
  Helen, 80,156
  Hilda, 156
  Ida, 147
  Infant, 147
  Ira, 147
  Irving, 75
  Jacob, 143
  James, 17,141,151
  John, 142,146, 147,148
  Jonathan, 141, 143, 150
  Joseph, 146
  Laura, 80
  Levi, 145
  Louise, 205
  Lucinda, 146
  Margaret, 147,149
  Marie, 117
  Mary, 17,51,141, 145,147,155
  Minnie, 154
  Nancy, 141
  Nettie, 63
  Omah, 28
  Orianna, 146
  Oscar, 150
  Otis, 149
  Parry, 78
  Peter, 146,147
  Ralph, 28
  Raymond, 154
  Ruel, 147
  Ruth, 142
  Sally, 142
  Samuel, 28,145
  Sarah,17,142,143,

Hersey
  Sarah 145
  Sebel, 146
  Stella, 145
  Susan, 28,141
  Susannah, 142
  Thomas, 146
  Velzora, 156
  Virgil, 75
  William, 141,142, 146,152
  Winthrop, 63
  Woodbury, 143
Hersom
  Eunice, 225
  Rosamonde, 184
Hertel
  Ada, 94
  Frederick, 94
  Ralph, 94
Heslor
  Helen, 54
Hewitt
  Elisabeth, 112
Hicks
  Arthur, 194
  Betsey, 194
  Charles, 66
  Cora, 194
  Garfield, 238
  George, 193
  Josie, 194
  Katie, 66
  Maud, 183
  Nathaniel, 194
Higgins
  Agnes, 87
  John, 87
Hill
  Child, 220
  Eliza, 162
  Emily, 220
  Eugene, 162
  Martha, 220
  Mary, 162
  Robert, 162
  Susan, 220
Hilliard
  Harry, 27

Hilliard
  Laura, 27
  Ruby, 27
Hillson
  Grace, 101
  Guy, 102
Hilton
  Donald, 101
  Kathleen, 101
Hitchcock
  Hazel, 131
Hoag
  Huldah, 33
Hoagland
  Carleton, 70
  Charlotte, 70
  Mary, 70
Hobbs
  Allie, 56
  Del, 56
  Emily, 55
  Frank, 55
  Herbert, 18
  Jacqueline, 18
  L, 56
  Larkin, 56
  Zada, 56
Hodgdon
  Addie, 76
  Arthur, 76
  Charles, 67,132
  Fannie, 134
  Fred, 124
  Helen, 132
  Martha, 124
  Natt, 230
Hodge
  Ada, 34
  Adelia, 128
  Sarah, 34
  Victor, 34
  William, 34
Hodgedon
  Lizzie, 68
Hodges
  John, 231
Hodsdon
  John, 153

Hodsdon
  Nancy, 153
Hogan
  Florence, 157
Hoik
  Daniel, 111
Holden
  Charles, 60
  Mary, 61
  Nellie, 61
  Wilma, 61
Hollis
  Charles, 69
  Mary, 69
Holmes
  Augustine, 14
  Blanche, 85
  Chester, 169
  Clayton, 85
  Ethel, 230
  Frederick, 5
  Henry, 169
  Inez, 97
  Nellie, 169
  Ralph, 170
  Samuel, 180
  Sylvia, 169
  Warren, 169
Hood
  Marcella, 78
  Walter, 78
Hooghkirk
  Norman, 157
  William, 157
Hooper
  Annie, 169
  Doris, 169
  Edna, 169
  Florence, 169
  Gladys, 169
  Jesse, 169
  Raymond, 169
Hopkinson
  Sarah, 82
  Thomas, 82
  Wilfred, 107
Horn
  Abbie, 127

Horn
  Freddie, 127
  Jathro, 182
  Margaret, 182
  Nathaniel, 182
  Sarah, 182
  Solomon, 182
Horne
  Abigail, 159,160
  Albert, 44,54,200
  Alberta, 45
  Albion, 12
  Alice, 41
  Ann, 4,159
  Annie, 6,117
  Archie, 69
  Augusta, 200
  Aurelia, 151
  Barbara, 44
  Bertha, 41
  Betsey, 12
  Caroline, 2,12,
    57,230
  Charles, 6,29,
    117,149,154,159,
    167
  Cora, 193
  Cynthia, 40
  Dana, 117
  Daniel, 44
  Edward, 15
  Eleanor, 70
  Elijah, 159
  Eliza, 167
  Elizabeth, 112
  Ella, 44
  Ellen, 15,154
  Emily, 29,231
  Ernest, 154
  Estella, 117,154
  Ethel, 70
  Eunice, 45
  Everett, 154
  Florence, 35
  Forest, 3
  Frances, 140
  Frank, 167
  Fred, 149

INDEX 273

Horne
  Frederick, 231
  George, 12,15,29, 57,117,154,231
  Harlan, 151
  Harriet, 117,231
  Harris, 3
  Harry, 57
  Henry, 54,112, 149,160,167
  Ida, 149
  Infant, 159
  Ira, 167
  Isaac, 151
  Jacob, 160
  James, 45,159,160
  Jane, 4
  Jeanette, 119
  Jemina, 117
  Jethro, 234
  John, 3,12,231
  Kathryn, 70
  Laura, 230
  Lavonia, 45
  Levi, 45
  Lizzie, 149
  Lloyd, 231
  Lorenzo, 117
  Lydia, 4,54
  Margaret, 149,159
  Martha, 29,44,149
  Mary, 6,12,35, 230,234
  Maude, 3,45
  Maurice, 70
  Melissa, 167
  Nancy, 35,159,160
  Nellie, 154
  Oscar, 40
  Pamela, 12
  Pierce, 41
  Ralph, 140
  Richard, 54
  Rose, 154
  Russell, 4
  Ruth, 41
  Sadie, 167
  Sally, 193,234

Horne
  Sarah, 149,231
  Selena, 54
  Sophia, 159,160
  Stephen, 6,54,230
  Susey, 12
  Thaniel, 11,35
  Thomas, 193
  Walter, 3
  William, 44,234
  Woodbury, 200
Hottel
  Eunice, 86
Houghton
  Blanche, 194
  Revilo, 194
Howard
  Mabel, 112
Howe
  Edward, 110,
  Royal, 238
  Sylvia, 110
  Vivian, 238
Hoyt
  Archie, 92
  Benjamin, 92
  Charles, 59
  Clarita, 92
  Dorothy, 80
  Frank, 59
  Jackson, 135
  James, 127
  Lillian, 80
  Lydia, 92
  Margaret, 127, 135
  Mary, 59,127,197
  Nora, 92
  William, 127
Hubbard
  Leonard, 182
  Leonard, 185
Hudson
  Edwin, 187
  Evangeline, 187
Huebner
  Elizabeth, 100
  Ernest, 100
  Georg, 100

Huggins
  Almon, 57
  Anna, 57
  Everett, 57
  John, 57
  Mehitable, 57
  Sally, 57
  Samuel, 57
Hulburt
  B, 88
  Blanche, 88
  Henry, 88
Humphrey
  Gorham, 96
  Ruth, 96
Hunsinger
  Anna, 99
  Mitchell, 99
Hurd
  George, 55
  Patience, 55
Hyde
  Charles, 139
  Isaiah, 139
  Judith, 139
Ide
  Agnes, 106
  Horton, 106
Inscoe
  George, 103
Jackman
  Baby, 40
Jackson
  Albert, 114
  Betsey, 135
  Della, 29
  Helen, 51
  John, 135
  Lydia, 135
  Margaret, 135
  Emma, 213
Jackson
  Seddie, 29
  Solomon, 135
Janik
  Max, 171
  Virginia, 171

Janoch
  Emily, 171
  Sophie, 171
Jenness
  Abbie, 167
  Adaline, 38
  Betsey, 213
  Catharine, 22
  Cornelius, 213
  Cyrus, 167
  Daniel, 203
  Deborah, 213
  Eliza, 203
  Elizabeth, 213
  Elsie, 23
  Emma, 213
  Effie, 29
  Fannie, 23
  Fred, 57
  George, 22
  Gertrude, 174
  Herbert, 138
  Idella, 57
  Infant, 213
  John, 213
  Johnson, 213
  Joseph, 203,213
  Mary, 138
  Merry, 209
  Nathan, 213
  Patience, 213
  Robert, 22
  Samuel, 203
  Wilson, 23
Jerome
  Robert, 62
Jewell
  Mildred, 88
Jewett
  James, 198
  Sophia, 198
Johnson
  Abigail, 186
  Ada, 25
  Albino, 192
  Albion, 185
  Alphonso, 159
  Anna, 69
Johnson
  Caroline, 161
  Celia, 25
  Charles, 8,122
  Clara, 185
  Clarence, 191
  Edna, 184
  Edwin, 191
  Elizabeth, 192
  Ezra, 191,192
  Flora, 190
  Florence, 122
  Frank, 192
  George, 133
  Hannah, 160,204
  Harold, 100
  Helen, 184
  Howard, 114
  Hugo, 69
  Isaac, 9
  James, 186
  Jane, 187
  Jennie, 69
  John, 132
  Joseph, 116,117
  Julia, 25,161
  Leon, 20
  Lorenzo, 184
  Lydia, 9
  Margaret, 133
  Marion, 100
  Mary, 131,190,204
  Nancy, 191
  Nellie, 178
  Phineas,130,160,
    204
  Polly, 25
  Samuel, 130
  Sarah, 8,187
  Seth, 192
  Solon, 192
  Sophia, 117
  Susan, 116
  Thomas, 9,190
  Ursula, 130
  Viola, 130
  William, 133
Johnston
  Lee, 47
  Mildred, 47
  William, 108
Jones
  Andrew, 122
  Annie, 55
  Baby, 122
  Charles, 188
  Crawford, 188
  Dorothy, 101
  Eleanor, 188
  Ernest, 76
  Harold, 81
  Henry, 50
  Irene, 122
  Isaac, 189
  Louise, 189
  Lucy, 76
  Mabel, 45
  Martha, 50
  Mary, 122,188
  Mildred, 122
  Polly, 189
  Richard, 188
  Rollin, 45,55
  Samuel, 188
  Stanton, 76
  Susan, 188,191
  Thomas, 106
  William, 50,101
Judkins
  Abigail, 220
  Ebenezer, 220
Judson
  Kenneth, 187
Jutras
  Nicole, 111
Kalloch,
  Emma, 11
  Harvey, 11
Kane
  John, 10
Keenan
  Arthur, 66
  Frances, 66
Keith
  Josephine, 83

INDEX

Keller
  Andreon, 109
  Paricia, 109
Kelley
  Harlan, 132
  John, 23
  Katherine, 107
Kendal
  Bessie, 77
Kendall
  Abbie, 237
  Elmer, 237
  James, 237
  Lulu, 237
Keniston
  Adelaide, 30
  Arthur, 30
  Baby, 30
  Caleb, 30
  Donald, 66
  Edna, 66
  Eliza, 35
  Ezra, 30
  George, 35
  Helen, 30
  Henry, 30
  Ivory, 228
  Jemina, 30
  John, 35
  Mary, 228
  Nellie, 30
Kennedy
  Joseph, 105
Kennefick
  James, 120
Kenneson
  Earl, 93
Kennett
  Edson, 75
  Marion, 75
  May, 90
  Press, 90
Kenney
  Albert, 73
  Anna, 170
  Betsey, 137
  Charles, 138
  Clara, 138
  Eli, 138

Kenney
  Elijah, 137,170
  Ernest, 171
  George, 120
  Hannah, 137
  Harry, 69
  James, 137
  John, 219
  Joseph, 137
  Lillian, 120
  Lorenzo, 137
  Lucretia, 138
  Marguerite, 171
  Martha, 137
  Percy, 120
  Perley, 125
  Rhoda, 182
  Sarah, 120
  Simeon, 137
  Susie, 73
Kennie
  Lizzie, 60
Kenny
  Carrie, 124
  Franklin, 124
Kent
  Alfred, 136
  Clarence, 20
  Donald, 75
  Frank, 136
  George, 75
  Helen, 75
  Leavitt, 20
  Lena, 75
  Mary, 20
  Phyllis, 75
Kesler
  Harold, 104
  Hazel, 104
Keyes
  Bradley, 38
  Charles, 38
  Emma, 38
  Infant, 38
  Salome, 38
Kidder
  Eva, 48

Kilby
  Hope, 107
Kimball
  Abigail, 232
  Allen, 115
  Alonzo, 122,134
  Annie, 138
  Arthur, 195
  Baby, 138
  Ben, 140
  Caroline, 135
  Carrie, 13
  Charles, 83,115, 183,222
  Clara, 140
  Clyde, 100
  Delia, 67
  Doris, 83
  Dorothy, 83
  Edward, 141
  Emma, 43,222
  Ernest, 115
  Florence, 140
  Frank, 218
  Fred, 138,140,222
  George, 121,131, 138,195
  Grace, 131,192
  Grover, 67
  Hannah, 140
  Harold, 83
  Helen, 36
  Henry, 140,195
  Ina, 83
  Isaac, 140
  James, 138
  John, 140
  Lena, 115
  Lester, 189
  Loren, 183
  Lucy, 189,218
  Lydia, 115
  Martha, 138
  Mary, 13,121,134, 222
  Mattie, 189
  Minnie, 100
  Nancy, 195

Kimball
  Nathaniel, 232
  Nellie, 117
  Percy, 36
  Porter, 45
  Priscilla, 140
  Raymond, 192
  Sarah, 183,218
  William, 117
  Willie, 222
  Woodbury, 189
  Samuel, 135
King
  Elma, 59
  Ina, 29
  Lizzie, 29
  Mary, 132
  Rufus, 29
Kish
  Michael, 106
  Suzanne, 106
Knights
  Edith, 76
  Frank, 76
  Lawrence, 92
  Rita, 92
Knowles
  Cora, 82
  Glenn, 82
Knowlton
  Francis, 172
  Leslie, 81
Knox
  Edwin, 130
  Evelyn, 78
  John, 78
Krippendorf
  Dorothy, 103
  Ernest, 103
Krook
  William, 71
Kupper
  Brian, 104
Kurth
  Charles, 154
  Edith, 154
  John, 157
  Marguerite, 157

Kurth
  Richard, 154
Labbe
  Jeffrey, 108
  Louise, 108
  Paul, 108
Ladd
  Levi, 67
  Maranda, 67
Lahti
  Matthew, 85
Laing
  Edgar, 6
  George, 106
  John, 98
  Katherine, 106
  Mary, 6
Lamb
  Sarah, 95
Lambert
  Arthur, 77
  Gertrude, 77
Lamprey
  Carroll, 157
  Edith, 154
  Kathie, 157
  Mary, 154
  Robert, 154
Lampron
  Clerinda, 82
  Edmond, 82
  Esther, 82
  Lawrence, 82
  Mary, 82
  Robert, 97
  Severin, 82
  Wilfred, 97
  Yvonnne, 97
Landman
  Dorothy, 77
  Fred, 86
  Grace, 86
Lane
  Albert, 87
  Arline, 77
  George, 77
  Julia, 87

Lang
  Fred, 130
Langdale
  Elizabeth, 129
Langdon
  John, 137
  Pamela, 99
  Sarah, 137
Langlas
  Carla, 40
Langley
  Frank, 181
  Joe, 220
  Lydia, 15
  Mary, 181
  Nancy, 234
  Roger, 108
  Samuel, 15
  Stella, 181
Lasella
  Luigi, 199
Laughlin
  Bertha, 169
Leavitt
  Bertha, 115
  Betsey, 228
  Charles, 134,228
  Clara, 134
  Frederick, 135
  George, 135
  Harry, 229
  Herman, 115
  John, 61,228
  Joseph, 228,229
  Lucy, 135
  Mary, 61,134,135
  Miriam, 115
  Polly, 31
  Samuel, 31,135
Lees
  Jane, 47
  Thomas, 47
LeFloch
  Jean, 105
  Margaret, 105
Lehner
  Eugene, 236
  Rena, 236

INDEX

Leighton
  Ann, 57
  Ellen, 24
  Ezekiel, 201
  George, 57
  James, 201
Lemery
  Clyde, 193
  Edith, 193
  Thomas, 192
Lemmon
  James, 69
Lepro
  Rocco, 109
Levell
  James, 77
Levesque
  Robertine, 134
Lewando
  Dolph, 54
  Isabell, 54
  Joseph, 54
  Nellie, 54
Lewis
  William, 36
Libbey
  Abbie, 42
  Alvah, 42
  Arthur, 50,78
  Asa, 50
  Bessie, 127
  Cora, 78
  Edward, 127
  Elizabeth, 42
  Emma, 50
  Eva, 50
  Florence, 50
  Frank, 128
  Fred, 42
  George, 50,115, 128
  Gordon, 50
  Hannah, 115
  Harold, 78
  Hattie, 50
  Henry, 50
  Isabel, 50
  James, 128

Libbey
  John, 115,137
  Mabel, 45,115
  Marion, 45
  Mark, 128
  Martin, 128
  Mattie, 128
  Moses, 50
  Peter, 50
  Polly, 137
  Ralph, 50
  Ruth, 128
  Sarah, 42
  Vesta, 50
  Walter, 45
Libby
  Ann, 29
  Anna, 56
  Arabella, 29
  Charles, 53
  Cora, 28
  Daniel, 56
  Dorothy, 78
  Dudley, 29
  Emma, 56
  Ethel, 56
  Evelyn, 53
  Fannie, 56
  Frank, 28
  Fred, 121
  Harry, 56
  Hazel, 56
  James, 180
  John, 56
  Josiah, 29
  Lydia, 180
  Martha, 56
  Mary, 29,180
  Qusta, 121
  Richard, 78
  Samuel, 56
  Sarah, 29
  Winfield, 119
Lillis
  Baby, 100
  Gertrude, 100
  John, 100

Lincoln
  Austin, 13
  George, 12
  Jude, 12
  Mehitable, 12
Livine
  Alice, 237
  Peter, 237
Livingston
  Nancy, 49
Livy
  David, 28,29
  Edwin, 29
  Julia, 28
  Lucinda, 28
Locke
  Beatrice, 113
  Etta, 128
  Izette, 130
  James, 18
  James, 98
  Julia, 14
  Sarah, 18
  Sophronia, 14
Londo
  Julia, 185
  Mildred, 184
  Nelson, 185
Long
  Fred, 93
Lord
  Andrew, 80
  Bertha, 80
  Brian, 109
  Charles, 74,91, 127
  Ethel, 109
  Gertrude, 91
  Harvey, 170
  Herbert, 109
  Jay, 40
  John, 93
  Margaret, 93
  Orion, 109
  Prudence, 4
  Susan, 127
  William, 74

Loud
 John, 139
 Leonard, 139
 Lizzie, 139
 Sarah, 139
Lougee
 Cyrus, 201
 Edna, 78
 Frank, 201
 Minnie, 239
Lovering
 Christine, 129
 Isaac, 31
 Jefferson, 129
 Ruth, 31
Low
 Richard, 96
Lowd
 Bell, 60
 Charles, 60
 Florence, 139
 Joseph, 139
Lowe
 Chester, 26
 Wilfreda, 26
Lozon
 Willard, 121
Lubinski
 Dorothy, 95
Lucas
 Alfred, 114
 Anne, 19
 Annie, 114
 Bertha, 45
 Betsey, 29
 Blanche, 45
 Carroll, 114
 Charles, 114,235
 Daniel, 235
 Edwin, 114
 Flora, 114
 Hannah, 11
 Harriette, 114
 Henry, 45,124
 Joseph, 211
 Mark, 29
 Melissa, 211
 Sarah, 19,235

Lucas
 W, 19
Lugg
 John, 124
Lundberg
 Fannie, 171
Lundin
 Arvid, 105
Lyman
 Hazel, 78
 John, 78
Lynn
 Doris, 118
Lyon
 Jeanne, 78
 Rebecca, 38
 Ruth, 38
 William, 38
MacArthur
 Georgiana, 104
 Robert, 104
MacBrien
 Hazel, 119
 Luther, 119
MacCormac
 Beatrice, 93
 Harry, 93
MacDaniel
 Mary, 119
MacDonald,
 Vincent, 238
MacDougall
 Barbara, 96
 William, 96
MacFarlane
 Emma, 89
 James, 89
 Robert, 89
Mack
 Maurice, 125
 Paul, 125
MacLean
 Priscilla, 96
MacLennan
 Dagmar, 156
 Hugh, 156
MacMartin
 John, 98
 Ruth, 98

MacMulkin
 Edward, 61
 Ethel, 61
Magee,
 James, 113
Maguire
 Audrey, 125
Maleham
 Mary, 218
 William, 218
Manning
 Annah, 26
 David, 88
 George, 26
 Gladys, 88
 Hazel, 88
 Horace, 88
 Israel, 26
 Louise, 88
 William, 88
Mansfield
 Gertrude, 87
 Leroy, 86
 Nellie, 1
Marden
 Edgar, 118
 Edith, 114
 Emma, 118
 Guy, 123
 James, 19,45
 John, 21,222
 Jones, 127
 Leon, 114
 Lucinda, 127
 Martha, 45
 Mary, 121
 Rachel, 22
 Ruby, 123
 Sally, 19
 Thomas, 22
 William, 118
Marena
 George, 131
 Hanna, 131
 John, 73
Maroney
 Jean, 103

INDEX

Marshall
  Alyce, 81
  Lewis, 25
  Thomas, 81
Marson
  Gregg, 40
Martin
  Alema, 218
  Alick, 237
  Betsey, 233
  Daniel, 218
  Edgar, 218
  George, 136,218
  Georgia, 237
  Hannah, 218
  Isaac, 218
  James, 57,218
  Leander, 218
  Lois, 218
  Maria, 218
  Mary, 57,233
  Sophia, 218
  Timothy, 233
  Vivian, 108
Mason
  Albert, 149
  Alice, 59
  Benjami, 150
  Edward, 149,150
  Etta, 150
  George, 59,149
  Hannah, 150
  Henry, 59
  James, 3
  Martha, 51
  Mary, 3,59,150
  Nathaniel, 51
  William, 149
Massey
  Barbara, 119
  David, 119
  Karen, 125
  Ralph, 89
  Richard, 119
  William, 119
Mathes
  Charles, 118
  Fannie, 118

Mathes
  George, 118
Mathews
  Elizabeth, 237
  Herbert, 238
  Job, 238
  John, 238
  Joseph, 238
  Mary, 238
  Ruth, 238
Matteson
  Cleora, 54
  Edith, 54
  Margaret, 105
  Truman, 105
  William, 54
Mattison
  Edwin, 71
  Gertrude, 71
  Roger, 71
Maxfield
  Ruth, 105
May
  Hannah, 14
  Silas, 14
Maye
  Annie, 223
Mayhew
  Fred, 162
  Hattie, 162
McArdle
  Elizabeth, 148
  William, 148
McBride
  Bernard, 95
  Bessie, 183
  Frank, 79,91,183
  Headley, 188
  John, 188
  Kate, 188
  Margaret, 87
  Maurice, 87
  Muriel, 95,107
  Olive, 87
  Robert, 183
McCarthy
  Evelyn, 95
  Gladys, 106

McCord
  Frances, 5
McCoy
  Merlyne, 114
  Richard, 114
McDermott
  Charlotte, 94
  John, 94
McDonald
  Alexander, 5,237
  Alice, 237
  Amanda, 237
  Carroll, 237
  Ernest, 5
  Ethel, 237
  Eva, 237
  Evelyn, 237
  Infant, 5
  Jennie, 5
  John, 237
  Lydia, 5
  Malcolm, 237,238
McDuffee
  Sarah, 17
McFadden
  Baby, 28
  Harry, 28
  Josephine, 28
  Rosa, 59
McGee,
  Violet, 172
McGinnis
  Millie, 77
McGuire
  Bernice, 104
  Jeffrey, 104
  Lawrence, 104
  Shawn, 104
McHugh,
  Annie, 79
McHugh
  Harold, 80
  Helen, 80
  John, 79
  Margaret, 96
McIntire
  Charles, 139
  Grace, 93

280 WOLFEBORO CEMETERIES

McIntire
  Harriet, 161
  Horace, 162
  Sarah, 139
McIver
  Eugene, 111
  Frances, 111
McKenna
  Jane, 154
McKenney
  Priscilla, 91
McKeon
  James, 112
McLean
  Alvin, 95
  Augusta, 95
  Auguste, 95
  Denny, 95
  Otto, 95
McMorine
  Rachel, 43
  William, 43
McNorton
  Irene, 159
Meader
  Ann, 33
  Charles, 33,147
  David, 32
  Edith, 55
  Emily, 8
  Frederick, 31
  George, 8
  Gordon, 55
  Henry, 9
  Jane, 9
  Jennie, 55
  John, 9
  Joseph, 55
  Lydia, 32
  Maria, 8
  Mary, 148
  Mattie, 9
  Robert, 32
  Samuel, 8
  Sarah, 31
  Stanley, 55
Medara,
  Joseph, 77
  Luella, 77

Meder
  Ebenezer, 33
  Eleanor, 32
  Elizabeth, 33
  Lydia, 32
  Sally, 33
  Samuel, 32
  Susannah, 33
Medley,
  William, 111
Meffert
  Vickie, 107
Melanson
  Andrew, 82
  Blanche, 82
  Elizabeth, 108
  Joseph, 98
  Stella, 125
  Uncle Mel, 98
  Walter, 125
Melcher
  Infant, 36
  Rebecca, 22
Menslage
  Herman, 140
  Nellie, 140
Merrill,
  Stephen, 181
Merriman
  Jessie, 85
Merritt,
  Lillian, 118
Mertin
  Twins, 40
Meserve
  Albert, 23
  Augusta, 23
  Charles, 23
  Franklin, 23
  George, 23
  Maria, 23
  Pauline, 100
  Samuel, 23
  Sarah, 23
Metcalf
  John, 230
Michaud
  Alfred, 82

Michaud
  Baby, 122
  David, 82
  Regina, 82
Mignowitz
  Katy, 191
Miles
  Ethel, 48
  Harry, 48
Miliner
  Arthur, 73
  Avon, 73
  Florence, 73
  George, 6
  Homer, 73
  Joyce, 73
Miller
  Ellis, 111
  Harold, 97,104
  Marion, 111
  Ruth, 104
Mills
  Andrew, 124
  Barbara, 111
  George, 124
  Mary, 133
Mitchell
  June, 156
  Lizzie, 236
  Lydia, 236
  Marion, 156
  Mary, 81
  Ralph, 81
  Sadie, 236
  Stephan, 103
  Thomas, 156,236
  William, 236
Mollica
  John, 108
  Margaret, 108
Monroe
  Doris, 110
Moody
  Alonzo, 66
  Arthur, 167
  Asa, 38
  Bernice, 119
  Bethena, 167

INDEX

Moody
  Blanche, 75
  Clayton, 75
  Edwin, 119
  Hannah, 167
  Ida, 117
  James, 167
  John, 167
  Lois, 38
  Lydia, 167
  Viola, 66
Moore
  Addie, 133
  Alden, 60
  Betsey, 60
  Charles, 120
  Elbina, 120
  Eldred, 133
  Ellen, 60
  Evangeline, 60
  Gloria, 133
  Harrison, 60
  Henry, 120
  Leonel, 102
  Linley, 120
  Luane, 60
  Mary, 102,120
  Noyes, 60
  Olive, 140
  Ruth, 120
  Willard, 60
Morey
  Frances, 84
Morgan
  Annie, 53
  Asa, 211
  Bertha, 71
  C, 140
  Carl, 71
  Charles, 124
  Charlotte, 64
  Claretta, 71
  Daniel, 71
  Doris, 124
  Dorothy, 78
  Edward, 101
  Ethelina, 71
  Fred, 78

Morgan
  G, 140
  George, 53
  Grace, 53
  Harris, 54
  Harry, 53,140
  Helen, 101
  J, 54,140
  Jane, 54
  Joseph, 120,140
  Kenneth, 78,102
  Leonard, 71
  Lilia, 53
  Lizzie, 64
  Lora, 239
  Lowell, 124
  M, 140
  Mary, 120,136,140
  Neal, 71
  Ray, 71
  Roscoe, 71
  Samuel, 64
  Susan, 211
  Vernon, 64
  Wilfreda, 102
  William, 64
Morrill
  Alice, 170
  Clyde, 132
  Helen, 84
  John, 170
  Philip, 84
  Rose, 132
Morris
  Harriet, 12
Morrison
  Benjamin, 56
  Bertha, 25
  Charles, 51
  Fanny, 56
  Mary, 152
  Nathan, 51
  Robert, 230
  Sarah, 51
Morse
  Abigail, 23
  Elizabeth, 221
  Harold, 15

Morse
  Kenneth, 106
  Moses, 23
  Wilma, 106
Mosher
  Adelaide, 67
  Jennie, 66
Moulton
  Elizabeth, 74
  Marjorie, 35
Mowatt
  Frederick, 105
  Ruth, 105
Mowrey
  Rena, 239
Moynihan
  Mary, 134
Muise
  Alan, 98
  Joseph, 98
  Teresa, 98
Mulligan
  Carrie, 54
Mulvey
  Robert, 183
  Walter, 183
Munsey
  Paul, 106
Murray
  Alice, 93
  Edith, 103
  Edna, 100
  Elsie, 103
  James, 78,93
  John, 100
  Marshall, 93
  Mildred, 93
  Roland, 103
Nardello
  Doris, 231
Neal
  Charles, 5
Nebesky
  Louis, 75
  Natalie, 75
Neil
  Minnie, 19
  William, 19

Neilson
  Charlesworth, 109
  Cynthia, 109
Nelson
  Beatrice, 87
  Eris, 109
  James, 109
  Lillian, 166
  Philip, 87
  Richard, 87
  Roy, 93
  William, 166
Newcomb
  Everett, 112
  Marion, 112
Newell
  Benjamin, 26
  Edward, 26
  Elizabeth, 219
  Emily, 26
  Fannie, 49
  Hannah, 26
  Harriet, 26
  James, 49
  John, 26
  Joseph, 63
  Roberta, 49
  Susan, 26
Newhall
  George, 102
  Hannah, 101
  Lawrence, 87
  Robert, 87
Niblett
  Charles, 134
  David, 134
  Francis, 134
  Margaret, 134
  Samuel, 134
Nichols
  Bertha, 127
  Elizabeth, 79
  Frank, 127
  Georgianna, 172
  Harriet, 102
  Olin, 172
  Susie, 89
  Winfield, 89

Nicholson
  Etta, 214
  John, 214
Nickerson
  Donna, 68
  Sears, 68
Nicolai
  Augustino, 95
Nihan
  Jennie, 104
  Lawrence, 104
Noble
  Geraldine, 40
Nordmark
  Carl, 101
  Ingrid, 96
North
  Bertha, 105
  Murray, 105
Nowell
  Charles, 30
  Clarissa, 31
  Eleanor, 30
  George, 31
  Lydia, 30
  Mary, 30
  Nellie, 30,31
  Samuel, 30
  Sarah, 30
Nudd
  Abigail, 207
  Benjamin, 207
  Eliza, 214
  George, 207
  James, 199
  Joseph, 214
  Lucretia, 207
  Lydia, 219
  Mary, 203
  Nancy, 19
  Rachel, 207
  Richard, 204
  Samuel, 19
  Thomas, 204
  William, 203
Nute
  Abbie, 5
  Abiathar, 199

Nute
  Abigail, 168
  Adaline, 199
  Adda, 205
  Adelia, 199
  Adison, 199
  Alfred, 200
  Almira, 199
  Alonzo, 199
  Anna, 205
  Asenath, 205
  Austin, 5
  Belinda, 205
  Betsey, 204
  Brackett, 204
  Charles, 5,173
  Elizabeth, 205
  Ellen, 199,205
  Eunice, 200
  Fannie, 173
  Frances, 199
  Francis, 205
  Frank, 173
  George, 168,205
  Hannah, 168
  Infant, 205
  Ira, 199
  James, 168
  Jesse, 200
  Jotham, 204
  Lettie, 199
  Lillian, 174
  Lydia, 180,199
  Mary, 199,205,
    207,214
  Moses, 204
  Munroe, 173,205
  Nicholas, 205
  Olive, 168,205
  Sally, 205
  Samuel, 168,205
  Sarah, 159
  Stephen, 204,205
  Susan, 199
  Thomas, 199
Nutt
  Betsey, 233
  Samuel, 172

INDEX

Nutt
  William, 172
Nutter
  Alonzo, 225
  Maria, 225
  Mary, 193
Nyquist
  Clifford, 101
O'Brien
  Kevin, 109
  William, 62
O'Grady
  John, 95
Ohara
  Tame, 121
O'Hora
  Barbara, 26
  Donald, 26
Oakes
  Marjorie, 67
Oakland
  Francis, 99
  Sarah, 99
Ordway
  Fred, 86
  Mary, 86
Orne
  Alonzo, 190
  Augustine, 1
  Charles, 17
  Daniel, 230
  Elizabeth, 17
  Eunice, 2
  Harriet, 190
  Henry, 230
  Isaiah, 230
  Mary, 230
  Medora, 190
  Sarah, 190,230
Osburn,
  Mathilda, 68
Osgood
  Bernice, 67
  Byron, 238
  Carrie, 193
  Elizabeth, 193
  Frank, 193
  Fred, 67,111

Osgood
  Harold, 193
  Helen, 67
  Howard, 67
  Laura, 67
  Loretta, 193
  Maria, 238
  Mary, 67
  Mildred, 67
  Stephen, 111
Ouellette
  Baby, 40
Oxnam,
  Louise, 104
  Robert, 104
  Ruth, 104
Page
  Annie, 237
  Daniel, 221
  Frank, 237
  Sarah, 210
  William, 210
Paine
  Florence, 71
  Grace, 71
  Smith, 71
  Wilma, 71
Palmer
  Blanche, 114
  Dana, 145
  Eunice, 106
  Harold, 114
  James, 51
  Joan, 51
  Nellie, 145
  Richard, 106
Paolucci
  Caterina, 76
  Luigi, 76
  Urbano, 76
Paquette
  Harry, 46
  Joseph, 46
  Minnie, 46
  Ora, 46
Paris
  Albert, 116
  Charles, 129
  Cumins, 116

Paris
  Daniel, 116,129
  Dorothy, 129
  Dudley, 129
  Eliza, 116
  Grace, 129
  John, 116
  Louis, 116
  Lulu, 129
  Susan, 129
  William, 129
Parker
  Abbie, 19,116
  Andrew, 61
  Ann, 4
  Annie, 128
  Benjamin, 116
  Bert, 116
  Carolyn, 19
  Charles, 55,80,
    116,118
  Clarissa, 61
  Elisabeth, 55
  Eliza, 61
  Elizabeth, 55,61
  Francis, 80
  Frank, 128
  Fred, 17,55
  Gary, 104
  Glennes, 102
  Grace, 116
  Hannah, 55,61
  Harriet, 116
  Henry, 61
  Jane, 55
  John, 3,19,26,80
  Kate, 55
  Matthew, 4,61
  Pearl, 51
  Ralph, 19
  Sally, 3,26
  Samuel, 55
  Sarah, 116
  Sophia, 118
  Veda, 102
Parkhurst
  Dorothea, 79
  Frances, 79

Parkhurst
  Maggie, 156
  Roy, 79
  Wayne, 79
Parshley
  Burt, 79
  Lillian, 79
  Stephen, 79
Parsons
  John, 139
  Laura, 31
  Nettie, 139
  Perley, 31
  Sherman, 139
  Tamson, 139
Paterno
  Robert, 105
Patnode
  Dorothy, 117
  Roland, 117
Patnoude
  Anne, 84
Pearson
  Abigail, 233
  Sarah, 171
Peaslee
  Abbie, 46
  Etta, 51
  Eugene, 51
  George, 46
  Infant, 51
  Walter, 51
Peavey
  Bernice, 57
  Carrie, 116
  Edith, 57
  Estelle, 57
  Florence, 57
  Forrest, 57
  Georgianna, 57
  Harold, 57
  Harry, 57
  Herman, 57
  Ida, 74
  John, 57
  Mary, 57
  Sally, 133
  Willard, 74

Pecunies
  Eleanor, 171
  Otto, 171
Pendexter
  Edmund, 81
Perkins
  Abbie, 61
  Abigail, 182
  Alvaro, 185
  Annie, 185
  Arthur, 67
  Asa, 135
  B, 233
  Benjamin, 233
  Bertha, 185
  Betsey, 174,231
  C, 185
  Chaney, 185
  Charles, 233
  Clara, 233
  Frank, 61
  Freddie, 195
  George, 61,233
  Harriet, 66
  Hattie, 185
  Izaac, 200
  John, 66
  Laurel, 236
  Lester, 185
  Myra, 67
  Olive, 233
  Rachel, 232
  Raymond, 185
  Ruth, 67
  Saddie, 236
  Sarah, 61
  Solomon, 182
  Thomas, 231
Perry
  Abigail, 192
  Edgar, 217
  John, 192,217
  Katherine, 120
  Lucy, 181
  Priscilla, 217
  Sally, 170,171
  Samuel, 192
  Wilder, 192

Persch
  Christopher, 40
Peterson
  Leonard, 105
  Nancy, 51
Pettrie
  Alice, 68
Phelps
  John, 157
Philbrick
  Benjamin, 200
  Edith, 120
  Edna, 120
  George, 120
  Levi, 208
  Louise, 131
  Lydia, 208
  Mary, 200
  Polly, 208
Phillips
  Alice, 57
  Herbert, 107
Phinney
  Franklin, 167
  Harriet, 3
  Stella, 167
Pickering
  Daniel, 17
  Eliza, 17
  Fred, 115
  Howard, 115
  Joseph, 17
  Lillian, 115
  Sarah, 1
  Walter, 115
Pierce
  David, 99
Pike
  Caleb, 163
  Edna, 84
  Estella, 163
  Ezra, 140
  George, 164
  Guy, 84
  Henry, 165
  John, 165
  Lydia, 163
  Maria, 165

Pike
  Mary, 140
  Sarah, 165
Pinard
  Anita, 123
  Russell, 123
Pineo
  Bernard, 119
  Gwenolyn, 119
  Ida, 106
  Milton, 106
Pinkham
  Caroline, 198
  Carrie, 83
  Charles, 83
  Ella, 83
  Henry, 198
Piper
  Addie, 152
  Allie, 51
  Alonzo, 154
  Amasa, 35
  Annette, 57
  Annie, 195
  Antoinette, 32
  Arthur, 51
  Baby, 57
  Belle, 153
  Bertha, 51
  Caroline, 152
  Carrie, 152
  Carroll, 46
  Charles, 1,46, 152,184
  Clara, 46,153
  David, 27,51
  Dolly, 155
  Dorothy, 1,35
  Edwin, 51,195
  Eleanor, 1
  Eliza, 144
  Ella, 144
  Emma, 149
  Ernest, 157
  Eunice, 1
  Frank, 109
  Fred, 195
  George, 144,195
  Gertrude, 44

Piper
  Gilman, 144
  Hannah, 154
  Harriet, 32
  Hattie, 148
  Henry, 43
  Ida, 46
  Infant, 44,148
  Isaiah, 194
  Ivan, 1
  James, 145,155, 195
  John, 1,57,155
  Jona., 1
  Joseph, 57,152
  Julia, 145
  Lauretta, 155
  Lucinda, 49
  Lulu, 51
  Maria, 51
  Marjorie, 109
  Martha, 1
  Mary, 27,195
  Moses, 1
  Norah, 1
  Perley, 148
  Rena, 148
  Richard, 153
  Ruth, 51
  Sally, 28,195
  Samuel, 32
  Sarah, 57,154
  Susana, 27
  Thomas, 153
  Ursula, 184
  Wilder, 1
  William, 25,51
  Winifred, 1
Place
  Ebenezer, 188
  Mary, 188
  Richard, 188
Plaisted
  Mathilda, 230
Plant
  Everett, 65
  Marjorie, 65
  Phyllis, 65

Plumer
  Nancy, 144
  Sarah, 40
Plummer
  Adra, 134
  Almon, 236
  Eliza, 236
  Frank, 134
  Jane, 236
  Mary, 236
  Reuben, 236
  Samuel, 236
  Thomas, 236
Pocumtuck
  Hubbert, 110
Podsen
  Doris, 101
Poelman
  Charlotte, 188
  Ralph, 188
Poison
  Maude, 98
Pollini
  Angelica, 34
  Bertha, 73
  Primo, 72
  Raymond, 72
  Samuel, 73
  Sophie, 72
  Theresa, 72
  William, 110
Porter
  Arthur, 84
  Howard, 28
  Judith, 28
  Lewis, 90
  Nannie, 28
  Orville, 28
Potter
  Elizabeth, 83
Powell
  Elizabeth, 103
  Norma, 103
Powers
  Paul, 109
Pratt
  Charles, 71
  Chester, 69

Pratt
  Eva, 71
  Florence, 187
  George, 171
  Lisette, 69
  Sarah, 171
Pray
  Jane, 165
  Joseph, 165
Prescott
  Charles, 226
  Nellie, 226
Prindall
  Everett, 119
  John, 119
  Laura, 119
  Martha, 119
Prindle
  Abbie, 118
  Fred, 118
Prosser
  Leonard, 97
  Thomas, 97
Protitch
  Dragoslav, 227
Purinton
  Daniel, 221
  Marion, 231
Putnam
  Anita, 110
  James, 110
Rand
  Charles, 194
Randall
  Charles, 207
Rankin
  Baby, 40
  Mabel, 48
  Mae, 81
  Norman, 81
Ray
  Harry, 134
  Hattie, 134
  Walter, 133
Raymond
  Eugene, 98
  Florence, 89
  Helen, 98

Raymond
  Marcus, 89
Read
  John, 109
  Leontine, 109
Redding
  Frank, 230
  Katherine, 230
Redmond
  Sophie, 111
Redpath,
  Mary, 210
Reed
  Althea, 167
  Alvin, 167
  Baby, 74
  Lester, 237
  Mary, 163
Reeves
  Albert, 200
  Mary, 200
Reid
  Dorothy, 87
Reinhard
  Charles, 108
  Margaret, 108
Remick
  Alice, 128
  Charles, 128
  Elizabeth, 128
  Everett, 128
Rendall
  Adeline, 217
  Albert, 217
  Alice, 80
  Annah, 216
  Arietta, 217
  Charles, 12,42, 169
  Charlotte, 169
  Edwin, 217
  Elzira, 217
  Eva, 12
  Fred, 80
  George, 216
  Helen, 217
  Henry, 190
  Ida, 12

Rendall
  James, 57,217
  John, 211
  Lydia, 12
  Mabel, 35
  Martha, 57
  Mary, 12,35,57, 217
  Miles, 217
  Nathan, 217
  Oran, 217
  Ruthie, 12
  Sarah, 42
  Susan, 189
  William, 12,35
Reynolds
  Ann, 212
  Ceorim, 158
  Charlotte, 158
  Edith, 48
  Hannah, 158
  Harriet, 158
  Helen, 69
  Infant, 48
  Mary, 140
  Samuel, 158
Rhines
  Alice, 118
Rice
  Benjamin, 51
  Celestria, 211
  Grace, 51
  Hattie, 27
Richards
  Catharine, 18
  Clare, 49
Richardson
  Alan, 192
  Alice, 51
  Charles, 59,101, 102
  Clara, 192
  Doris, 98
  Hannah, 59
  Jack, 98
  Joshua, 51
  Marjorie, 65
  Phoebe, 101
  Ruth, 98

INDEX

Ricker
Ada, 40
Arthur, 119
Benjamin, 229
Chester, 229
Eugene, 51
Joseph, 229
Lucy, 40,229
Maria, 40
Reuben, 230
Sarah, 229
Susan, 229
Thomas, 40
Virginia, 119
William, 40
Rico
Frank, 88
Helen, 88
Infant, 88
Peter, 88
Ridlon
Arthur, 72
Delia, 72
Filburte, 72
Lena, 72
Riggs
Susie, 15
Riley,
Charles, 1
Edna, 1
Mary, 1
Shannon, 1
Rines
Abigail, 158
Alice, 129
Chester, 124
Clarence, 134
Edgar, 98
Elbridge, 129
Grace, 98
Grover, 158
Irving, 158
James, 158
Jesse, 134
John, 158
Mary, 158
Rishell
Allison, 110

Rishell
Frances, 110
Roach
Rebecca, 209
Robarge
Hazel, 92
Lewis, 92
Robblee
William, 77
Roberge
Cleora, 117
Ernest, 117
Roberts
Aaron, 176,177
Addie, 61
Alta, 130
Aura, 130
Clarence, 93
Clive, 68
Elson, 61
Flora, 61
Frances, 72
Gladys, 89
Grace, 126,130
Harry, 126,130
Infant, 177
John, 189
Leon, 89
Maria, 177,189
Mary, 176,177,178
Myron, 72
Simon, 195
Susie, 130
Robertson
Aimee, 238
Arthur, 238
Robie
Elbridge, 171
Walter, 171
Wilbur, 111,171
Robinson
Anna, 210
Josiah, 210
Walter, 44
Rockwell
George, 227
Rogers
Caroline, 34

Rogers
Catharine, 60
Charles, 21,34
David, 34
Edith, 125
Ellen, 34
George, 60
Gertrude, 186
Gladys, 186
Harry, 60
Harvey, 60
Jane, 34
John, 35,60
Kathleen, 129
Larkin, 186
Loretta, 59
Lucian, 125
Lucinda, 186
Margaret, 35
Martha, 34
Mary, 33
Nathaniel, 34,35, 186
Roland, 186
Sarah, 34
William, 33,34,59
Rogie
Barbara, 166
Rolfe
Hazel, 125
Merrill, 125
Rollins
Belle, 50
Carrie, 140
Cora, 166
Daniel, 166
Edwin, 140
Elizabeth, 166
Florence, 169
George, 50,104
Hannah, 141
Helen, 102
Howard, 102
Irving, 169
Isaiah, 166
Lydia, 165
Myrtle, 69
Nana, 90

Rollins
  Robert, 141
  Thomas, 166
  Vera, 104
  William, 69,166
Roswell,
  Elizabeth, 227
Rowe
  Jessie, 5
Rowse
  Julia, 86
Ruch
  Clinton, 96
  Harriet, 96
Ruddy
  Mary, 193
Rundlett
  Avon, 60
  Lulu, 60
Runnals
  Benjamin, 110
Russell
  Elsie, 109
  Hazel, 85
  Jean, 95
  Lewis, 85
  Maurice, 109
Rust
  Albert, 190
  Alfred, 4
  Alphonso, 32
  Ann, 4
  Augustus, 198
  Betsey, 32
  Clarence, 32
  Drusilla, 70
  Edith, 70
  Eleanor, 1
  Eliza, 198
  Frances, 4
  George, 70
  Hannah, 198,228
  Harriet, 198
  Hattie, 70
  Henry, 4,70,198
  Horace, 70
  Infant, 70
  J, 4

Rust
  Joanna, 4,198
  John, 32,70
  Joseph, 4
  Josephine, 190
  Lottie, 70
  Lucinda, 190
  Lydia, 4
  Mary, 198
  Nancy, 70
  Nathaniel, 4
  Pamela, 198
  Phebe, 70
  Phoebe, 2
  R, 4
  Richard, 4
  Sarah, 219
  Susan, 4
  Thomas, 2
  William, 228
Ryan
  James 181
  James, 181
  Martha, 181
Ryer
  Bertha, 65
  Henry, 65
Sabin
  Helen, 33
  Howard, 33
Safford
  Lawrence, 118
Salois
  Armand, 107
  Natli, 108
Saltzman
  Ida, 183
  Wolte, 183
Sanborn
  Abbie, 65
  Carrie, 115
  Clara, 68
  Frances, 186
  Guy, 131
  Herman, 131
  James, 92
  John, 68
  Kathleen, 92
  Leslie, 65

Sanborn
  Levi, 186
  Maude, 131
  Norris, 92
  Polly, 186
  Sarah, 186
Sanders
  Carl, 106
  Dewitt, 88
  Ethel, 88
  Norma, 106
Sanderson
  Baby, 87
  Bernice, 51
  Hollis, 51
Sands
  Willard, 65
Sandstrom,
  Albert, 156
  Ebba, 156
Sanford
  Virginia, 107
Sargent
  Alema, 221
  Amanda, 121
  Charles, 124
  Clifford, 121
  Edith, 121
  Etta, 67
  Eunice, 114
  Francena, 131
  Fred, 67
  George, 121
  Harry, 190
  Herbert, 51
  John, 74,124
  Joyce, 114
  Marion, 51
  Martha, 124
  Moses, 131
  Mother, 190
  Nelli, 81
  Willard, 114
  William, 51
  Winifred, 74
Saunders
  Helen, 108
  Warren, 108

INDEX 289

Savard
 Donald, 87
 Vivian, 87
Sawyer
 Abbie, 225
 Alice, 119
 Almena, 168
 Arthur, 64
 Arthur, 225
 Barbara, 231
 Benjamin, 63
 Burley, 119
 Christine, 225
 Clara, 64
 Emily, 168
 Eugene, 63
 Fanny, 162
 Frank, 68
 Frederick, 47
 George, 225
 Louisa, 63
 Luther, 68
 Lydia, 68
 Martin, 225
 May, 68
 Nellie, 47
 Samuel, 168
 Susan, 168
Sceggel
 Dau, 36
 Francis, 206
 George, 206,239
 James, 205
 Sophia, 205
Scheirer
 Katherine, 91
 Walter, 91
Schlagel
 Minnie, 42
 Thomas, 42
Schroers
 Ronald, 75
Schuchman
 Agnes, 174
Scott
 Elizabeth, 63
 Frank, 69
 Harvey, 63

Scott
 Louisa, 63
 Margaret, 63
 Phillip, 63
 Ruth, 63
Scripture
 Emma, 44
Scrivener
 George, 5
 Jennie, 5
Seavey
 Abby, 229
 Moses, 229
 Polly, 230
 Ruth, 229
Senecal
 Arthur, 99
 Constance, 99
Senior
 Helen, 89
 Walter, 89
Servente
 George, 105
 Viola, 105
Severance
 Cora, 199
 Mary, 199
Severence
 Benjamin, 149
 Beverly, 53
 Bradley, 151
 Cora, 148
 David, 148
 Elizabeth, 149
 Everett, 136
 Fred, 148
 Hannah, 148
 John, 151
 Jonathan, 149
 Juliet, 136
 Lizzie, 148
 Mary, 136
 Mehitable, 149
 Newell, 136
 Porter, 136
 Ruth, 148
 Vernon, 148
 William, 53,148

Shannon
 Baby, 82
 Carl, 72
 Carroll, 82
 Freeman, 131
 Gladys, 131
 Leando, 131
 Madeline, 82
 Rita, 131
Shave
 Edward, 65
Shaw
 Albert, 21
 Earl, 86
 Harriet, 21
 Lillian, 38
 Lizzie, 38
 Nancy, 22
Shea
 Michael, 5
 Nancy, 78
 Ruth, 119
 Sarah, 5
Sheehan
 Muriel, 95
 William, 95
Shepard
 Alberta, 111
 Annie, 71,140
 Daniel, 140
 Dorcas, 123
 Hannah, 140
 Henry, 71
 John, 122
 Jonathan, 123
 Joseph, 123
 Lyle, 71
 Marie, 71
 Mary, 123
 Samuel, 123,140
 Sarah, 123
Sherburne
 Elizabeth, 197
Sherman
 Alice, 194
 Esther, 95
Shipley
 Elmore, 72

WOLFEBORO CEMETERIES

Shoesmith
 Emma, 112
 Thomas, 112
Shohl
 Alfred, 5
 Florence, 5
Shorey
 Eleanor, 149
 John, 149
 Lyford, 149
 Mary, 149
 Matilda, 149
 Mercy, 149
 Nancy, 149
 Samuel, 152
Shortridge
 Almon, 168
 Clarence, 170
 Eliza, 217
 Emma, 168
 James, 170
 Leonard, 168
 Mary, 168,170
 Sylvester, 168
Sias
 Charles, 45
 Marion, 45
Siders
 Matilda, 210
 Wilmot, 210
Silvernail
 Elizabeth, 167
Simmons
 Flora, 30
 Martha, 4
 Mary, 44
Simms
 George, 152
 Hattie, 152
 Thomas, 120
Simpson
 Francis, 215
 Sarah, 239
Sinclair
 Alfreda, 105
 Frank, 105
Skellinger
 Audrey, 186
 Frances, 186

Skinner
 Blanche, 98
 Cora, 83
 Harold, 98
 Herbert, 83
 Marion, 83
 Walter, 83
 William, 69
Slager
 Elizabeth, 163
 Esther, 163
 Jacob, 163
 John, 162
 Mary, 163
Sleeper
 Elizabeth, 55
 Infant, 55
 Johanna, 55
 Jonathan, 55
Smart
 George, 61
 Mary, 61
Smith
 Albert, 202
 Arthur, 238
 Benjamin, 202
 Betsey, 202
 Camilla, 100
 Celeste, 110
 Christine, 171
 Cora, 90
 David, 162
 Earl, 110
 Eleanor, 100
 Eliz, 200
 Elizabeth, 181
 Ella, 202
 Ellis, 110
 Ezra, 200
 Floyd, 127
 Ford, 76
 Francis, 181
 George, 126,202
 Hannah, 161
 Harry, 161
 Ida, 126
 Jacob, 63
 John, 126

Smith
 Joseph, 90
 Lemont, 90
 Lenore, 73
 Lizzie, 63
 Lucinda, 15
 Lydia, 63
 Margaret, 110
 Marion, 76
 Mary, 126,127
 Nancy, 162
 Philip, 73
 Randlett, 15
 Sally, 200
 Sarah, 202
 Seddie, 161
 Sophia, 202
 Verna, 238
 Warren, 125
 Willard, 100
 William, 202
Snow
 Elbridge, 93
 Jesse, 35
 Lula, 93
 Paul, 131
Solari,
 Albert, 110
 Miriam, 110
Soucey
 Eleanor, 97
 Louis, 97
 Mary, 97
Southard
 Twins, 40
Spaulding
 Dorothea, 85
Spear
 Edmund, 7
 Hannah, 7
 Mary, 7
Spence
 George, 183
 Robert, 183
Spencer
 Annie, 19
 Charlie, 19
 Electra, 19

INDEX

Spencer
  Ettie, 19
  Frank, 19
  Joseph, 18
  Julia, 19
  Lulu, 19
  Sarah, 19
Spring
  Florence, 27
Springfield,
  Alice, 2
Stackpole
  Albert, 133
  Burleigh, 133
  Carrie, 133
  Charles, 117
  Fred, 83
  John, 133
  Joshua, 133
  Lavina, 133
  Leonard, 132
  Mary, 117,133
  Rebie, 83
Stammers,
  Herman, 157
Stanard
  Robert, 96
Stead
  Amanda, 73
  Helen, 221
  Pearl, 73
Steadman
  Baby, 40
Stearns
  Frank, 74
  Josephine, 74
Steele
  Bruce, 196
Stevens
  Benjamin, 118
  Charles, 77,136
  Eliza, 203
  Ella, 36
  Emma, 118
  George, 208
  Henry, 77
  James, 203
  Jean, 77

Stevens
  Jeffrey, 231
  John, 208
  Margaret, 77
  Mark, 208
  Mary, 136
  Philip, 104
  Priscilla, 208
  Vincent, 74
Stevenson
  Adeline, 159
  Albert, 92,161
  Andrew, 161
  Dorothy, 93
  Estelle, 161
  Gertrude, 136
  Hannah, 161
  Herbert, 93
  James, 158
  Joseph, 161
  Mary, 158,161
  Nancy, 158
  Ruth, 92
  Samuel, 158
  Sarah, 159,160, 176
  Thomas, 159
Stewart
  Hezekiah, 38
  Jeminah, 38
Stidham
  Clara, 72
  Harrison, 72
Stillings
  Myrtle, 64
Stinchfield
  Alice, 57
  Clarence, 57
  George, 57
  Lena, 57
  Samuel, 57
Stitt
  Albert, 57
  Florence, 57
  Freddie, 237
  Hazel, 237
  Lottie, 57

Stockbridge
  Clarence, 171
  Clifford, 85
  Doris, 171
  Josiah, 220
  Mabel, 85
  Merry, 220
Stockman,
  Andrew, 97
Stoddard
  Deren, 219
  Elizabeth, 219
  Elmer, 212
  Frances, 219
  Loring, 212,219
  William, 219
Stokes
  Ellen, 18
  Frank, 18
Strainge
  Grace, 81
  John, 81
Strickland
  John, 188
  Sarah, 188
Stuart
  Marla, 135
Stumpp
  George, 99
Sturgis
  Edith, 114
  Theodore, 114
Suiter
  Carol, 172
Sumner
  Virginia, 107
  Willard, 107
Sunderland
  Henry, 172
  Ruth, 172
Sutherland
  Anne, 79
  Fred, 79
Sutter
  Louise, 78
Swaffield
  Douglas, 79
  Ethel, 79
  Frank, 79

Swaffield
  Helen, 79
  Millicent, 79
  Miriam, 79
  Paul, 79
  Walter, 79
Swan
  Catharine, 62
Swasey,
  Allen, 173
Sweeney
  George, 96
  Winifred, 96
Sweet
  Althena, 120
  Ruth, 120
  Walter, 120
Sweezy
  Leonard, 125
  Lottie, 136
Swett
  Alpheus, 33
  Andrew, 8
  Charles, 35
  Eli, 36
  Ella, 26
  Emma, 34
  George, 8
  Howard, 76
  John, 8, 33
  Mary, 34
  Nellie, 34
  Olive, 8
  Sarah, 36
  Susan, 33
  Wilbra, 26
  Winnie, 36
Swift
  Cecile, 118
  Ernest, 118
Swinerton
  Anna, 171
Sylvester
  Charles, 47
  Grace, 47
  Lucey, 47, 183
Symonds
  Arthur, 55

Symonds
  C, 55
  Carl, 56
  George, 56
  Lizzie, 56
  Mary, 55, 56
Tabor
  Carrie, 194
  George, 223
  Josephine, 223
  Sarah, 36
Tamburini
  John, 34
Tarr
  Mabel, 71
  Orren, 71
Taylor
  Frank, 117
  Margarette, 150
  Marie, 92
  Rachel, 201
  Robert, 92
Teare
  Charles, 132
  Esther, 132
  Helen, 132
Tebbetts
  Andrew, 200
  Bessie, 200
  Charles, 185
  Harriet, 185
  Sarah, 200
Tebbitts
  Abbie, 174
  Amanda, 174
  Archer, 174
  Betsey, 174
  David, 174
  Elizabeth, 174
  Elmira, 174
  Helen, 174
  John, 203
  Lucinda, 174
  Mary, 203
  Ruth, 174
  Thomas, 174
Tetherly
  Almira, 56

Tetherly
  Lucy, 56
  Samuel, 56
  Wesley, 56
  Willis, 56
Thannhauser
  Franziska, 89
  Siegfried, 89
Theis
  Albert, 96
  June, 96
Thibeau
  George, 158
  Maud, 158
Thombs
  Lizzie, 47
  Raymond, 47
Thompson
  Aaron, 227
  Ada, 180, 227
  Albert, 122
  Alberta, 228
  Alice, 54
  Benjamin, 227
  Blanche, 54
  Carrie, 122
  Charles, 53, 180
  Charlotte, 68
  Clara, 36
  Edgar, 44
  Elijah, 212
  Elizabeth, 180
  Ellen, 54
  Emma, 44
  Francis, 44
  Fred, 119, 227
  George, 68
  Gertrude, 44
  Hannah, 227
  Harold, 44
  Harry, 180
  Hugh, 239
  Infant, 44, 53
  Isaac, 36
  John, 227
  Josephine, 66
  Katherine, 109
  Lester, 44

INDEX

Thompson
  Lizzie, 31
  Lorenz, 66
  Mary, 227
  Mattie, 50
  Mildred, 44
  Moses, 227
  Nellie, 10
  Phebe, 36
  Pierce, 66
  Rettie, 53
  Roxana, 44
  Ruth, 53,183
  Sally, 212
  Samuel, 35,36
  Sarah, 8,44,227
  Sophronia, 159
  Susan, 212
  Warren, 109,183
  William, 36,228
Thorn
  John, 130
  Vernie, 130
Thorndyke
  Eugene, 5
Thurley
  Emily, 46
  Jacob, 46
Thurrell
  Robert, 89
Thurston
  Abigail, 187
  Arthur, 65
  Betsey, 179
  Charles, 179
  Daniel, 221
  David, 65
  Eliza, 178
  Isaac, 179
  James, 179
  Josiah, 187
  Martha, 179
  Moses, 179
  Robert, 65
  Rose, 65
  Ruth, 157
  Susan, 65,179
  Viola, 181

Tibbetts
  Abigail, 7,200
  Ada, 115
  Addie, 156
  Alice, 168
  Alonzo, 180
  Alvah, 116
  Amy, 196
  Arvilla, 200
  Asa, 162
  Benjamin, 7
  Betsey, 180
  Charles, 7,48,168
  Clara, 48
  David, 116
  Deborah, 43
  Ebenezer, 200
  Eddie, 166
  Edmund, 212
  Edna, 48
  Edward, 43
  Edwin, 156
  Eliza, 9
  Elizabeth, 17, 199
  Emma, 48
  Esther, 162
  Etta, 180
  Ezra, 43
  Frances, 200
  Francis, 177
  George, 162
  Harriet, 43,168
  Herbert, 115
  Herman, 180
  Horace, 43
  Infant, 120
  Isaac, 212
  Jane, 7
  John, 200
  Jonathan, 200
  L, 162
  Leander, 43,200
  Lucinda, 122,236
  Lydia, 165,200
  Mae, 94
  Margaret, 212
  Martha, 217
  Mary, 48,197

Tibbetts
  Mehitable, 200
  Nancy, 7
  Olive, 166
  Sally, 177
  Samuel, 177
  Sarah, 120,162
  Stella, 48
  Stephen, 94
  Thomas, 120
  Wentworth, 165
  William, 197,236
Tilton
  Arthur, 89
  Carrie, 184
  Clifford, 89
  Emily, 113
  Lillian, 89
  Nellie, 64
  Wilbur, 64
Tinker
  Abbie, 192
  Charles, 192
  Elizabeth, 192
  Florence, 192
  Hosea, 192
Tisdale
  Grace, 230
  Harden, 230
  Hettie, 74
  Martha, 74
  William, 74
Titus
  Barbara, 95
  Kirk, 95
Tobey
  Franklin, 62
  Fred, 62
  Louis, 62
  Margaret, 62
Tobin
  Margaret, 236
Tolman
  Mary, 54
Tootill
  Caroline, 140
Torrente
  Crescenta, 43

WOLFEBORO CEMETERIES

Tower
  Frank, 86
  Mary, 86
Towle
  Charles, 164
  Roy, 123
  Sally, 212
Towne
  Ella, 76
Townsend
  Ebenezer, 3
  Experience, 3
  Isaac, 3
  Lydia, 3
Trasher
  Edith, 53
Trask
  Carrie, 182
  Edward, 181
  Eliza, 181
Traver
  Angie, 64
  Fred, 64
Travis
  Luke, 107
  Maude, 107
Trenholm
  Doris, 106
Trickey
  Alma, 169
  Benjamin, 185
  Celestia, 186
  Ernest, 169
  John, 186
  Minnie, 185
  Olive, 185
  William, 185,186
Triggs
  George, 160
  Olive, 160
  Thomas, 160
Trott
  Charles, 238
  Chester, 237
  Effie, 238
  Flora, 238
  Frank, 72
  Ica, 237

Trott
  Leander, 237
  Thayer, 237
  Winifred, 238
Trowbridge
  John, 234
Tucker
  Hoyt, 116
  Wilette, 116
Tuckerman
  Preston, 51
Tully
  Charles, 71
Turner
  Bertha, 88
  Chester, 88
  Harry, 88
  Norman, 87
  Shirley, 88
Turrill
  John, 5
Tutt
  Bernard, 121
  Celia, 121
  Charles, 133
  Herbert, 121
  James, 171
  Leon, 121
  Louise, 133
  Mabel, 121
  Robert, 121
  Tuleta, 171
Tuttle
  Anna, 83
  George, 8
  Gladys, 99
  Hannah, 7
  Hiram, 47
  John, 7
  Julia, 47
  Ralph, 83
  Samuel, 8
  Weare, 99
Twiss
  Anna, 138
Twombley
  Emma, 167
  Estella, 167

Twombley
  Frozilla, 170
  Nelson, 167
Twombly
  Daniel, 170
  Lydia, 167
  S, 167
Tyler
  Anna, 97
  Kem, 110
  M, 97
  Nadine, 107
  Robert, 97
  Warren, 107
Valentine
  Richard, 105
Valley
  Alice, 82
  Henry, 94,100
  Joseph, 82
  Margaret, 100
Varney
  Abbie, 44
  Augustus, 33,50
  Charles, 130
  Donald, 50
  Dorothy, 30
  Elmira, 44
  Emma, 50,55
  Fred, 54,187
  George, 130
  Hannah, 33
  Huldah, 33
  Ida, 130
  Isabella, 33
  John, 130
  Jonas, 33
  Jonathan, 30
  Joseph, 30,33,55
  Kenneth, 50
  Laura, 30
  Louise, 187
  Mary, 54 124
  Mercy, 50
  Minnie, 54
  Moses, 44
  Nancy, 130
  Penn, 50

INDEX

Varney
  Richard, 33
  Roy, 124
  Sarah, 30
  Susan, 33
  William, 44
Vaughan
  Burtis, 108
  Virginia, 108
Veazie
  Henry, 174,175
  Levi, 175
  Lois, 175
  Susan, 175
  Thomas, 175
Virgue
  Malcolm, 122
Vogel
  Alice, 86
Wadleigh
  Etta, 70
Wadlia
  Daniel, 21
  Vesta, 21
Wakeham
  James, 130
  John, 130
  Lydia, 130
Waldron
  Daniel, 222
  Jennie, 124
  John, 124
Walker
  Aida, 93
  Lawrence, 87
  Mary, 11
  Warren, 93
Wallace
  Charley, 22
  Clayton, 84
  Elizabeth, 84
  Ethel, 84
  Florence, 22
  Grace, 84
  Hugh, 84
  Leola, 108
  Robert, 108
Walpole
  Norman, 230

Walpole
  Susan, 103
Walsh
  Annie, 185
  Catharine, 111
  Earle, 89
  Jesse, 89
Ward
  Emma, 158
  Emmar, 145
Warren
  Alvah, 185
  Anna, 115
  Benjamin, 225
  Betsey, 128
  Charles, 115,228
  Frank, 128
  Frederick, 57
  George, 128,228
  Helen, 128
  Ida, 128
  Jasper, 128
  Lizzie, 128
  Louisa, 1
  Martha, 185
  Mary, 228
  Nellie, 128
  Olive, 128
  Sarah, 228
  Susan, 128
  Walter, 128
Wass
  Harry, 108
  Mildred, 108
Watkins
  Edith, 174
Watson
  Elizabeth, 197
  Esther, 107,238
  Isaac, 238
  John, 238
  Josiah, 197
  Levi, 197
  Lydia, 197
  Nettie, 238
  Sally, 197
  Timothy, 197
  William, 107

Watts
  Alice, 18
Waugh
  Julia, 43
Weavers
  Edith, 70
Webb
  Asa, 117
  Lizzie, 117
Webster
  Benjamin, 29,190
  Eliza, 3
  Emily, 29
  Frank, 190
  Henrietta, 190
  Mary, 190
  Matthias, 190
  Mercy, 190
  Phebe, 190
  Sarah, 190
Wedgewood
  Eliza, 29
Weeks
  Augusta, 155
  Fanny, 163
  Josiah, 163
Weiss
  Marjorie, 103
Welch
  Ann, 215
  Emma, 215
  George, 215
  Lucinda, 214
  Sarah, 212
  Wilhelmina, 214
  William, 214
Weldon
  Charles, 93
Wells
  Frank, 10
  Moody, 10
  Rhoda, 10
Wendell
  Bertha, 131
Wentworth
  Albert, 85
  Annie, 121
  Charles, 130

WOLFEBORO CEMETERIES

Wentworth
  Eliza, 130
  Ellen, 38,190
  Eugene, 61
  George, 130
  Harry, 121,238
  Inez, 78
  Ira, 190
  Lillian, 61
  Llewellyn, 78
  Margaret, 85
  Mary, 238
  Orin, 238
  Richard, 169
  Shirley, 131
  Steven, 57
  William, 85
West
  Stanley, 102
Westcott
  Ursula, 189
Weston
  Alice, 185
  Leslie, 185
Weyer
  Margaret, 25
Wheeler
  Joseph, 126
  Louisa, 126
  Sarah, 161
  Shirley, 101
  Tenny, 101
White
  Christopher, 172
  Esther, 92
  George, 76
  Helen, 172
  Joseph, 76
  Lydia, 21
  Mehitable, 21
  Nancy, 21
  Rena, 76
  Ronald, 172
  Walter, 92
  Warren, 76
Whitehead
  Ross, 108

Whitehouse
  David, 177
  Emeline, 172
  Ivory, 172
  Jarusha, 172
  Joseph, 177
  Lewis, 180
  Mary, 177
  Nathaniel, 172
  Sarah, 180
Whitman
  Catharine, 102
  Philip, 102
Whitney
  John, 143
Whitten
  Carrie, 151
  Charles, 115,157
  Daniel, 115
  Edward, 69
  Eliza, 113
  Elmina, 155
  Eunice, 113
  Frank, 151
  Hannah, 113
  Infant, 113
  J, 155
  Jean, 157
  Jesse, 113
  Joseph, 157
  Katherine, 115
  Mamie, 157
  Mary, 113
  Minnie, 114
  Sarah, 115
  Stephen, 113
  Steven, 69
  Theodora, 69
  Theresa, 69
Whittier
  Agnes, 40
  Everett, 140
  James, 117
  Thomas, 40
Whittle
  David, 76
  Hannah, 178
  James, 177

Whittle
  Parker, 178
  Susan, 178
Whitton
  Annie, 221
  Charles, 221
  Clara, 34
  David, 34,221
  Edwin, 34
  Esther, 221
  George, 221
  Infant, 17
  John, 212
  Joseph, 16
  Katie, 17
  Margaret, 34
  Mary, 16 17
  Nettie, 34
  Oscar, 34
  Ruth, 34
  Sally, 221
  Susan, 16,204
  Thomas, 221
  William, 221
Wootton
  Charles, 94
  Violet, 94
Wicks
  Frederick, 67
  Nina, 67
Wiggin
  Abbie, 178
  Abby, 155
  Albert, 61
  Andrew, 19 24
  Angeline, 17
  Annette, 6
  Annie, 6,24
  Arabell, 11,62
  Bartley, 3
  Ben, 155
  Benjamin, 15
  Betsey,2,178
  Brackett, 178
  Caroline, 3
  Charles, 3,178
  Chase, 178
  Christina, 186
  Clara, 3,93

Wiggin
  Clarence, 6,11,62
  Cora, 185
  Daniel, 2,3
  Deborah, 2
  Dolly, 135
  Eleanor, 39
  Eliza, 2,178
  Elizabeth, 3,5, 63
  Emma, 6
  Ethel, 63
  Everett, 53
  Frank, 93
  Frederick, 63
  George, 3,178
  Hannah, 178
  Hattie, 174
  Hezelton, 2
  Isaiah, 208
  James, 3
  Jane, 3
  Jennie, 39
  John, 2,3,6,15, 186
  Joseph, 39
  Judith, 178
  Lizzie, 3
  Lucy, 15
  Lydia, 49,178
  Mabel, 63
  Maria, 3,191
  Marie, 2
  Mark, 178
  Mary, 24,135,145, 178
  Mercy, 208
  Molly, 24
  Moses, 24
  Nancy, 2,15
  Nathaniel, 39,178
  Pierce. 174,178
  Robert, 135,178
  Rufus, 203
  Samuel, 15
  Susan, 2,62
  Thomas, 2,178
  William, 63

Wiggin
  Willie, 185
  Woodbury, 145
Wilbar
  Frank, 238
Wilcox
  Ralph, 108
Wilkes
  Ernest, 94
  Esther, 94
Wilkins
  Freeman, 128
  Mercie, 128
Wilkinson
  Eva, 134
  Frank, 134
  Mae, 134
Will
  Effie, 84
  John, 84
Willand
  Abigail, 199
  Andrew, 183
  Arthur, 173
  Charles, 173
  Della, 199
  Earl, 182
  Endicott, 199
  Ethel, 190
  Etta, 173
  Hezekiah, 199
  Howard, 173
  Jennie, 183
  Margery, 182
  Ralph, 173
  Rena, 173
Willey
  Abigail, 197,220, 225
  Addie, 66
  Alexander, 226
  Belle, 226
  Betsey, 189
  Dorothy, 223
  Emma, 220
  Gladys, 60
  Harriet, 226
  Howard, 60,226

Willey
  Isaac, 211
  John, 189,220
  Josiah, 197
  Louisa, 189
  Martha, 226
  Mary, 118,189
  Nancy, 189
  Nathaniel, 223
  Phebe, 149
  Sadie, 60
  Sarah, 197
  Sophia, 189
  Valentine, 220
  Walter, 66
Williams
  Alice, 97
  Augusta, 238
  Herbert, 97
  Lawrence, 97
Willson
  Ann, 235
Wilson
  Annie, 63 174
  Douglas, 174
  George, 63
  James, 174
  Norman, 174
Windhorst
  Evelyn, 104
  John, 104
Wing
  Ann, 106
Wingate
  John, 207
  Sarah, 207
Wolfe
  Elizabeth, 75
  Otto, 75
Wood
  Amelia, 90
  Charlotte, 198
  Daniel, 198
  Lawrence, 89
Worwood
  Beatrice, 107
Wright
  Norman, 72

Wyman
  Albert, 138
  Guy, 136
Yeaton
  Abigail, 160
  Charles, 17
  Dorinda, 17
  George, 160
  Martha, 137
York
  Charles, 121
  Delia, 92
  Edith, 121
  Emma, 124
  Frank, 121
  Hattie, 121
  Horace, 92
  Oscar, 96
  Wilbur, 117
  William, 92
Young
  Adaline, 225
  Addie, 208
  Adelaide, 135
  Albert, 104
  Alice, 117
  Ann, 224
  Anna, 181
  Annie, 161
  Beatrice, 115
  Benjamin, 180
  Betsey, 180
  Carl, 115
  Caroline, 161
  Charles, 80,199
  Dana, 135
  Elijah, 224
  Esther, 62,175
  Etta, 80
  Fannie, 62
  Frank, 59
  Gertrude, 104
  Harry, 135
  Homer, 115
  J, 201
  James, 199
  Jane, 201
  Jeremiah, 225

Young
  John, 201
  Joseph, 161
  Lester, 135
  Lillian, 115
  Lloyd, 115
  Lucretia, 199
  Mabel, 135
  Maria, 135
  Mark, 161
  Martha, 201
  Mary, 199,201
  Mattie, 199
  Maud, 199
  Melvin, 135
  Myra, 59
  Nancy, 199,201, 202
  Nathaniel, 201
  Obed, 62
  Patience, 161
  Perley, 115
  Rebecca, 180
  Ruth, 115
  Samuel, 201
  Sophia, 133
  Sumner, 62
  Thomas, 135,181
  Vinah, 201
  William, 202
  Zachariah, 202
Yuill
  Leslie, 76
  Lottie, 76
Zeltman
  Katherine, 105
  Norah, 105
  Robert, 105
  Theodore, 105
Zimba
  Ruth, 105
  William, 105

www.ingramcontent.com/pod-product-compliance
Lightning Source LLC
Chambersburg PA
CBHW071416150426
43191CB00008B/929